미드보다 좋은
스피킹 교재는 없다!

미드영어
특급패턴
202

오석태 지음

DARAKWON

미드영어 특급패턴 202

지은이 오석태
펴낸이 정규도
펴낸곳 (주)다락원

초판 1쇄 발행 2018년 5월 15일
초판 3쇄 발행 2021년 11월 2일

책임편집 김은혜
디자인 All Contents Group
일러스트 김영진

DARAKWON 경기도 파주시 문발로 211
내용문의 (02) 736-2031 내선 522
구입문의 (02) 736-2031 내선 250~251
Fax (02) 732-2037
출판 등록 1977년 9월 16일 제406-2008-000007호

COPYRIGHT © 2018, 오석태

저자 및 출판사의 허락 없이 이 책의 일부 또는 전부를 무단 복제·전재·발췌할 수 없습니다.
구입 후 철회는 회사 내규에 부합하는 경우에 가능하므로 구입문의처에 문의하시기 바랍니다.
분실·파손 등에 따른 소비자 피해에 대해서는 공정거래위원회에서 고시한 소비자 분쟁 해결 기준에 따라 보상 가능합니다. 잘못된 책은 바꿔 드립니다.

값 14,500원
ISBN 978-89-277-0101-9 13740

http://www.darakwon.co.kr
다락원 홈페이지를 방문하시면 상세한 출판정보와 함께 동영상강좌, MP3 자료 등 여러 도서의 다양한 어학 정보를 얻으실 수 있습니다.

미드로 영어 공부,
이 책과 함께 성공하세요!

재미있는 미드를 보면서 영어 공부를 하고 싶어하는 사람이 많습니다. 사람은 관심이 있는 것으로 공부하려고 하는 습성이 있으니까요. 하지만 미드로 영어를 공부하는 것이 마냥 즐겁고 쉬운 것만은 아닙니다. 그래서 학습 초기에는 자괴감이 들기도 하고, 포기하고 싶은 마음이 생기기도 할 겁니다.

미드는 우리에게는 커다란 도전입니다. 그만큼 준비가 필요합니다. 그냥 많이 보고, 많이 듣기만 해서는 영어 실력이 향상되지 않습니다. 원어민이 어떤 표현을 애용하는지, 어떻게 발음하는지, 어떤 문장 형태를 주로 사용하는지, 선호하는 어휘는 무엇인지 반드시 알고 들어가야 됩니다. 이렇게 미드 학습에 대해 궁금해하는 여러분을 돕기 위해서 〈미드영어 특급패턴 202〉를 쓰게 됐습니다. 이 책은 여러분의 도전을 성공시키기 위한 전략을 가득 담고 있습니다.

먼저, 수없이 많은 미드 중에서 여러분의 영어 실력을 향상시키기에 적합한 것만을 선별했습니다. 그리고 그 안에서 가장 많이 쓰는 패턴을 202개 뽑았습니다. 다양한 미드 안에서 수없이 사용되는 패턴입니다. 이 책에서 배운 내용을 자신이 좋아하는 미드에서 찾아보는 것도 좋은 학습이 될 것입니다. 어떻게 공부하면 좋을지 학습 방법도 자세하게 소개하고 있으니 따라만 오시면 됩니다. 이 책은 한 번 읽고 끝나는 교재가 아닙니다. 적어도 다섯 번 이상은 책 전체 내용을 소리 내어 읽고 최대한 많이 기억하도록 애를 써야 합니다. 그래야 이 책이 여러분의 것이 됩니다. 이 책을 통해 제대로 실력을 향상시킨 후 미드에 다시 '영어'로 도전해 보세요. 같은 내용을 봐도 전혀 다르게 들리고, 보이고, 말하게 되는 경험을 하게 될 겁니다. 더불어 더 많은 미드로 관심을 넓혀갈 수도 있겠지요.

이 책을 통해 여러분과 함께 호흡하게 되어, 저자로서 정말 행복합니다.

저자 오석태

미드 전문가 오쌤이 알려 주는 필승불패
미드영어 공부법

미드로 영어 공부를 할 때, 한 편을 끝까지 보기만 하면 될까요?

절대 안 됩니다. 그냥 보기만 해서는 배우들이 말하는 내용을 제대로 이해할 수도 없고, 표현을 대략적으로만 알게 되니 자신의 실력으로 만들 수도 없습니다. 또 길이가 짧은 시트콤조차 대사가 아주 빠르기 때문에 아무 준비 없이 무작정 덤벼들면 시작하자마자 포기하게 됩니다. 처음에는 무슨 말인지 몰라도 자꾸 듣다 보면 알게 된다고요? 그럴 수도 있지요. 단, 그런 경지에 오르려면 한 편의 미드를 수백 번은 보고 또 봐야합니다. 말만 들어도 지겹지 않나요? 그렇다면 어떻게 해야 할까요?

미드로 영어를 공부하는 법은 생각보다 간단합니다

한 개 에피소드에서 결정적인 장면을 몇 개 뽑고, 그 안에 포함된 영어표현의 정확한 뜻과 발음을 반복적으로 학습하면 되니까요. 미드 한 편을 공부 재료로 삼으면 지치기 쉽고, 표현을 제대로 배우기도 어렵기 때문이죠. 여기서 말하는 결정적인 장면은 좋은 영어표현이 고스란히 담겨 있는 장면을 말합니다. 장면이 짧거나 드라마 흐름의 중심이 아니어도 괜찮습니다.

이 책이면 든든합니다 한번 믿어 보세요!

이 책에는 바로 이런 결정적인 장면에서 뽑은 표현과 단어가 설명과 함께 들어 있습니다. 전문가의 날카로운 눈으로 학습 가치가 있는 결정적인 장면만 뽑았으니 그 효과는 더 훌륭하겠죠. 학습자가 처음부터 결정적인 장면을 발견하는 건 어려운 일입니다. 그러니 일단 이 책을 통해 미드 영어 학습 방법에 익숙해지세요. 그 다음에는 공부하는 장면의 수를 늘리세요. 이런 시도를 많이 하면 할수록 영어 실력이 향상됩니다. 이 책으로 예습하고, 미드를 보며 복습하세요!

학습 수준별로 오쌤이 소개하는
추천 미드 리스트

영어 학습을 위해 미드를 난이도로 나눌 때는 주로 드라마의 주제와 전문성, 그리고 영어 지식을 토대로 하는 것이 적절합니다. 초보 학습자가 보기에 적당한 미드는 '실생활에 필요한 문장과 상황'을 주로 담고 있는 것입니다. 이 수준을 넘어서 생활 속 표현과 상황은 물론 '법이나 의학적 지식이 첨가된 문장이 나오는 미드'를 중급 학습자들을 위한 것으로 봅니다. 그리고 앞선 내용에 '영어적 지식을 더해서 이해하기가 매우 까다로운 미드'를 고급 수준의 미드로 분류했습니다. 이 리스트를 참고해서 점점 수준을 올려 보세요.

초급 일상 대화가 가장 자연스럽게 나옵니다	• 루머의 루머의 루머(13 Reasons Why) • 앨리의 사랑 만들기(Ally McBeal) • 빅 리틀 라이즈(Big Little Lies) • 브라더스&시스터스(Brothers and Sisters) • 위기의 주부들(Desperate Housewives) • The O.C(The O.C.) • 프리티 리틀 라이어스(Pretty Little Liars)
중급 일상 대화는 물론 전문적인 지식이 등장합니다	• 아메리칸 크라임(American Crime) • 굿와이프(The Good Wife) • 빌리언스(Billions) • 캐슬(Castle) • 크리미널 마인드(Criminal Minds) • 그레이 아나토미(Grey's Anatomy) • 하우스(House M.D.) • 뉴스룸(The Newsroom)
고급 전문 지식은 물론 영어 자체에 대한 높은 지식이 필요합니다	• 11/22/63(11.22.63) • 블라인드 스팟(Blindspot) • 카디널(Cardinal) • 코드 블랙(Code Black) • ER(ER) • 빅뱅이론(The Big Bang Theory) • 프라이데이 나잇 라이츠(Friday Night Light) • 섹스 앤 더 시티(Sex and the City) • 모던 패밀리(Modern Family) • 콴티코(Quantico)

이 책은 일반 학습용, 리스닝 연습용, 스피킹 연습용 3가지 버전의 MP3를 제공합니다. 먼저 일반 학습용으로 기본적인 내용을 익히고, 듣기나 말하기 훈련이 필요할 때는 해당 내용만 쏙쏙 뽑아 들으세요. MP3 음원은 옆의 큐알코드를 스마트폰으로 찍어서 바로 들을 수도 있고, 다락원 홈페이지(darakwon.co.kr)에서 무료로 다운로드 받을 수 있습니다. 이동할 때는 한 손에 쏙 들어오는 미니북을 가지고 다니며 공부하세요. 미니북에는 한국어 해석과 영어 예문이 따로따로 수록되어 있습니다.

CONTENTS

머리말 03
미드영어 공부법 04
추천 미드 리스트 05

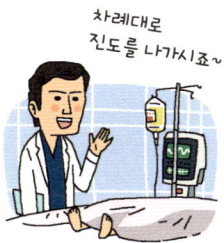
차례대로 진도를 나가시죠~

SEASON 1 미드와 친해지기

EPISODE 1
- 001 전 당신의 팬이에요. I'm+명사 13
- 002 난 감정을 잘 드러내지 않아. I'm+형용사 14
- 003 난 네가 생각하는 그런 사람이 아니야. 15
  I'm not+명사/형용사
- 004 난 지금 너무 스트레스를 받고 있어. I'm+현재분사 16
- 005 난 이성적이고 현실적이야. I'm+과거분사 17
  PRACTICE 1 18

EPISODE 2
- 006 넌 나의 가장 좋은 친구였잖아. I was+명사 21
- 007 내가 그에게 못되게 굴었던 것 같아. I was+형용사 22
- 008 난 그냥 도와주려던 것뿐이야. I was+현재분사 23
- 009 난 누명을 쓴 상태였어. I was+과거분사 24
- 010 우리가 좀 더 신중해야 될 것 같아. I think+절 25
  PRACTICE 2 26

EPISODE 3
- 011 난 우리가 저녁을 같이 먹는 줄 알았는데. I thought+절 29
- 012 난 네 친구가 되고 싶어. I want to+동사원형 30
- 013 그 얘기는 하고 싶지 않아. I don't want to+동사원형 31
- 014 네가 찍은 사진을 삭제해 주면 좋겠어. 32
  I want you to+동사원형
- 015 전 지금 도움이 좀 필요해요. I need+명사 33
  PRACTICE 3 34

EPISODE 4
- 016 간단한 검사를 하나 해야겠어요. I need to+동사원형 37
- 017 난 네가 더 열심히 일했으면 좋겠어. 38
  I need you to+동사원형
- 018 저한테 개인적인 문제가 좀 있어요. I have+명사 39
- 019 나 지금 당장 가 봐야 돼. I have to+동사원형 40
- 020 내가 조사를 좀 해 봤는데 말이야. I have+과거분사 41
  PRACTICE 4 42

EPISODE 5
- 021 난 그저 너에게 또 상처만 줄 거야. I'm going to+동사원형 45
- 022 가능한 한 빨리 돌아올게. I'll be+부사 46
- 023 네가 말하는 건 뭐든 다 할게. I'll+동사원형 47
- 024 난 가서 이 녀석을 만나 보고 싶어. I would+동사원형 48
- 025 그건 내가 알아서 처리할게. I can+동사원형 49
  PRACTICE 5 50

EPISODE 6
- 026 난 더 이상 참을 수 없어. I can't+동사원형 53
- 027 모두에게 빨리 말하고 싶어. I can't wait to+동사원형 54
- 028 이거 내가 가져도 되는 거야? Can I+동사원형? 55
- 029 너하고 얘기 좀 했으면 좋겠어. I could+동사원형 56
- 030 난 아직도 임시직으로 일하고 있다는 말이야. I mean+절 57
  PRACTICE 6 58

EPISODE 7
- 031 너를 성가시게 하려던 건 아니었어. 61
  I don't mean to+동사원형
- 032 다음에 무슨 일이 일어날지는 내가 잘 알아. 62
  I know what+절
- 033 네가 나한테 원하는 게 뭔지 모르겠어. I don't know+절 63
- 034 어떻게 그런 일이 생겼는지 난 관심 없어. 64
  I don't care+절
- 035 난 이게 두려운 거야. I'm afraid of+명사 65
  PRACTICE 7 66

EPISODE 8
- 036 나 등에 부상을 입은 것 같아. I'm afraid+절 69
- 037 미안하지만, 더 이상은 말 못해. I'm sorry, but+절 70
- 038 난 지금 이 상황을 이해하려고 애쓰고 있어. 71
  I'm trying to+동사원형
- 039 성질 죽이려고 계속 노력하고 있어요. 72
  I've been trying to+동사원형
- 040 이제껏 당신 같은 사람은 만나 본 적이 없어. 73
  I've never+과거분사
  PRACTICE 8 74

EPISODE 9
- 041 도박은 중독이라고 들었어요. I've heard+명사/절 77
- 042 내가 오해했던 것 같네. I guess+절 78
- 043 십 년 묵은 체증이 내려간 기분이야. I feel like+절 79
- 044 그게 좋은 뜻이길 바랍니다. I hope+절 80
- 045 걔한테 그거 준다는 걸 깜빡했어. I forgot to+동사원형 81
  PRACTICE 9 82

EPISODE 10
- 046 내가 혼수상태에서 깨어났을 때가 기억나. 85
  I remember+동명사
- 047 낮에 다시 오는 게 좋겠어요. I should+동사원형 86
- 048 진작에 그만뒀어야 했어. I should have+과거분사 87
- 049 너한테 거짓말을 하지 말았어야 했어. 88
  I shouldn't have+과거분사
- 050 너에게 기회를 한 번 더 주기로 결정했어. 89
  I decided to+동사원형
- **PRACTICE 10** 90

EPISODE 11
- 051 그가 누구하고 통화 중인지 궁금해. I wonder+절 93
- 052 오늘 밤 저와 한잔할 수 있으신지 궁금해요. 94
  I was wondering if+절
- 053 내가 차 안에서 기다리라고 했잖아. 95
  I told you to+동사원형
- 054 제 직감을 믿으라고 말씀하셨잖아요. 96
  You told me to+동사원형
- 055 그건 별것 아니었을 거야. I'm sure+절 97
- **PRACTICE 11** 98

EPISODE 12
- 056 당신 정말 게이 아닌 거 맞죠? Are you sure+절? 101
- 057 내 아들을 꼭 잘 돌봐 주게. make sure+절 102
- 058 정말 이해가 빠르시군요. You're+명사 103
- 059 너 학교 지각이야. You're+형용사 104
- 060 너 나를 따라오고 있었던 거야? You're+현재분사 105
- **PRACTICE 12** 106

EPISODE 13
- 061 너 준비 다 했구나. You're+과거분사 109
- 062 시간에 맞게 왔네. You're+전치사구 110
- 063 너 때문에 걔는 기절초풍할 거야. 111
  You're gonna+ 동사원형
- 064 네가 책임지기로 한 거잖아. 112
  You're supposed to+동사원형
- 065 새로 이사 온 분들인가요? Are you+명사? 113
- **PRACTICE 13** 114

EPISODE 14
- 066 너 미쳤어? Are you+형용사? 117
- 067 숨 쉬기 힘들어요? Are you+현재분사? 118
- 068 너 취한 거야? Are you+과거분사? 119
- 069 굉장히 쾌활해 보이시네요. You look+형용사 120
- 070 넌 칭찬이 필요해. You need+명사 121
- **PRACTICE 14** 122
- BEHIND 미국 수사 기관/미드 방송 용어 124

SEASON 2 미드에 익숙해지기

EPISODE 15
- 071 넌 나하고 같이 가야 돼. You need to+동사원형 129
- 072 뭔가 다른 방법을 시도해 봐. You should+동사원형 130
- 073 뒷문을 이용하는 게 좋을 거야. You'd better+동사원형 131
- 074 네 살아온 이야기를 해 봐. tell me+절/명사 132
- 075 커피 한잔할래? Do you want+명사? 133
- **PRACTICE 15** 134

EPISODE 16
- 076 너도 같이 갈래? You want to+동사원형? 137
- 077 내가 너랑 같이 갔으면 해? 138
  Do you want me to+동사원형?
- 078 제가 아주 사적인 질문을 해도 괜찮을까요? 139
  Do you mind if+절?
- 079 넌 그 여자를 전혀 모르잖아. You don't+동사원형 140
- 080 넌 놀라운 후각을 가지고 있구나. You have+명사 141
- **PRACTICE 16** 142

EPISODE 17
- 081 그녀에게 중요한 게 뭔지 네가 알아내야 돼. 145
  You have to+동사원형
- 082 네가 직접 할 필요는 없어. You don't have to+동사원형 146
- 083 그거 입어 봤니? Have you+과거분사? 147
- 084 나 요리하는 것 좀 도와줘. You can+동사원형 148
- 085 네가 그 사람한테 화내면 안 되지. You can't+동사원형 149
- **PRACTICE 17** 150

EPISODE 18
- 086 조금만 더 숨어 있을 수 있겠어? Can you+동사원형? 153
- 087 넌 체포될 거야. You'll+동사원형 154
- 088 나하고 한잔할래? Will you+동사원형? 155
- 089 다시 안으로 들어오시겠어요? Would you+동사원형? 156
- 090 그는 낙오자에 위선자야. He's/She's+명사 157
- **PRACTICE 18** 158

EPISODE 19
- 091 그 사람 이상해. He's/She's+형용사 161
- 092 걔는 지금 그냥 농담하는 거야. He's/She's+현재분사 162
- 093 우리는 교양 있는 성인들이야. We're+명사/형용사 163
- 094 우리는 이제 시간이 없어. We're+현재분사/과거분사 164
- 095 걔들은 그냥 애들이잖아. They're+명사/형용사 165
- **PRACTICE 19** 166

EPISODE 20
- 096 그 사람들은 이혼했어. They're+형용사/분사 169
- 097 이건 정말 우연의 일치야. This is+명사/형용사 170
- 098 그건 범법 행위야. That's+명사/형용사 171
- 099 이 문제로 호들갑 떨지 마. Don't+동사원형 172
- 100 그건 버려진 집이에요. It's+명사 173
- **PRACTICE 20** 174

EPISODE 21
- 101 그거 정말 끝내준다. It's+형용사 177
- 102 그렇게 하는 게 옳은 일인 것 같아. 178
  It seems like+명사/절
- 103 내가 볼 땐 그가 누군가에게 모욕감을 준 것 같아. 179
  It seems to me that+절
- 104 난 아무 말도 하지 않을래. I won't+동사원형 180
- 105 다시는 그런 일 없을 거야. It won't+동사원형 181
  PRACTICE 21 182

EPISODE 22
- 106 그냥 내가 싫어하는 누군가를 생각나게 하네. 185
  It reminds me of+명사
- 107 네가 일하는 모습을 보니 좋다. It's good to+동사원형 186
- 108 제가 들어가도 괜찮을까요? Is it okay if+절 187
- 109 들어 보니 그거 위험하겠어. That sounds+형용사 188
- 110 그게 골칫거리 같네. That sounds like+명사 189
  PRACTICE 22 190

EPISODE 23
- 111 그냥 아주 작은 문제가 하나 있을 뿐이야. There's+명사 193
- 112 무서울 거 하나도 없어. There's nothing+to부정사/절 194
- 113 그래서 내가 여기에 왔잖아. That's why+절 195
- 114 그게 내 생각이야. That's what+절 196
- 115 숙녀에게는 그렇게 얘기해야 되는 거야. 197
  That's how+절
  PRACTICE 23 198

EPISODE 24
- 116 네 계획이 뭔데? What's+명사? 201
- 117 그게 무슨 뜻이야? What does+절? 202
- 118 너 여기서 뭐하고 있어? What are you+현재분사? 203
- 119 날 뭐로 보고 이래? What do you+동사원형? 204
- 120 네 이름이 뭐라고 했지? What did you+동사원형? 205
  PRACTICE 24 206

EPISODE 25
- 121 넌 뭘 샀어? What have you+과거분사? 209
- 122 왜 그렇게 속이 상해 있니? Why are you+형용사/분사? 210
- 123 왜 그런 걸 물어보는 거야? 211
  What makes you+형용사/동사원형?
- 124 넌 왜 이사를 가고 싶니? Why do you+동사원형? 212
- 125 그게 뭔지 네가 알아보면 어때? 213
  Why don't you+동사원형?
  PRACTICE 25 214

EPISODE 26
- 126 넌 왜 학교를 무단결석한 거니? 217
  Why did you+동사원형?
- 127 왜 나한테 말하지 않았어? Why didn't you+동사원형? 218
- 128 내가 왜 너를 믿어야 하지? Why should I+동사원형? 219
- 129 넌 평소에 누구하고 어울려 다니니? 220
  Who do you+동사원형?
- 130 넌 누가 케네디를 죽였다고 생각해? 221
  Who do you think...?
  PRACTICE 26 222

EPISODE 27
- 131 내가 어떻게 네 얼굴을 똑바로 볼 수 있겠니? 225
  How can I+동사원형?
- 132 너 이걸 어떻게 설명할래? How do you+동사원형? 226
- 133 그 직업은 어떻게 갖게 된 거예요? 227
  How did you+동사원형?
- 134 네가 어떻게 나를 그런 식으로 배신할 수 있어? 228
  How could you+동사원형?
- 135 두 사람 결혼한 지는 얼마나 됐어? How long+일반동사? 229
  PRACTICE 27 230
  BEHIND 미국의 포장 음식 232

SEASON 3 미드 고수되기

EPISODE 28
- 136 얼마 드리면 돼요? How much...? 237
- 137 너 그걸 몇 번이나 봤어? How many times...? 238
- 138 우린 그것을 피하는 방법을 알게 될 거야. 239
  how to+동사원형
- 139 너 담배는 언제부터 피우기 시작했니? 240
  When did you+동사원형?
- 140 너 언제부터 스페인어를 하게 된 거야? 241
  Since when do you+동사원형?
  PRACTICE 28 242

EPISODE 29
- 141 내가 일곱 살 때 우리 엄마가 돌아가셨어. 245
  When I was+형용사/전치사
- 142 지금 계신 곳이 어딘가요? Where is+명사? 246
- 143 신혼여행은 어디로 가? 247
  Where are you+현재분사/부사?
- 144 너 이거 어디에서 찾았어? Where did you+동사원형? 248
- 145 내가 이걸 어디에서 봤더라? 249
  Where have+명사+과거분사?
  PRACTICE 29 250

EPISODE 30
- 146 우리 이건 솔직히 얘기하자. Let's+동사원형 253
- 147 커피 좀 마셔야겠어. Let me+동사원형 254
- 148 매니를 집에 혼자 두면 안 돼. Don't let+명사+동사원형 255
- 149 걔가 가든지, 아니면 내가 가든지. either A or B 256
- 150 너나 나나 특별하지 않아. neither A nor B 257
  PRACTICE 30 258

EPISODE 31
- 151 시내에 들어오면 나한테 전화해. give me+명사 261
- 152 불편한 게 있으면 언제든지 신고해. 262
  Feel free to+동사원형
- 153 넌 몇 개월 동안 오늘만을 기다렸잖아. 263
  look forward to+명사
- 154 그 아이는 누가 돌보는 거야? look after+명사 264
- 155 어디에서 그녀를 찾을 건데? look for+명사 265
  PRACTICE 31 266

EPISODE 32
- 156 이거 누구 짓인지 알아내게 나 좀 도와줘. figure out 269
- 157 누가 이랬는지 우리가 알아내야 돼. find out 270
- 158 우리 며칠 동안 같이 시간을 보내면 어떨까? hang out 271
- 159 너무 놀라지 마. freak out 272
- 160 다 잘될 거야. work out 273
  PRACTICE 32 274

EPISODE 33
- 161 엔진 상태를 좀 점검해 보자. check out 277
- 162 살충제가 다 떨어졌다고? run out of+명사 278
- 163 여기서부터는 내가 알아서 처리할게. take care of+명사 279
- 164 꼭 내가 그걸 몰랐던 것처럼 말을 하네. as if+절 280
- 165 다음 주에 시간을 낼 수 있는지 확인해 볼게. see if+절 281
  PRACTICE 33 282

EPISODE 34
- 166 너 지금 문자로 걔한테 헤어지자고 한 거야? 285
  break up with+명사
- 167 내가 가해자 쪽을 잡을 함정을 생각해 냈어. 286
  come up with+명사
- 168 그 사람 지금 수두에 걸렸어. come down with+명사 287
- 169 너 이거 절대 그냥 못 넘어가. get away with+명사 288
- 170 내 작품 몇 개는 너에게 익숙할 수도 있어. 289
  be familiar with+명사
  PRACTICE 34 290

EPISODE 35
- 171 넌 결국 그 사람처럼 될 수도 있어. end up 293
- 172 내가 포기하든 말든 네가 무슨 상관이야? give up 294
- 173 그런 행동을 참아야 할 이유가 전혀 없어. 295
  put up with+명사
- 174 약 한 달 후에 우리가 너한테 연락할 거야. 296
  hear from+명사
- 175 아마 저에 대해 들어 보셨겠죠? hear of+명사 297
  PRACTICE 35 298

EPISODE 36
- 176 너한테 막 전화하려던 참이야. be about to+동사원형 301
- 177 우리가 한때는 친구였지. used to+동사원형 302
- 178 넌 절대 내 말은 안 듣지. listen to+명사/명사절 303
- 179 이 파티 끝나려면 아직 멀었어. be far from+명사/형용사 304
- 180 우리 가족에게 접근하지 마. stay away from+명사 305
  PRACTICE 36 306

EPISODE 37
- 181 우린 제시간에 도착 못 해. make it 309
- 182 난 너에게 보상해 줄 계획을 세웠어. make it up to+명사 310
- 183 너는 영향을 줄 만한 힘이 있잖아. make a difference 311
- 184 우린 군사 정보에 근거해서 결정을 내려. 312
  make a decision
- 185 내 일생일대의 실수를 했어. make a mistake 313
  PRACTICE 37 314

EPISODE 38
- 186 넌 그게 이해가 된다는 거야? make sense 317
- 187 네 뒤에서 걔들이 널 비웃고 다닌단 말이야. 318
  make fun of+명사
- 188 네가 계속 머물러야 할 경우를 대비하는 거야. 319
  In case+절
- 189 난 네 결론에 동의하지는 않았지만 네 주장은
  아주 흥미로웠어. even though+절 320
- 190 믿기 힘들겠지만, 난 네 행운을 빌어. 321
  believe it or not, +절
  PRACTICE 38 322

EPISODE 39
- 191 넌 모험하기가 두려운 거잖아. be scared 325
- 192 뭐 때문에 속이 상한 건데? be upset about+명사 326
- 193 난 당신의 사생활에 관심 없어요. be interested in+명사 327
- 194 난 사람들의 마음을 잘 읽어. be good at+명사 328
- 195 저는 큰 소송을 할 돈이 없어요. 329
  can't afford+명사/to부정사
  PRACTICE 39 330

EPISODE 40
- 196 그건 개개인에 따라 다르지. depend on+명사/명사절 333
- 197 나 지금 출근하는 중인데. on one's way 334
- 198 지금 막 쉬려던 참이었어. take a break 335
- 199 난 정말로 네가 그걸 명심했으면 좋겠어. 336
  keep... in mind
- 200 넌 완전히 통제 불능이었어. out of control 337
- 201 내가 널 일부러 뺀 거야. on purpose 338
- 202 왜 우리한테 소리를 지르는 거예요? yell at+명사 339
  PRACTICE 40 340
  BEHIND 영국 드라마 342

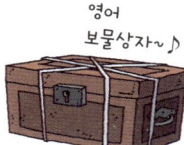

* <미드 한 컷>에 표기된 시간은 독자의 편의를 위한 것으로 스트리밍 사이트나 동영상 설정 등에 따라 약간 차이가 날 수 있습니다.
미드 대사 또한 책에 맞게 조금씩 각색된 부분이 있습니다.

Soft kitty~ Warm kitty~ ♬ -The Big Bang Theory.

Episode 1

001 전 당신의 팬이에요.
I'm+명사   난 ~야

002 난 감정을 잘 드러내지 않아.
I'm+형용사   난 ~한 상태야

003 난 네가 생각하는 그런 사람이 아니야.
I'm not+명사/형용사   난 ~가 아니야/~한 상태가 아니야

004 난 지금 너무 스트레스를 받고 있어.
I'm+현재분사   난 ~하는 중이야

005 난 이성적이고 현실적이야.
I'm+과거분사   난 ~한 상태야

전 당신의 팬이에요.

I'm+명사 난 ~야

미드라고 별것 있나요? 사람 사는 데는 자기 소개가 기본이죠. 'I'm+명사'는 이름, 직업, 성별 등 개인 정보나 자신의 상태를 명사로 나타내는 패턴입니다. I'm…에는 전혀 강세가 없으니 뒤에 나오는 명사만 강조해서 발음하세요.

전 불면증 환자입니다.
I'm an insomniac. Criminal Minds 1_1

전 당신의 팬이에요.
I'm a fan of yours. Criminal Minds 1_1

난 예외야.
I'm an exception. Suits 1_1

전 전업주부예요.
I'm a stay-at-home mom myself. Big Little Lies 1_1

난 열정적이고 충동적인 여자야.
I'm a passionate and impulsive woman. The Big Bang Theory 1-5

insomniac 불면증 환자 fan... of ~의 팬이다 exception 예외
stay-at-home mom 전업주부 passionate 열정적인 impulsive 충동적인

13 Reasons Why 1_3 04:47

테이프에서 흘러나오는 Hannah의 독백

Hannah Maybe you think I'm being silly. **I'm some stupid girl who gets all worked up over a little thing.** But little things matter. For instance, you never told me when you started dating Jessica. But I remember just how it ended.

silly 바보 같은 get worked up over ~에 화를 내고 흥분하다 matter 중요하다 for instance 예를 들어 date 데이트를 하다

해나 넌 지금 날 바보 같다고 생각하겠지. 난 사소한 것에 발끈하는 어리석은 애가 맞아. 하지만 사소한 게 중요한 거야. 예를 들어, 넌 언제부터 제시카와 데이트를 시작했는지 나한테 절대 말하지 않았어. 그렇지만 난 그 관계가 어떻게 끝났는지 기억하고 있지.

013

특급패턴 002 난 감정을 잘 드러내지 않아.

I'm+형용사 난 ~한 상태야

자기 표현에 익숙한 미국인의 특징이 미드에도 고스란히 드러납니다. 나의 성격, 몸 상태, 마음이나 생각까지, I'm... 뒤에 형용사를 붙여 다양하게 표현해 보세요.

난 상냥한 사람이야.
I'm affable. The Newsroom 1_1

그건 내가 미안하게 됐어.
I'm sorry about that. 13 Reasons Why 1_1

난 감정을 잘 드러내지 않아.
I'm good at keeping my emotions in check. Arrow 1_2

네가 그게 마음에 든다니 기쁘다.
I'm glad you like it. Pretty Little Liars 1_1

나 다시 회사에 들어가봐야 될 것 같아.
I'm afraid I've got to get back to work. Suits 1_1

affable 상냥한 be good at ~를 잘 하다 emotion 감정
keep something in check ~를 억제/저지하다 get back 돌아가다/오다

🎬 **The Newsroom 1_1** 16:47

Don It's your personality. personality 성격
Will What?
Don The reason I'm leaving and the reason the others are.
Will I'm affable.
Don To strangers, to people who watch you on TV.
You yelled at me in front of the crew. yell at ~에 소리지르다
crew (함께 일하는) 팀, 팀원

돈 당신 성격 때문이에요.
윌 뭐?
돈 내가 떠나려는 이유와 다른 사람들이 떠나려는 이유요.
윌 난 상냥한 사람이야.
돈 낯선 사람들이나 TV로 당신을 보는 사람들에게는 그렇겠죠. 팀원들 앞에서 당신은 저한테 소리를 질렀어요.

난 네가 생각하는 그런 사람이 아니야.

I'm not+명사/형용사 난 ~가 아니야/~한 상태가 아니야

be동사의 부정문은 be동사 뒤에 not을 넣어 만듭니다. be동사는 주어가 가진 '사실'을 말할 때 쓰기 때문에 단정적인 느낌을 줍니다. 다시 말해 정확하게 알지 못하면 섣불리 be동사를 써서 주어의 상태나 성격, 생각을 말하지 마세요.

난 그가 좋아할 타입이 아니야.
I'm not his type. The Newsroom 1_4

난 네가 생각하는 그런 사람이 아니야.
I'm not the man you think I am. Arrow 1_1

난 예전의 내가 아니야.
I'm not what I once was. American Gods 1_1

난 관심 없어.
I'm not interested. Suits 1_1

난 아직 너하고의 관계를 끝내지 않았어.
I'm not through with you yet. 13 Reasons Why 1_1

favor 호의, 친절; 부탁   once (과거의) 언젠가
interested 관심이 있는   through (사람과의 관계가) 끝난

🎬 **The Newsroom 1_1** 11:07

Don I think it's too soon to meet your parents. **I'm not comfortable with it.** Can you respect that?
comfortable 편안한   respect 존중/존경하다

Maggie I've been telling them about you for months. What am I supposed to say?

돈 당신 부모님을 만나는 건 너무 성급한 것 같아.
내가 불편하다고. 그런 건 존중해 줄 수 없어?

매기 부모님한테 당신에 대해서 몇 개월 동안 얘기했어.
이제 와서 뭐라고 말하라고?

© HBO

난 지금 너무 스트레스를 받고 있어.

I'm+현재분사 난 ~하는 중이야

동사를 형용사로 만든 것을 현재분사라고 합니다. 주로 동사 끝에 ing를 붙여 만들지요. 현재분사는 형용사에 시제를 부여한 것이라고 볼 수 있는데, 이게 바로 현재진행시제입니다. 형용사에 움직임이 더해졌다고 생각하고 현재분사를 보면 단순히 형용사를 쓸 때보다 역동적인 느낌이 들 거예요.

나 지금 재미있게 놀고 있어.
I'm having some fun. 13 Reasons Why 1_3

전 지금 정말 맛있게 식사를 하고 있어요.
I'm really enjoying this meal. Big Bang Theory 2_1

난 지금 너무 스트레스를 받고 있어.
I'm feeling stressed out. The Big Bang Theory 3_18

나 영어 쪽으로 마음이 기울고 있어.
I'm leaning toward English. Pretty Little Liars 1_1

나 지금 조작하고 있는 거 아니야.
I'm not manipulating. Billions 1_1

have fun 재미있게 놀다 meal 식사 stressed out 스트레스가 쌓인
manipulate 조종/조작하다 lean toward 기울어지다

13 Reasons Why 1_2 17:40

Clay	You took off when you saw him.
	Does he know about the tapes? take off 자리를 뜨다
Jessica	Are you crazy? Shut your mouth.
Clay	**I'm just trying to figure this out.** figure out 이해하다, 알아내다

클레이 넌 그 사람을 보고 자리를 떠났잖아. 그 사람이 테이프에 대해서 아는 거야?
제시카 너 미쳤어? 닥치고 있어.
클레이 난 그냥 지금 이 상황을 알아내려는 것뿐이야.

특급패턴 005

난 이성적이고 현실적이야.

I'm+과거분사 난 ~한 상태야

과거분사는 현재분사와 마찬가지로 동사를 형용사로 바꾼 것으로, '이미 ~한 상태가 된'이라고 해석합니다. 현재분사가 현재진행시제를 말한다면, 과거분사는 과거시제를 말합니다. 특히 'be동사+과거분사' 형태는 주어가 어떤 상태인지를 잘 표현할 수 있습니다.

난 이성적이고 현실적이야.
I'm grounded. Pretty Little Liars 1_1

너와는 이미 볼일 끝났어.
I'm done with you. Pretty Little Liars 1_1

난 아직도 헷갈려.
I'm still confused. The Big Bang Theory 2_1

그건 내가 학교가 끝나면 항상 완전히 지친 상태라서야.
That's because I'm exhausted all the time from school. Big Little Lies 1_2

플로렌스 나이트가든이 판돈을 다 먹었어, 내가 잘못 알고 있는 게 아니라면 말이지.
Florence Nightgarden won the entire pot, if I'm not mistaken. Fargo 1_4

grounded 이성적/현실적인 done 끝난 confused 혼란스러워 하는
exhausted 진이 빠진 win 쟁취하다 entire 전체의 pot 트럼프에 건 돈
mistaken 잘못 알고 있는

📽 Big Little Lies 1_2 19:31

Madeline Have you lost your mind? lose one's mind 미쳐버리다
Eddie No, I'm never out of my mind. I don't get to be crazy, Madeline. I'm stable. **I'm grounded.** out of one's mind 미친 stable 차분한, 안정적인

매들린 당신 미친 거 아니야?
에디 아니, 난 절대 미치지 않아. 난 미치지 않는다고, 매들린. 난 침착한 상태야. 이성적이고 감정에 흔들리지도 않아.

© HBO

Practice 1

본문에 나온 예문을 무작위로 뽑아 연습문제를 만들었습니다. 한국어 해석을 보고 곧바로 영어로 말해 보세요. 곧장 입에서 나오는 것은 **Pass**, 오래 생각해야 하는 것은 **Repeat**, 아예 모르겠는 것은 **Fail**에 체크하고 다시 공부하세요.

Pass ____ 개   Repeat ____ 개   Fail ____ 개

01 전 당신의 팬이에요.

02 그건 내가 학교가 끝나면 항상 완전히 지친 상태라서야.

03 난 그가 좋아할 타입이 아니야.

04 난 네가 생각하는 그런 사람이 아니야.

05 난 예전의 내가 아니야.

06 너와는 이미 볼일 끝났어.

07 난 아직도 헷갈려.

08 난 관심 없어.

09 나 지금 재미있게 놀고 있어.

10 전 지금 정말 맛있게 식사를 하고 있어요.

11 난 이성적이고 현실적이야.

12 나 다시 회사에 들어가봐야 될 것 같아.

13 난 지금 너무 스트레스를 받고 있어.

14 나 지금 조작하고 있는 거 아니야.

15 전 전업주부예요.

16 난 열정적이고 충동적인 여자야.

17 그건 내가 미안하게 됐어.

18 난 예외야.

19 난 감정을 잘 드러내지 않아.

20 나 영어 쪽으로 마음이 기울고 있어.

---

01 I'm a fan of yours. **02** That's because I'm exhausted all the time from school. **03** I'm not his type. **04** I'm not the man you think I am. **05** I'm not what I once was. **06** I'm done with you. **07** I'm still confused. **08** I'm not interested. **09** I'm having some fun. **10** I'm really enjoying this meal. **11** I'm grounded. **12** I'm afraid I've got to get back to work. **13** I'm feeling stressed out. **14** I'm not manipulating. **15** I'm a stay-at-home mom myself. **16** I'm a passionate and impulsive woman. **17** I'm sorry about that. **18** I'm an exception. **19** I'm good at keeping my emotions in check. **20** I'm leaning toward English.

Soft kitty~ Warm kitty~ ♬ -The Big Bang Theory

Episode 2

006 난 너의 가장 좋은 친구였잖아.
I was+명사   나는 ~였어

007 내가 그에게 못되게 굴었던 것 같아.
I was+형용사   난 ~한 상태였어

008 난 그냥 도와주려던 것뿐이야.
I was+현재분사   난 ~를 하는 중이었어

009 난 누명을 쓴 상태였어.
I was+과거분사   난 ~한 상태였어

010 우리가 좀 더 신중해야 될 것 같아.
I think+절   내 생각엔 ~인 것 같아

특급패턴 006
난 너의 가장 좋은 친구였잖아.
I was + 명사 나는 ~였어

지난 에피소드에는 나의 현재 상태를 말해 봤지요. 나의 과거 상태나 직업, 위치를 말할 때에는 이 패턴을 쓰세요. 대화 중에는 그것이 '과거'임을 분명히 인지할 수 있기 때문에 was를 강하게 발음할 필요는 없습니다.

제가 배심원 대표였습니다.
I was the jury foreman. The Good Wife 1_1

난 너의 가장 좋은 친구였잖아.
I was your coolest friend. Younger 1_5

옛날에 난 정말 훌륭한 댄서였어.
Back in the day, **I was** quite the dancer. Modern Family 1_16

술에 취한 건 나였어.
I was the one who was drunk. Grey's Anatomy 1_1

난 그런 사람들 중 하나는 아니었어.
I wasn't one of those guys. Misfits 2_6

---

jury foreman 배심원 대표 cool 훌륭한
quite 상당한, 대단한 drunk 술에 취한

 미드 한 컷

📺 The Good Wife 1_1 15:02

doctor That's right. **I was the jury foreman.**
Alicia And you don't mind answering a few questions for us, Doctor? It'll help us refine the case for the retrial.
　　　mind 꺼리다 refine 정확히 다시 정리하다 case 사건 retrial 재심
doctor No problem.

의사　맞아요. 제가 배심원 대표였어요.
알리샤　그럼 몇 가지 질문을 좀 드려도 될까요, 선생님? 재심을 위해서 그 사건을 다시 정리하는 데 저희에게 도움이 될 것 같습니다.
의사　좋아요.

내가 그에게 못되게 굴었던 것 같아.

I was+형용사 난 ~한 상태였어

내 과거의 마음 상태, 성격, 상황 등을 말할 때 사용하는 패턴입니다. 형용사는 섬세한 느낌을 전달하기 때문에 발음할 때 감정 처리를 잘 해야 합니다. 그래야 리스닝 실력도 좋아지니까 대사를 잘 듣고 성대모사하듯 따라하세요.

난 개리의 아내에게 정말 잘 대해 줬어.
I was very nice to Gary's wife. Justified 1_2

내가 그에게 못되게 굴었던 것 같아.
I think **I was** mean to him. Lost 1_2

난 이성을 잃은 것처럼 갑자기 화가 났어.
Suddenly, **I was** irrationally angry. Sex and the City 4_16

난 우리 아버지 때문에 경찰을 부른 너한테 화가 났었어.
I was mad at you for calling the cops on my father. Gossip Girl 3_22

난 절대 그 정도로 확신하지는 못했어.
I was never that sure. Justified 1_1

mean 불친절한, 못되게 구는 irrationally 이성을 잃고
be mad at ~에게 화내다 cop 경찰관 sure 확신하는

Lost 1_2 18:03

Boone	What are you doing?
Shannon	I think I was mean to him.
Boone	What?
Shannon	He's that guy from the gate. He saved our lives.

save 구하다 life 생명

분   뭐하고 있어?
쉐넌   내가 저 사람한테 못되게 했던 것 같아.
분   뭐라고?
쉐넌   저 사람, 게이트에 있던 그 남자야. 저 남자가 우리 목숨을 구했잖아.

난 그냥 도와주려던 것뿐이야.

I was+현재분사 난 ~를 하는 중이었어

'was/were+현재분사'는 과거에 어떤 동작이 진행되고 있던 상태를 말하는 과거진행시제입니다. 과거진행시제는 직역하면 어색한 경우가 많으니 자연스럽게 의역하세요.

난 그냥 도와주려던 것뿐이야.
I was just trying to help. 13 Reasons Why 1_4

난 즐거운 시간을 보내고 있었어.
I was having a good time. 13 Reasons Why 1_5

난 그냥 세탁물을 두고 가려던 것뿐이야.
I was just dropping off some laundry. Modern Family 1_1

네가 날 좀 도와줬으면 좋겠어.
I was hoping you could help me. Modern Family 1_2

당신 저녁은 집에 와서 먹을 거예요?
I was wondering if you were coming home for dinner. The Good Wife 1_1

직역하면 '나는 네가 저녁을 먹으러 집에 올 건지 궁금해 하고 있었다'라는 뜻이다. 뜻이 통하게 자연스럽게 의역하자.

be trying to ~하려고 시도/노력하다   drop off 가져다주다
laundry 세탁물   wonder if ~인지 아닌지 궁금하다

Modern Family 1_2 09:29

Sal Hi, uh, this is really embarrassing.
But I locked myself out of my house.
embarrassing 난처한, 쑥스러운 lock oneself out of ~에 열쇠를 둔 상태로 문을 잠그다

Phil Oh, tsh! I do it all the time. Don't be embarrassed.

Sal I was, **I was hoping you could help me.**

샐 안녕하세요, 어, 정말 난처하네요. 제가 열쇠를 안에다 두고 집 문을 잠갔어요.
필 아이고, 참! 저도 늘 그런 답니다. 당황하지 마세요.
샐 저기, 절 좀 도와주셨으면 좋겠네요.

난 누명을 쓴 상태였어.

I was + 과거분사 난 ~한 상태였어

'I was + 과거분사' 형태를 흔히 '수동태'라고 말합니다. 네이티브들이 정말 숨 쉬듯이 많이 쓰는 형태죠. 여기서 과거분사는 형용사이며 형용사는 동작이 아닌 '상태'를 말할 때 씁니다. 따라서 수동태는 '주어가 이미 처해 있는 어떤 상태'를 말한다고 보시면 돼요.

난 누명을 썼어.
I was set up. The Good Wife 1_1

난 부모를 살해했다는 혐의를 받던 상태였어.
I was suspected of killing my parents. Luther 2_1

난 그렇게 배웠어.
That's the way **I was** taught. Justified 1_2

나 뉴욕매거진이 뽑은 뉴욕 최고의 칼럼니스트로 선정됐어.
I was chosen as New York Magazine's best pick for city columnist. Sex and the City 4_16

난 심지어 블라인드도 내릴 수 없을 정도로 움직이기가 무서웠어.
I was too scared to move even to shut the blinds. 13 Reasons Why 1_4

be set up 누명을 쓰다   too scared to 너무 무서워서 ~를 할 수 없는   shut 닫다

📺 13 Reasons Why 1_4 07:34

Hannah I didn't really think anything of it at first. Must have been the sound of a tree branch in the wind. But the sound followed me. **I was too scared to move even to shut the blinds.**
follow 따라오다

해나 처음에는 그런 건 정말 전혀 생각도 못했어. 나뭇가지에 바람이 불어서 생기는 소리일 거라 생각했지. 그런데 그 소리가 나를 따라오는 거야. 난 너무 무서워서 움직일 수가 없었어. 블라인드조차 닫을 수가 없었어.

우리가 좀 더 신중해야 될 것 같아.

I think+절 내 생각엔 ~인 것 같아

역시 자기 의견을 말할 때 늘상 쓰는 패턴입니다. '절'은 '주어+동사'의 형태를 갖춘 완성된 문장을 뜻합니다. I think 뒤에 나오는 문장은 think의 목적어가 되므로 목적절이라고 합니다. 이 절 앞에 접속사 that이 붙는데 이때 that은 자주 생략됩니다. 일종의 말버릇이나 습관이에요.

내 생각에 그건 아주 효과적인 방법 같아.
I think it's very effective. The Good Wife 1_4

난 네가 필요해.
I think I could use you. Big Little Lies 1_4

내 생각에 그 사람들은 뭔가를 피해서 여기에 온 것 같아.
I think they came here to get away from something. Game of Thrones 2_5

난 네가 지금 무슨 말을 하는지 알 것 같아.
I think I see what you're getting at. House of Cards 1_1

우리가 좀 더 신중해야 될 것 같아.
I think that we should be a little bit more careful. Arrow 1_3

> I could use...는 '~를 쓸 수 있었는데'라는 뜻이다. 조동사 could에는 기본적으로 가정법의 의미가 있다. 쓸 수 있었는데 그렇지 못해서 지금이라도 쓰고 싶은 거니 간절함이 더해진다. 따라서 '~를 간절히 필요로 하다', '~를 정말 원하다' 등으로 해석해도 된다.

effective 효과적인　could use ~가 꼭 필요하다
get away from ~로부터 도망치다　get at ~를 의미하다; ~에 이르다

🎬 House of Cards 1_1 18:44

| Stamper | Want retribution? retribution 응징
| Francis | No. No. It's more than that. Take a step back. step back 물러서다
Look at the bigger picture.
| Stamper | **I think I see what you're getting at.**

스탬퍼　강력한 응징을 원하십니까?
프랜시스　아니. 아니. 그 이상이야. 한 걸음 물러서서 봐. 좀 더 큰 그림을 보라고.
스탬퍼　무슨 말씀이신지 알 것 같습니다.

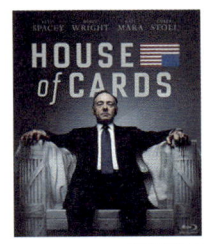

© NETFLIX

Practice 2

본문에 나온 예문을 무작위로 뽑아 연습문제를 만들었습니다. 한국어 해석을 보고 곧바로 영어로 말해 보세요. 곧장 입에서 나오는 것은 **Pass**, 오래 생각해야 하는 것은 **Repeat**, 아예 모르겠는 것은 **Fail**에 체크하고 다시 공부하세요.

Pass ____ 개   Repeat ____ 개   Fail ____ 개

01 난 즐거운 시간을 보내고 있었어.

02 난 누명을 썼어.

03 난 그런 사람들 중 하나는 아니었어.

04 내 생각에 그건 아주 효과적인 방법 같아.

05 난 이성을 잃은 것처럼 갑자기 화가 났어.

06 난 심지어 블라인드도 내릴 수 없을 정도로 움직이기가 무서웠어.

07 난 그냥 세탁물을 두고 가려던 것뿐이야.

08 제가 배심원 대표였습니다.

09 난 네가 지금 무슨 말을 하는지 알 것 같아.

10 내가 그에게 못되게 굴었던 것 같아.

11 난 그렇게 배웠어.

12 우리가 좀 더 신중해야 될 것 같아.

13 난 절대 그 정도로 확신하지는 못했어.

14 난 네가 필요해.

15 술에 취한 건 나였어.

16 난 그냥 도와주려던 것뿐이야.

17 난 개리의 아내에게 정말 잘 대해 줬어.

18 네가 날 좀 도와줬으면 좋겠어.

19 난 부모를 살해했다는 혐의를 받던 상태였어.

20 난 너의 가장 좋은 친구였잖아.

---

01 I was having a good time. **02** I was set up. **03** I wasn't one of those guys. **04** I think it's very effective. **05** Suddenly, I was irrationally angry. **06** I was too scared to move even to shut the blinds. **07** I was just dropping off some laundry. **08** I was the jury foreman. **09** I think I see what you're getting at. **10** I think I was mean to him. **11** That's the way I was taught. **12** I think that we should be a little bit more careful. **13** I was never that sure. **14** I think I could use you. **15** I was the one who was drunk. **16** I was just trying to help. **17** I was very nice to Gary's wife. **18** I was hoping you could help me. **19** I was suspected of killing my parents. **20** I was your coolest friend.

Cozy in there? -The Walking dead

Episode 3

011 난 우리가 저녁을 같이 먹는 줄 알았는데.
I thought+절   난 ~라고 생각했었어

012 난 네 친구가 되고 싶어.
I want to+동사원형   난 ~를 하고 싶어

013 그 얘기는 하고 싶지 않아.
I don't want to+동사원형   난 ~를 하고 싶지 않아

014 네가 찍은 사진을 삭제해 주면 좋겠어.
I want you to+동사원형   난 네가 ~를 해 주면 좋겠어

015 전 지금 도움이 좀 필요해요.
I need+명사   난 ~가 필요해

난 우리가 저녁을 같이 먹는 줄 알았는데.

I thought+절 난 ~라고 생각했었어

'I think+절' 패턴의 과거형입니다. I thought가 과거이므로 뒤에 이어지는 '절'의 시제 또한 과거형이나 과거완료형으로 맞춰서 말하세요.

난 그게 시도해 볼 만한 가치가 있다고 생각했어.
I thought it was worth a try. Mad Men 1_1

난 우리가 저녁을 같이 먹는 줄 알았는데.
I thought we were having dinner. Scandal 3_2

난 너는 다를 거라고 생각했어.
I thought you'd be different. The Good Wife 1_5

> you'd는 you would의 축약형이다. thought와 시제를 일치시키기 위해 will을 would로 썼다.

전 두 분이 공통점이 많을 거라고 생각했습니다.
I thought you two would have a lot in common.
The Good Wife 1_5

네가 나를 만나면 좋아할 거라고 생각했어.
I thought you'd be happy to see me. Mad Men 1_4

worth 가치가 있는 a try 시도 have a lot in common 공통점이 많다

📺 Scandal 3_2 31:03

Rowan Olivia. Why are you here?
Olivia It's Sunday. **I thought we were having dinner.**
Rowan Of course. Uh, I think I can whip up something for the two of us. whip up 급히 식사를 준비하다

로완 올리비아, 여긴 웬일이니?
올리비아 일요일이잖아요. 우리가 같이 저녁을 먹는 줄 알았는데요.
로완 그렇지. 어, 어서 우리 둘이 먹을 음식을 좀 준비해야겠구나.

난 네 친구가 되고 싶어.

I want to+동사원형 난 ~를 하고 싶어

I want... 패턴에 to부정사를 붙이면 '앞으로' 하고 싶은 행동에 대해 말할 수 있습니다. to부정사에는 '미래'와 '조건'의 의미가 있기 때문이죠.

난 너한테 보여 주고 싶어.
I want to show you. Big Little Lies 1_4

난 네 친구가 되고 싶어.
I want to be your friend. 13 Reasons Why 1_5

이게 제가 얘기하고 싶은 전부입니다.
This is all **I want to** say. The Good Wife 1_2

그냥 그녀의 얼굴을 주먹으로 한 대 치고 싶어.
I just **want to** punch her in the face. Big Little Lies 1_1

난 네가 다음에 무슨 행동을 할지 보고 싶어.
I want to see what you're gonna do next.
13 Reasons Why 1_7

punch 주먹으로 치다

Big Little Lies 1_1 12:44

Jane And Bonnie is his new wife?
Madeline Yeah, she's the very pretty one. In fact, she's so pretty and free-spirited and bohemian and all-loving that sometimes I just want to... free-spirited 영혼이 자유로운
bohemian 자유분방한 all-loving 매우 다정한
Jane Punch her in the face?

제인 그리고 보니가 그의 새 아내예요?
매들린 맞아요, 그 무지하게 예쁜 그 여자 말이에요. 사실, 예쁘고 자유로운 영혼인데다 보헤미안 기질이 있고 어찌나 다정한지, 가끔 내가 그냥...
제인 얼굴을 한 대 치고 싶어요?

특급패턴 013

그 얘기는 하고 싶지 않아.

I don't want to + 동사원형 난 ~를 하고 싶지 않아

I want to... 와 반대로, 자신이 앞으로 어떤 행동을 하고 싶지 않다는 의사를 전달하는 패턴입니다. 부정문이기 때문에 don't를 강하게 읽고, want to는 [원투], 또는 [워너]라고 발음합니다.

그 얘기는 하고 싶지 않아.
I don't want to talk about it. 13 Reasons Why 1_6

알고 싶지 않아.
I don't want to know. The Good Wife 1_1

난 뭐든 방해하고 싶지 않아.
I don't want to interrupt anything. Big Little Lies 1_7

난 너를 걱정시키고 싶지 않아.
I don't want to worry you. Doctor Who 1_2

난 비난을 받고 싶지 않단 말이야.
I just **don't want to** be blamed. Big Little Lies 1_2

interrupt 방해하다 be blamed 지탄/비난을 받다

📽 13 Reasons Why 1_6 09:29

mom What happened, sweetie? Is everything okay?
Clay I'm fine.
mom You're not fine. I'm your mother. I can tell you're not fine. You haven't been for a while. for a while 한동안
Clay I don't want to talk about it.

엄마 무슨 일이니, 아들? 괜찮은 거야?
클레이 전 괜찮아요.
엄마 괜찮지 않은데. 난 네 엄마야. 네가 괜찮지 않다는 건 알 수 있어. 너 한동안 계속 그랬어.
클레이 그 얘기는 하고 싶지 않아요.

031

네가 찍은 사진을 삭제해 주면 좋겠어.

I want you to+동사원형 난 네가 ~를 해 주면 좋겠어

상대방이 어떤 행동을 하기를 바랄 때 쓸 수 있는 패턴입니다. 강제성 없이 그냥 '나는 네가 그랬으면 좋겠다'는 뜻이에요. 학습자 대부분은 I want to... 에만 익숙하고 I want you to...는 곧장 떠올리지 못하더군요. 이제부턴 꽉꽉 사용해 주세요.

그건 네가 가져.
I want you to have it. Sex and the City 4_16

우리 정정당당하게 하자.
I want you to play fair. Friday Night Lights 1_1

네가 찍은 사진을 삭제해 주면 좋겠어.
I want you to delete the photos you took. 13 Reasons Why 1_4

네가 그 놈 찾아서 감옥에 처넣어 버려.
I want you to find him and put him away.
House of Cards 2_3

난 당신이 돌아오면 좋겠어.
I want you to come back. Friday Night Lights 1_2

> 원래 put away는 '~를 눈에 띄지 않는 곳으로 치우다'란 뜻이지만, 목적어로 '사람'이 오면 그 사람을 '죽여 버리다'나 '감옥에 보내다' 등으로 해석한다. 일종의 속어라고 볼 수 있다.

play fair 정정당당하게 하다 / delete 삭제하다
put... away ~를 감옥에 집어넣다; 처리하다

📺 **Friday Night Lights 1_2** 34:20

Eric I'll have him back soon.
Mrs. Saracen But **I want you to come back.**
Eric I will come back. I'll come back for some more cake.
Mrs. Saracen All right. You'd better do that.

에릭 곧 돌려보내겠습니다.
사라센 여사 하지만 당신도 같이 와야 돼요.
에릭 저도 다시 오겠습니다. 케이크를 더 먹기 위해서라도 돌아올게요.
사라센 여사 그래요. 그렇게 하는 게 좋죠.

전 지금 도움이 좀 필요해요.

I need+명사 난 ~가 필요해

동사 need는 want와는 달리 선택의 여지 없이 '반드시 필요하다'라는 의미입니다. 단순히 소망한다기보다 필수적이기 때문에 강하게 원한다는 뉘앙스가 있습니다. 강하게 원할 때 need를 떠올릴 수 있도록 반복적으로 읽고 입에 붙이세요.

전 지금 도움이 좀 필요해요.
I need some help here. Friday Night Lights 1_3

내가 살 집이 필요해.
I need a place to live. Grey's Anatomy 1_2

날 집에 태워다 주면 좋겠어.
I need a ride home. Friday Night Lights 1_14

저는 매운 치킨 포장해 주세요.
I need a spicy chicken to go. Friday Night Lights 1_3

난 에스코트가 필요하지 않아.
I don't **need** an escort. Grey's Anatomy 1_4

to go 포장해서 가지고 갈 **ride** 차를 태워 주기 **spicy** 매운
escort 모임에 함께 가는 사람

📽 Friday Night Lights 1_3 11:14

Eric She wants onion rings, diet cola. Um, we need two burgers. **I need a spicy chicken to go.** And I'll have the biggest French fries you have.

에릭 얘가 원하는 건 어니언링과 다이어트 콜라예요. 음, 우리는 버거 두 개요. 매운 치킨 포장할게요. 그리고 여기서 제일 큰 프렌치 프라이 주세요.

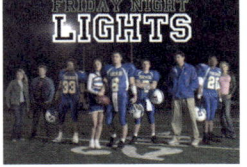

© NBC

본문에 나온 예문을 무작위로 뽑아 연습문제를 만들었습니다. 한국어 해석을 보고 곧바로 영어로 말해 보세요. 곧장 입에서 나오는 것은 **Pass**, 오래 생각해야 하는 것은 **Repeat**, 아예 모르겠는 것은 **Fail**에 체크하고 다시 공부하세요.

Pass ____ 개   Repeat ____ 개   Fail ____ 개

01 난 너한테 보여 주고 싶어.

02 내가 살 집이 필요해.

03 난 너는 다를 거라고 생각했어.

04 네가 찍은 사진을 삭제해 주면 좋겠어.

05 난 비난을 받고 싶지 않단 말이야.

06 저는 매운 치킨 포장해 주세요.

07 난 우리가 저녁을 같이 먹는 줄 알았는데.

08 난 당신이 돌아오면 좋겠어.

09 전 두 분이 공통점이 많을 거라고 생각했습니다.

10 전 지금 도움이 좀 필요해요.

11 난 너를 걱정시키고 싶지 않아.

12 난 네 친구가 되고 싶어.

13 날 집에 태워다 주면 좋겠어.

14 난 뭐든 방해하고 싶지 않아.

15 우리 정정당당하게 하자.

16 이게 제가 얘기하고 싶은 전부입니다.

17 난 네가 나를 만나면 좋아할 거라고 생각했어.

18 그건 네가 가져.

19 난 네가 다음에 무슨 행동을 할지 보고 싶어.

20 난 알고 싶지 않아.

---

01 I want to show you. **02** I need a place to live. **03** I thought you'd be different. **04** I want you to delete the photos you took. **05** I just don't want to be blamed. **06** I need a spicy chicken to go. **07** I thought we were having dinner. **08** I want you to come back. **09** I thought you two would have a lot in common. **10** I need some help here. **11** I don't want to worry you. **12** I want to be your friend. **13** I need a ride home. **14** I don't want to interrupt anything. **15** I want you to play fair. **16** This is all I want to say. **17** I thought you'd be happy to see me. **18** I want you to have it. **19** I want to see what you're gonna do next. **20** I don't want to know.

Cozy in there? -The Walking dead

Episode 4

016 간단한 검사를 하나 해야겠어요.
I need to+동사원형   난 ~를 할 필요가 있어

017 난 네가 더 열심히 일했으면 좋겠어.
I need you to+동사원형   네가 꼭 ~해 줘야 해

018 저한테 개인적인 문제가 좀 있어요.
I have+명사   나는 ~를 가지고 있어

019 나 지금 당장 가 봐야 돼.
I have to+동사원형   난 ~를 해야 돼

020 내가 조사를 좀 해 봤는데 말이야.
I have+과거분사   난 ~를 해 왔어/~한 적이 있어

간단한 검사를 하나 해야겠어요.

I need to+동사원형 난 ~를 할 필요가 있어

어떤 행동을 꼭, 반드시 할 필요 있을 때는 need를 활용합니다. need to 뒤로 이어지는 동사가 핵심 내용이므로 need 보다 더 강하게 발음해서 어필하세요.

너한테 몇 가지 질문할 게 있어.
I need to ask you a few questions. Grey's Anatomy 1_3

내가 먼저 확인을 좀 더 해 봐야겠어.
I need to do a little more checking first. Justified 1_3

간단한 검사를 하나 해야겠어요.
I just **need to** do a brief exam. Grey's Anatomy 1_4

나부터 진정해야겠네.
I know **I need to** just calm down. Friday Night Lights 1_14

제가 같은 말을 반복해야 되는 겁니까?
Do **I need to** repeat myself? Criminal Minds 1_5

check 확인하다 brief 간단한 exam 시험 calm down 진정하다
repeat oneself 같은 말을 반복하다

 Grey's Anatomy 1_4 04:31

Dr. Stevens Mr. Humphrey? I'm sorry to wake you. wake 깨우다
Mr. Humphrey Come on. What time is it?
Dr. Stevens Ten after five. I'm sorry. **I just need to do a brief exam.**
If you could sit up for one moment. sit up 자세를 바로 하고 앉다

스티븐스(의사) 험프리씨? 깨워서 죄송합니다.
험프리 아이 참. 몇 시예요?
스티븐스(의사) 5시 10분입니다. 죄송해요. 간단한 검사를 해야 합니다.
잠깐 똑바로 앉아 주시겠어요?

> 시간을 말할 때는 전치사 after, past, to를 기억하자!
>
> 5시 10분
> ten after five
> ten past five
>
> 5시 10분 전
> ten to five

특급패턴 017
난 네가 더 열심히 일했으면 좋겠어.
I need you to+동사원형 네가 꼭 ~해 줘야 해

상대에게 어떤 행동을 반드시 해 달라고 말할 때는 I need you to... 패턴을 씁니다. 상대가 나에게 이 패턴을 사용해서 부탁한다면 가급적 그 일을 해 주도록 애써 보세요.

네가 그것들을 좀 분석해 줘야겠어.
I need you to analyze them. Grey's Anatomy 4_8

난 네가 더 열심히 일했으면 좋겠어.
I need you to work a little bit harder. Friday Night Lights 1_2

제 대신에 해 주셨으면 하는 게 있어요.
I need you to do something for me. Friday Night Lights 1_3

난 네가 좀 진정해 줬으면 좋겠어.
I need you to calm down. The Shield 1_1

당신이 사인을 해야 할 서류가 있어요.
I got some papers **I need you to** sign. Justified 1_3

analyze 분석하다 calm down 진정하다 papers 서류 sign 서명하다

📺 Justified 1_3 33:45

marshal Travis Travers, just the man I wanted to see.
marshal 보안관; 집행관

Travis Yeah. Curtis mentioned you might be stopping by.
mention 언급하다 stop by 잠깐 방문하다

marshal Yeah. Do you mind if I come in?
I got some papers I need you to sign.

Travis Yeah. Come on in.

보안관 트레비스 트레버스씨, 만나고 싶었습니다.
트레비스 아, 예. 방문하실 거라고 커티스를 통해서 얘기 들었습니다.
보안관 예. 들어가도 될까요? 사인하실 서류가 좀 있어서 말이죠.
트레비스 그럼요. 어서 들어오세요.

저한테 개인적인 문제가 좀 있어요.

I have+명사 나는 ~를 가지고 있어

have의 '가지다, 가지고 있다'라는 뜻을 활용해서 내가 뭔가를 소유하고 있다는 의미를 표현해 봅시다. 패턴 뒤에는 물건뿐 아니라 추상적인 사실, 상태, 성격 등이 나올 수도 있습니다.

저한테 개인적인 문제가 좀 있어요.
I have some personal issues. Breaking Bad 1_5

난 벌을 이성이 날아갈 정도로 무서워해.
I have an irrational fear of bees. Lost 1_6

전 그냥 이게 뭔가 끔찍한 느낌이 들어요.
I just **have** a terrible feeling about this. Stranger Things 1_4

저한테서 이상한 냄새가 나나요?
Do **I have** a strange odor about me? Deadwood 1_9

그게 바로 친구를 사귀는 이유죠.
That's what **I have** friends for. Arrow 4_12

---

personal issue 개인적인 문제 irrational 비이성적
fear 두려움, 공포 strange 이상한 odor 냄새 what for 무엇 때문에

 Lost 1_6 08:40

Charlie What's it doing there?
Beehives are supposed to be in trees.
John If he moves, he'll split the hive. split 흩어지게 하다 (bee) hive 벌떼; 벌집
Charlie I don't like bees, okay?
I have an irrational fear of bees.

찰리 벌집이 왜 저기에 있는 거예요? 벌집은 원래 나무에 있는 거잖아요.
존 저 사람이 움직이면 벌떼가 흩어질 거예요.
찰리 전 벌을 싫어해요, 알겠어요? 정신이 나갈 정도로 벌을 무서워한다고요.

특급패턴 019
나 지금 당장 가 봐야 돼.
I have to+동사원형 난 ~를 해야 돼

여기 나온 to부정사는 have의 목적어로 쓰였는데, 이런 걸 to부정사의 명사적 용법이라고 합니다. to부정사는 앞으로 할 일을 나타낸다고 했죠. '앞으로 해야 할 일'은 다시 말해 '꼭 해야 되는 일'입니다. 그래서 have to를 '~를 해야만 하다'로 해석합니다.

나 일해야 돼.
I have to work. Lost 2_4

나 지금 당장 가 봐야 돼.
I have to go right now. The Flash 1_15

나 너한테 해야 할 말이 있어.
I have to tell you something. Mad Men 4_3

이건 내가 혼자 해야 되는 일이야.
This is something **I have to** do alone. The Flash 3_16

내가 너한테 그걸 꼭 말해야 할 이유는 없을 것 같은데.
I don't think **I have to** tell you that. Breaking Bad 1_7

The Flash 1_15 32:51

Linda Can I talk to you for a second? for a second 잠깐
Barry No, Linda. I'm sorry, I really can't right now.
Linda Of course not.
Barry Look, it's not like that. It's an emergency. emergency 급한 일
I have to go right now.

린다 잠깐 얘기 좀 할 수 있을까?
배리 안 돼, 린다. 미안. 지금은 안 돼.
린다 당연하게 안 되겠지.
배리 있잖아, 그런 게 아니라 급한 일이야. 지금 가 봐야 해서 그래.

내가 조사를 좀 해 봤는데 말이야.

특급패턴 020

I have+과거분사 난 ~를 해 왔어/~한 적이 있어

과거분사는 '어떤 일이 이미 과거에 발생한 상태'를 말합니다. 따라서 이 과거분사가 들어간 현재완료(have+과거분사)시제는 '과거의 일을 지금까지도 가지고 있다'는 의미입니다. '완료'가 들어갔지만 완료되지 않은 상황이란 거 꼭 기억하세요.

내가 조사를 좀 해 봤는데 말이야.
I have done some research. _{The Flash 2_4}

나 깜짝 놀랄 정도로 나이에 비해 젊어 보이지 않아?
I have aged shockingly well, haven't I? _{Breaking Bad 1_7}

내가 그동안 너한테 심하게 대했던 거 알아.
I know **I have** been hard on you. _{Lost 1_11}

내가 살면서 이렇게까지 모욕을 당한 적이 없어.
I've never been so humiliated in my life. _{Breaking Bad 1_7}

난 이제껏 그런 건 본 적이 없어.
I've never seen anything like it. _{The Flash 1_1}

shockingly 충격적으로 **be hard on** ~에게 심하게 대하다
be humiliated 모욕을 당하다

📺 **Breaking Bad 1_7** 37:10

Skyler When I went to your office, you snuck out the back way.
 sneak out 몰래 빠져나가다
Marie I didn't sneak. I was going to lunch. Jeez, Skyler, what are you, the paranoid police? **paranoid** 피해망상이 있는
Skyler Marie, **I have never been so humiliated in my life.**

스카일러 내가 네 사무실에 찾아가니 넌 뒷길로 몰래 빠져나갔더군.
마리 몰래 빠져나가다니요. 점심 먹으러 간 거죠. 스카일러, 왜 이래요. 당신 뭐, 편집증 있는 경찰이에요?
스카일러 마리, 나 살면서 이렇게 모욕적인 경험은 처음이야.

Practice 4

본문에 나온 예문을 무작위로 뽑아 연습문제를 만들었습니다. 한국어 해석을 보고 곧바로 영어로 말해 보세요. 곧장 입에서 나오는 것은 **Pass**, 오래 생각해야 하는 것은 **Repeat**, 아예 모르겠는 것은 **Fail**에 체크하고 다시 공부하세요.

Pass _____ 개   Repeat _____ 개   Fail _____ 개

01 난 벌을 이성이 날아갈 정도로 무서워해.

02 너한테 몇 가지 질문할 게 있어.

03 나 너한테 꼭 해야 할 말이 있어.

04 내가 살면서 이렇게까지 모욕을 당한 적이 없어.

05 나부터 진정해야겠네.

06 내가 그동안 너한테 심하게 대했던 거 알아.

07 난 네가 더 열심히 일했으면 좋겠어.

08 이건 내가 혼자 해야 되는 일이야.

09 간단한 검사를 하나 해야겠어요.

10 난 이제껏 그런 건 본 적이 없어.

11 제 대신에 해 주셨으면 하는 게 있어요.

12 전 그냥 이게 뭔가 끔찍한 느낌이 들어요.

13 나 지금 당장 가 봐야 돼.

14 나 깜짝 놀랄 정도로 나이에 비해 젊어 보이지 않아?

15 난 네가 좀 진정해 줬으면 좋겠어.

16 저한테 개인적인 문제가 좀 있어요.

17 나 일해야 돼.

18 내가 먼저 좀 진정해야겠네.

19 저한테서 이상한 냄새가 나나요?

20 네가 그것들을 좀 분석해 줘야겠어.

---

01 I have an irrational fear of bees. **02** I need to ask you a few questions. **03** I have to tell you something. **04** I've never been so humiliated in my life. **05** I know I need to just calm down. **06** I know I have been hard on you. **07** I need you to work a little bit harder. **08** This is something I have to do alone. **09** I just need to do a brief exam. **10** I've never seen anything like it. **11** I need you to do something for me. **12** I just have a terrible feeling about this. **13** I have to go right now. **14** I have aged shockingly well, haven't I? **15** I need you to calm down. **16** I have some personal issues. **17** I have to work. **18** I need to do a little more checking first. **19** Do I have a strange odor about me? **20** I need you to analyze them.

Cozy in there? -The Walking dead

Episode 5

021 난 그저 너에게 또 상처만 줄 거야.
I'm going to+동사원형 난 ~를 할 거야

022 가능한 한 빨리 돌아올게.
I'll be+부사 난 ~일 거야

023 네가 말하는 건 뭐든 다 할게.
I'll+동사원형 난 ~를 할 거야

024 난 가서 이 녀석을 좀 만나 보고 싶어.
I would+동사원형 난 ~를 하면 좋겠어

025 그건 내가 알아서 처리할게.
I can+동사원형 난 ~를 할 수 있어

특급패턴 021

난 그저 너에게 또 상처만 줄 거야.

I'm going to+동사원형 난 ~를 할 거야

be going to는 주어의 '의지'를 담아 '확실한 미래'를 말할 때 사용합니다. 몸은 여기에 있지만 마음은 뭔가를 하기 위해서 이미 움직이고 있다는 느낌이기 때문에 '이미 정해진 확실한 미래'에 쓰는 겁니다. be going to를 구어체에서는 be gonna라고 합니다.

나 뭘 좀 간단하게 먹어야겠어.
I'm gonna grab some food. Pretty Little Liars 1_1

난 내 방으로 올라갈게.
I'm going to head up to my room. 13 Reasons Why 1_1

난 그가 돌아올 때까지 그냥 여기에 앉아 있을 거야.
I'm just **gonna** sit here till he gets back.
The Newsroom 1_1

난 그저 너에게 또 상처만 줄 거야.
I'm just **gonna** hurt you again. Arrow 1_1

내가 영원히 살아 있을 수는 없는 거잖아.
I'm not **going to** be around forever. Suits 1_1

> be around 말 그대로 '주변에 있는 것'을 말하기 때문에 죽지 않고 늘 곁에 있다는 말이기도 하다. 상황에 따라서 적절한 의역이 필요한 표현이다.

grab 먹다; 급히 뭔가를 하다 head ~로 가다 till ~까지
get back 돌아오다 be around 주변에 있다; 살아 있다

📺 **Suits 1_1** 10:00

grammy Michael, **I'm not going to be around forever,** and I want you to stop with that stuff. stuff 물건
Michael What stuff?
grammy I may be old, but I'm not an idiot. I know life has been hard for you, but you're not a kid anymore. hard 힘든, 어려운 idiot 바보, 멍청이

할머니 마이클, 내가 살면 얼마나 살겠니. 난 네가 그 물건 가지고 하는 짓을 그만두면 좋겠구나.
마이클 무슨 물건이요?
할머니 내가 늙기는 했어도 바보는 아니야. 너 사는 게 힘든 건 할미도 잘 안다만 넌 더 이상 어린애가 아니잖니.

© usa

가능한 한 빨리 돌아올게.

I'll be+부사 난 ~일 거야

be동사는 '존재'라는 뜻 말고도 go, come, stay, get, take와 바꿔 쓸 수 있는 여러 뜻을 가지고 있습니다. 뒤에 나오는 어휘에 따라 그 의미가 결정됩니다. 참고로 구어체에서는 I will을 I'll이라고 합니다.

가능한 한 빨리 돌아올게.
I'll be back as soon as possible. Scandal 1_2

내가 10분 후에 그리로 갈게.
I'll be there in 10 minutes. Top of the Lake 1_2

금방 돌아올게.
I'll be right back. Big Little Lies 1_1

어두워지기 전에 집에 갈 거야.
I'll be home before dark. Westworld 1_1

제가 연락 드리겠습니다.
I'll be in touch. The Wire 1_10

be in touch 연락을 취하다

🎬 Top of the Lake 1_2 44:48

Robin Hello, Johnno? It's Robin. I've done something a bit silly and I'm going to need your help pretty fast.
Johnno Where are you?
Robin Do you know Wolfie Zanic?
Johnno Yeah, yeah, Eel Creek. **I'll be there in 10 minutes.**

로빈 여보세요, 자노? 나 로빈. 내가 바보 같은 짓을 했어. 당신 도움이 필요해. 당장.
자노 지금 어디야?
로빈 울피 자닉이라고 알아?
자노 그래, 그래, 일 크릭에 사는. 10분 후에 갈게.

© BBC Two, SUNDANCE TV

네가 말하는 건 뭐든 다 할게.

I'll + 동사원형 난 ~를 할 거야

조동사 will은 순간적이면서도 강력한 의지를 표현합니다. 특히 주어가 1인칭일 때 그렇습니다. 하지만 순간적인 의지는 영원하지 않기 때문에 '불확실한 미래'라는 딱지가 붙습니다. 누군가 I'll... 로 말한다면 현실성을 반쯤은 접어두세요.

내가 너한테 이메일 하나 보낼게.
I'll send you an email. Big Little Lies 1_1

그 제안 받아들일게.
I'll take it. Suits 1_1

내 생각을 너한테 말해 줄게.
I'll tell you what I think. Hannibal 2_2

네가 말하는 건 뭐든 다 할게.
I'll do whatever you say. Westworld 1_1

계속 정보를 알려 드리겠습니다.
I'll keep you posted. Westworld 1_6

whatever ~한 모든/어떤 것 keep... posted ~에게 계속 정보를 주다

Suits 1_1 12:26

Michael One-time deal. I want 25. Take it or leave it. deal 거래, 합의
Trevor **I'll take it.** There's a briefcase in my room. Pick it up tomorrow. Take it to room 2412, the Chilton Hotel on Park Avenue. But you can't go to a luxury hotel looking like a delivery guy. So, shave, comb your hair, buy a suit.
briefcase 서류 가방 delivery 배달 shave 면도를 하다 comb 머리를 빗다 suit 정장

마이클 이번 딱 한 번이야. 난 25(2만 5천불) 줘. 할 거면 하고 말 거면 마.
트레버 할게. 내 방에 서류 가방이 있어. 내일 그걸 가지고 와서 파크 에비뉴에 있는 칠튼 호텔 2412호로 가져다줘. 그런데 너 고급 호텔에 들어가면서 배달원처럼 보이면 안 돼. 그러니까 면도하고 머리도 빗고, 양복도 하나 사.

047

특급패턴 024 난 가서 이 녀석을 좀 만나 보고 싶어.

I would+동사원형 난 ~를 하면 좋겠어

조동사 would에는 '나는 ~할텐데' 다시 말해, '나는 ~를 하고 싶다'는 뜻이 있습니다. 일상적으로는 줄여서 I'd라고 말합니다. 발음은 [아이드]가 아니라 [아이] 정도가 되지요. I'd 다음에 자음으로 시작되는 단어가 오면 자음 충돌이 일어나서 [d]는 소리가 나지 않고 뒷 단어로 발음이 넘어갑니다.

나 너한테 뭔가 보여 주고 싶어.
I'd like to show you something. Lost Girl 1_1

전 지금 가 볼게요.
I'd like to be on my way now. Hannibal 2_8

> I'd like to는 '~를 하면 참 좋겠다'는 뜻이다. to 부정사에는 '~한다면'이라는 '조건'의 의미가 포함되어 있다.

당신은 저하고 같이 가는 게 좋겠어요.
I would like you to go with me. The O.C. 1_3

너한테는 정말 그러고 싶지 않아.
I would hate to do that to you. Lost Girl 1_4

난 가서 이 녀석을 좀 만나 보고 싶어.
This is the guy **I'd** want to go visit. Lost Girl 1_2

on one's way 가는; 오는 visit 방문하다

📺 The O.C. 1_3 07:30

Kirsten I have dropped all the charges against him. I have hired somebody to find his mother. What more do you want?
protect 보호하다 drop the charges 고소를 취하하다 hire 고용하다

Seth I would like you to go with me.

키얼스틴 난 그 애를 상대로 한 모든 고소를 다 취하했어. 사람을 고용해서 걔 엄마를 찾고 있고 말이야. 뭘 더 원하니?

세스 저하고 같이 가 주세요.

그건 내가 알아서 처리할게.

I can + 동사원형 난 ~를 할 수 있어

조동사 중에서 가장 자신있게 쓸 수 있는 can으로 자신이 할 수 있는 '능력'과 '가능성'을 표현해 봅시다. can으로 말하면 대화 상대에게 믿음을 줄 수 있습니다.

네가 부탁한다면 내가 널 도와줄 수 있어.
I can help you if you ask me to. Hannibal 3_1

그건 내가 처리할게.
I can take care of that. Hannibal 3_6

그 일은 제가 감당할 수 있어요.
I can handle that. The OA 1_1

> take care of는 '~를 돌보다'라는 뜻 말고도, handle처럼 '처리하다'라는 뜻으로도 많이 쓴다.

네가 기억할 수 있도록 내가 도움을 줄 수도 있을 거야.
Maybe **I can** help you remember. The OA 1_1

네가 원하면 가는 길에 너희 집에 내려줄 수 있어.
I can drop you by your place on the way if you want. Twin Peaks 1_1

ask 부탁하다 take care of ~를 처리하다 handle 감당하다; 처리하다
drop 내려 주다 on the way 가는/오는 길에

Twin Peaks 1_1 16:11

Bobby You heading out, Shelly? head out ~로 향하다
Shelly Yeah, I'm heading home.
Bobby I'm going to practice. **I can drop you by your place on the way if you want.** practice 연습하다
Shelly That would be great, thanks.

바비 쉘리, 지금 나가는 거야?
쉘리 그래, 집에 가야지.
바비 나도 연습하러 갈 건데. 네가 원한다면 가는 길에 너희 집에 내려줄 수 있어.
쉘리 좋지. 고마워.

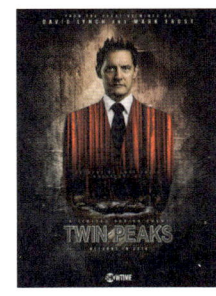

© SHOWTIME

Practice 5

본문에 나온 예문을 무작위로 뽑아 연습문제를 만들었습니다. 한국어 해석을 보고 곧바로 영어로 말해 보세요. 곧장 입에서 나오는 것은 **Pass**, 오래 생각해야 하는 것은 **Repeat**, 아예 모르겠는 것은 **Fail**에 체크하고 다시 공부하세요.

Pass ____개   Repeat ____개   Fail ____개

01 당신은 저하고 같이 가는 게 좋겠어요.

02 내가 너한테 이메일 하나 보낼게.

03 그 일은 제가 감당할 수 있어요.

04 그 제안 받아들일게.

05 네가 기억할 수 있도록 내가 도움을 줄 수도 있을 거야.

06 난 내 방으로 올라갈게.

07 금방 돌아올게.

08 너한테는 정말 그러고 싶지 않아.

09 난 그가 돌아올 때까지 그냥 여기에 앉아 있을 거야.

10 내 생각을 너한테 말해 줄게.

11 난 그저 너에게 또 상처만 줄 거야.

12 전 지금 가 볼게요.

13 네가 부탁한다면 내가 널 도와줄 수 있어.

14 내가 10분 후에 그리로 갈게.

15 어두워지기 전에 집에 갈 거야.

16 난 가서 이 녀석을 좀 만나 보고 싶어.

17 나 뭘 좀 간단하게 먹어야겠어.

18 네가 말하는 건 뭐든 다 할게.

19 가능한 한 빨리 돌아올게.

20 그건 내가 처리할게.

---

01 I would like you to go with me. **02** I'll send you an email. **03** I can handle that. **04** I'll take it. **05** Maybe I can help you remember. **06** I'm going to head up to my room. **07** I'll be right back. **08** I would hate to do that to you. **09** I'm just gonna sit here till he gets back. **10** I'll tell you what I think. **11** I'm just gonna hurt you again. **12** I'd like to be on my way now. **13** I can help you if you ask me to. **14** I'll be there in 10 minutes. **15** I'll be home before dark. **16** This is the guy I'd want to go visit. **17** I'm gonna grab some food. **18** I'll do whatever you say. **19** I'll be back as soon as possible. **20** I can take care of that.

Happy NO year! -Friends

Episode 6

026 난 더 이상 참을 수 없어.
I can't+동사원형   난 ~를 할 수 없어

027 모두에게 빨리 말하고 싶어.
I can't wait to+동사원형   난 ~를 빨리 하고 싶어

028 이거 내가 가져도 되는 거야?
Can I+동사원형?   내가 ~를 해도 될까?

029 너하고 얘기 좀 했으면 좋겠어.
I could+동사원형   난 ~하고 싶어

030 난 아직도 임시직으로 일하고 있다는 말이야.
I mean+절   내 말은 ~

난 더 이상 참을 수 없어.

I can't + 동사원형 난 ~를 할 수 없어

'I can+동사원형' 패턴의 부정형입니다. can't는 뒤에 이어지는 동사의 첫 철자가 자음이면 [t]가 들리지 않게 발음하는데, 분명히 읽지 않을 뿐 호흡은 끝까지 유지해야 합니다. 그래서 I can의 can은 짧게, I can't 의 can't는 살짝 길게 발음합니다.

난 더 이상 참을 수 없어.
I can't take it anymore. In Treatment 1_1

지금은 내가 말할 수가 없어.
I can't talk right now. Twin Peaks 2_1

무슨 일이 있었는지 설명할 수가 없어.
I can't explain what happened. Twin Peaks 1_5

난 우리가 뭘 하고 있었는지도 기억이 안 나.
I can't even remember what we were doing.
In Treatment 1_1

솔직히 말하자면, 난 더 이상 확신할 수가 없어.
To tell you the truth, **I can't** be sure anymore.
Twin Peaks 2_8

> take의 여러 뜻의 중심에는 '가지고 가다'가 있다. '참을 수 없다'라는 말을 영어로는 I can't take it.이라고 한다. 직역하면 '너의 말이나 행동을 더 이상 가져갈 수 없다'는 뜻이다.

📺 **In Treatment 1_1** 07:21

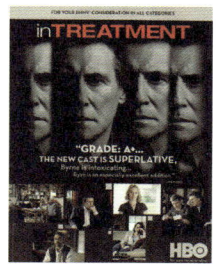

Laura I don't know why, all of a sudden he just started ranting and raving. We've talked about this stuff before. But it was all in theory, if we stayed together. If. And suddenly, out of the blue, **I can't even remember what we were doing.**
all of a sudden 갑자기 rant 고함치다 rave 악을 쓰다 stuff 것; 일 theory 이론 out of the blue 갑자기

해석 이유를 모르겠어요. 갑자기 그가 고함을 치고 미친 듯이 악을 쓰기 시작했어요. 이 문제로 전에도 서로 대화한 적이 있었죠. 하지만 그건 모두 이론적인 일이었어요. 만일 우리가 함께 산다면 말이에요. 만약인 거죠. 그러다가 갑자기, 정말 난데없이, 우리가 뭘 하고 있었는지 기억도 안 나는 거예요.

© HBO

특급패턴 027 — 모두에게 빨리 말하고 싶어.

I can't wait to + 동사원형 난 ~를 빨리 하고 싶어

어떤 행동을 기다릴 수 없기 때문에 빨리 하고 싶다는 의미를 전하는 패턴입니다. 활용도가 대단히 높지요. to부정사에는 '미래'의 의미가 있기 때문에 wait to는 '미래에 일어날 일을 기다리다'라는 뜻입니다.

그를 빨리 만났으면 좋겠어.
I can't wait to meet him. The Newsroom 2_4

모두에게 빨리 말하고 싶어.
I can't wait to tell everybody. Suits 2_9

빨리 다시 그걸 해 보고 싶어.
I can't wait to do that again. The Americans 2_13

얼른 새해를 너와 함께 축하하고 싶어서 못 견디겠어.
I can't wait to celebrate the new year with you.
The O.C. 1_14

세부 사항을 빨리 듣고 싶어.
I can't wait to hear the details. The O.C. 1_22

celebrate 축하하다 new year 새해 details 세부 사항

🎬 The Newsroom 2_4 05:35

Maggie	Gary Cooper and I flew to Uganda.
Rebecca	Is his name really Gary Cooper?
Maggie	Yes.
Rebecca	Oh, I laugh every time I read that. **I can't wait to meet him.**

매기: 개리 쿠퍼와 저는 비행기를 타고 우간다로 갔어요.
레베카: 그 사람이 이름이 정말 개리 쿠퍼예요?
매기: 맞아요.
레베카: 그 부분 읽을 때마다 매번 웃음이 나네. 그 사람을 빨리 만나고 싶네요.

특급패턴 028

이거 내가 가져도 되는 거야?

Can I+동사원형? 내가 ~를 해도 될까?

상대를 배려할 때, 예의를 지켜야 할 때 허락을 구하는 기본 패턴입니다. Can I에는 강세가 없으니 부드럽게 읽고 뒤에 나오는 내용을 강조하세요.

내가 테이프 틀어 줄까?
Can I play you a tape? 13 Reasons Why 1_1

네 사진 좀 찍어도 돼?
Can I take your picture? CSI: NY 1_21

내가 뭐 좀 도와줄까?
Can I help you with something? The Americans 1_2

신분증을 좀 보여 주시겠습니까?
Can I see your IDs? The Americans 2_6

이거 내가 가져도 되는 거야?
Can I keep this? Terriers 1_12

play 재생하다 ID 신분증 keep 보관하다; 소유하다

🎬 13 Reasons Why 1_1 07:12

Tony No bike today?
Clay Uh, no, Mom wanted to drive me, and, you know, talk about things.
Tony Oh. **Can I play you a tape?**
Clay Yeah, of course.

토니 오늘은 자전거 안 가져 왔어?
클레이 응. 엄마가 차로 데려다 준다 해서. 알잖아, 이것저것 말씀하신다고.
토니 응. 테이프 틀어 줄까?
클레이 그래, 좋지.

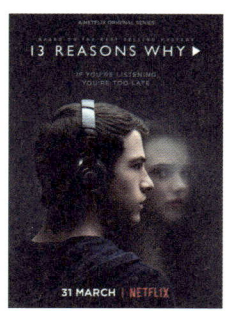

© NETFLIX

너하고 얘기 좀 했으면 좋겠어.

I could+동사원형 난 ~하고 싶어

'제안'이나 '가능성'을 말할 때 쓰는 패턴입니다. I could은 I can보다 부드럽고 우회적이며, 때로는 점잖은 느낌을 전합니다. '나 ~하고 싶은데'나 '내가 ~할 수 있겠는데' 정도로 이해하세요.

내 말이 그 말이야.
I could say the same thing. Gossip Girl 1_6

네가 원하면 내가 택시 불러줄 수 있어.
I could call you a cab if you want. Cardinal 1_2

너를 정말 빨리 만나고 싶어.
I could hardly wait to meet you. Beyond 1_9

너하고 얘기 좀 했으면 좋겠어.
I could use your company. Gossip Girl 1_7

내가 레지를 실망시킬 수는 없지.
I couldn't let Reggie down. Dear White People 1_10

someone's company ~와 함께 있는 것   let... down ~를 실망시키다

📱 Gossip Girl 1_6 29:45

Dan   Vanessa. Vanessa. Hey. This is a surprise.
Vanessa Funny. **I could say the same thing.**
Dan   What are you doing here?

댄   바네사. 바네사. 안녕. 정말 뜻밖이네.
바네사 재미있네. 내가 하고 싶은 말이야.
댄   여긴 무슨 일이야?

056

난 아직도 임시직으로 일하고 있다는 말이야.

I mean+절 내 말은 ~

내가 한 말을 강조해서 부연 설명하거나, 상대가 무슨 의미로 한 말이냐고 물었을 때는 I mean... 패턴으로 다시 설명하세요. '내 말은~'이나 '그러니까 ~란 말이야' 등으로 해석합니다.

제 말은 그녀가 저를 고려조차 하지 않았다는 겁니다.
I mean she didn't even consider me. Suits 4_2

내 말은 8년은 긴 시간이라는 거야.
I mean eight years is a long time. Ransom 1_1

내 말은 그건 정말 훌륭한 운동이라는 거지.
I mean it's such great exercise. Desperate Housewives 1_3

난 아직도 임시직으로 일하고 있다는 말이야.
I mean I'm still working temp jobs. The Good Wife 7_5

그러니까 제가 당신을 제 변호사와 연결시켜 드릴 수 있다는 거죠.
I mean I can just put you in touch with my lawyer. House of Lies 1_1

consider 고려하다 exercise 운동 temp 임시직 in touch with ~와 연락하여

House of Lies 1_1 29:56

Marty Is this woman even gonna show up? Because this is really unnecessary, **I mean I can just put you in touch with my lawyer.** You understand me? unnecessary 불필요한

client Oh my god. I'm so sorry I'm late. Traffic was terrible. traffic 교통

마티 이 분이 오기는 오는 겁니까? 이럴 필요가 없습니다. 제 말은, 그냥 당신을 제 변호사와 연결시켜 드릴 수 있다는 겁니다. 이해하시겠어요?

의뢰인 아이고. 늦어서 정말 죄송합니다. 교통이 형편없었어요.

© SHOWTIME

Practice 6

본문에 나온 예문을 무작위로 뽑아 연습문제를 만들었습니다. 한국어 해석을 보고 곧바로 영어로 말해 보세요. 곧장 입에서 나오는 것은 **Pass**, 오래 생각해야 하는 것은 **Repeat**, 아예 모르겠는 것은 **Fail**에 체크하고 다시 공부하세요.

Pass ____ 개   Repeat ____ 개   Fail ____ 개

01 그를 빨리 만났으면 좋겠어.

02 이거 내가 가져도 되는 거야?

03 내가 뭐 좀 도와줄까?

04 너를 정말 빨리 만나고 싶어.

05 세부 사항을 빨리 듣고 싶어.

06 내 말은 그건 정말 훌륭한 운동이라는 거지.

07 네 사진 좀 찍어도 돼?

08 난 아직도 임시직으로 일하고 있다는 말이야.

09 난 우리가 뭘 하고 있었는지도 기억이 안 나.

10 너하고 얘기 좀 했으면 좋겠어.

11 지금은 내가 말할 수가 없어.

12 그러니까 제가 당신을 제 변호사와 연결시켜 드릴 수 있다는 거죠.

13 난 더 이상 참을 수 없어.

14 내 말은 8년은 긴 시간이라는 거야.

15 빨리 다시 그걸 해 보고 싶어.

16 네가 원하면 내가 택시 불러줄 수 있어.

17 얼른 새해를 너와 함께 축하하고 싶어서 못 견디겠어.

18 내 말이 그 말이야.

19 신분증을 좀 보여 주시겠습니까?

20 무슨 일이 있었는지 설명할 수가 없어.

---

01 I can't wait to meet him. **02** Can I keep this? **03** Can I help you with something? **04** I could hardly wait to meet you. **05** I can't wait to hear the details. **06** I mean it's such great exercise. **07** Can I take your picture? **08** I mean I'm still working temp jobs. **09** I can't even remember what we were doing. **10** I could use your company. **11** I can't talk right now. **12** I mean I can just put you in touch with my lawyer. **13** I can't take it anymore. **14** I mean eight years is a long time. **15** I can't wait to do that again. **16** I could call you a cab if you want. **17** I can't wait to celebrate the new year with you. **18** I could say the same thing. **19** Can I see your IDs? **20** I can't explain what happened.

Happy NO year! -Friends

Episode 7

031 너를 성가시게 하려던 건 아니었어.
I don't mean to+동사원형 일부러 ~한 건 아니야

032 다음에 무슨 일이 일어날지는 내가 잘 알아.
I know what+절 난 무엇이 ~하는지 잘 알고 있어

033 네가 나한테 원하는 게 뭔지 모르겠어.
I don't know+절 난 ~는 잘 모르겠어

034 어떻게 그런 일이 생겼는지 난 관심 없어.
I don't care+절 난 ~에 관심 없어

035 난 이게 두려운 거야.
I'm afraid of+명사 난 ~가 무서워

특급패턴 031

너를 성가시게 하려던 건 아니었어.

I don't mean to+동사원형 일부러 ~한 건 아니야

동사 mean은 '의도하다', '의도적으로 어떤 행동을 하다' 등의 뜻을 가지고 있습니다. I don't mean to…는 '~할 생각은 아니야'나 '내가 일부러 그런 거 아니야' 정도로 해석하세요.

방해할 생각은 아니야.
I don't mean to intrude. Suits 2_4

당신의 외모에 초점을 맞추려는 의도는 아니에요.
I don't mean to focus on your looks. Grey's Anatomy 2_20

내가 일부러 소리를 지르려고 했던 건 아니었어.
I didn't mean to scream. 11.22.63 1_3

너를 성가시게 하려던 건 아니었어.
I didn't mean to bother you. 11.22.63 1_4

네가 얘기하고 있을 때 일부러 잠이 든 건 아니었어.
I didn't mean to fall asleep when you were talking. 11.22.63 1_7

intrude 방해하다 look 외모 bother 귀찮게 하다 fall asleep 잠들다

 미드 한 컷

Suits 2_4 18:12

Daniel I don't mean to intrude, but Donna's not at her desk. Do you have a minute? I overstepped last week. I want to make up for it. overstep 도를 넘다 make up for 만회하다

Harvey It's not necessary, Daniel.

다니엘 방해하려는 건 아닌데, 다나가 지금 자리에 없네. 잠깐 시간 돼? 지난 주에는 내가 도를 넘었어. 그거 만회하고 싶은데.

하비 그럴 필요 없어요, 다니엘.

© USA

061

다음에 무슨 일이 일어날지는 내가 잘 알아.

I know what+절 난 무엇이 ~하는지 잘 알고 있어

I know what…은 이미 어떤 상황이나 분위기를 잘 알고 있다는 의미입니다. 여기는 what은 뒤따라 나오는 절의 주어나 목적어로 쓰는 관계대명사입니다.

내가 뭘 잃게 되는지 잘 알아.
I know what I'm losing. Grey's Anatomy 2_8

내가 지금 무슨 짓을 하고 있는지 나도 잘 알아.
I know what I'm doing. Ally McBeal 1_12

네가 뭘 원하는지는 내가 잘 알지.
I know what you want. Friday Night Lights 1_11

난 그게 어떤지 잘 알아.
I know what that's like. Grey's Anatomy 2_7

다음에 무슨 일이 일어날지는 내가 잘 알아.
I know what's going to happen next. Friday Night Lights 1_21

Grey's Anatomy 2_8 37:35

Addy Sav, as your doctor you know I'm 100% on your side. But as your friend, are you absolutely sure about this?
Sav I know what I'm losing. I get it. But think about what I'm gaining. My life. gain 얻다

애디 새브, 네 의사로서 난 100% 네 편이야. 하지만 네 친구로서 말하자면, 너 정말 이 일에 확신이 있는 거야?
새브 내가 뭘 잃게 될 지 나도 알아. 잘 이해하고 있어. 하지만 내가 뭘 얻게 되는지를 생각해 봐. 내 인생이야.

© abc

특급패턴 033

네가 나한테 원하는 게 뭔지 모르겠어.

I don't know+절 난 ~는 잘 모르겠어

I don't know 뒤에 나오는 어떤 사실을 나는 전혀 모르고 있음을 뜻하는 패턴입니다. '나는 ~를 모른다'로 해석합니다. 우리에게도 익숙한 패턴이죠? 네이티브도 아주 자주 쓰는 패턴입니다.

내가 맞는 건지 정말 모르겠네.
I don't know if I'm right. House M.D. 1_5

우리 지금 도대체 뭘 하고 있는 거야?
I don't know what we're doing. Grey's Anatomy 2_12

네가 나한테 원하는 게 뭔지 모르겠어!
I don't know what you want from me! Modern Family 4_2

나는 네가 나를 이렇게 열심히 쫓아오는 이유를 모르겠어.
I don't know why you're coming after me so hard. The Good Wife 7_1

누가 그랬는지는 모르겠지만, 난 그것 때문에 행복해.
I don't know who did it, but it makes me happy.
Modern Family 2_3

come after ~를 뒤쫓다

🎬 Grey's Anatomy 2_12 19:04

Preston   There's a difference.
Cristina Well, not to me. **I don't know what we're doing.**
Preston   Well, right now, we're working. Page me if he spikes a fever.
            page 연락하다, 호출하다 spike 급등하다 fever 열, 흥분

프레스톤   차이점이 있어.
크리스티나 글쎄, 내가 보기엔 아닌데. 지금 우리가 뭘 하는 건지 모르겠어.
프레스톤   뭐긴, 우린 지금 일하고 있잖아. 그 사람 열이 오르면 나 호출해.

어떻게 그런 일이 생겼는지 난 관심 없어.

I don't care + 절 난 ~에 관심 없어

동사 care는 '신경 쓰다'라는 뜻입니다. I don't care...는 '어떤 일에 관심도 없다'는 뜻으로 상황에 따라서는 무심함뿐 아니라 '어떤 일에 굴하거나 신경 쓰지 않는다'라는 적극적인 느낌까지 서로 상반된 의미를 전할 수 있습니다.

그게 어떻게 보이든 난 관심 없어.
I don't care how it looks. Suits 2_4

어떻게 그런 일이 생겼는지 난 관심 없어.
I don't care how it happened. House M.D. 1_3

난 그가 얼마나 아픈지에 관심 없어.
I don't care how sick he is. ER 1_9

그가 당신한테 무슨 이야기를 했든 난 관심 없어.
I don't care what he said to you. Suits 4_2

난 그녀가 왜 그랬는지 관심 없어.
I don't care what her reasons were. Desperate Housewives 1_2

reason 이유, 사유

Desperate Housewives 1_2 24:39

Paul Can I be frank? frank 솔직한, 노골적인
Susan Of course.
Paul **I don't care what her reasons were.** Maybe she was depressed, maybe she was bored. It doesn't matter. She abandoned her husband and her son, and I'll never forgive her. depressed 우울한 bored 지루해하는 matter 중요하다 abandon 버리다 forgive 용서하다

폴 솔직하게 말해 볼까?
수잔 그러세요.
폴 난 그녀가 왜 그랬는지는 관심 없어. 우울해서 그랬는지, 사는 게 지루해서 그랬는지. 그건 중요하지 않아. 그녀는 남편과 아들을 버렸어. 난 그녀를 절대 용서하지 않을 거야.

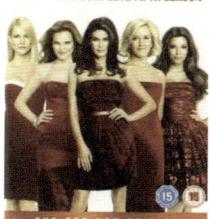
© abc

064

난 이게 두려운 거야.

I'm afraid of+명사 난 ~가 무서워

afraid는 '걱정하는', '두려워하는'이라는 뜻의 형용사입니다. I'm afraid... 패턴은 많은 사람이 어려워하는 대표적 패턴인데요, 단순히 '무섭다'가 아니라 뒤에 나오는 내용을 무섭게 느끼거나 걱정한다는 뉘앙스가 있습니다.

난 그녀가 떠날까 봐 두려운 거 같아.
I think I'm afraid of losing her. Big Little Lies 1_3

난 이런 게 두려운 거야.
This is what I'm afraid of. Brothers and Sisters 1_11

아마 난 이런 걸 두려워했던 건가 봐.
Maybe I was afraid of something like this.
13 Reasons Why 1_2

난 그런 거 전혀 무섭지 않아.
I'm afraid of nothing of the sort. Suits 2_16

난 너 하나도 안 무서워.
I'm not afraid of you. Suits 2_7

sort 종류, 유형

📺 13 Reasons Why 1_2 37:26

Hannah	He likes you, you like him. I'm the one who's out.
Jess	Yeah, and that pissed you off, didn't it? piss... off ~를 화나게 하다
Hannah	A little. I mean it made me sad. Why didn't you just tell me?
Jess	**Maybe I was afraid of something like this.**

해나	걔가 널 좋아하고, 너도 걔를 좋아하잖아. 낙동강 오리알 신세는 나야.
제스	그래, 그래서 네 기분이 엿 같잖아. 안 그래?
해나	조금. 말하자면 좀 슬프지. 나한테 그냥 말하지 그랬어?
제스	이런 상황이 두려웠던 것 같아.

Practice 7

본문에 나온 예문을 무작위로 뽑아 연습문제를 만들었습니다. 한국어 해석을 보고 곧바로 영어로 말해 보세요. 곧장 입에서 나오는 것은 **Pass**, 오래 생각해야 하는 것은 **Repeat**, 아예 모르겠는 것은 **Fail**에 체크하고 다시 공부하세요.

Pass ___ 개   Repeat ___ 개   Fail ___ 개

01 방해할 생각은 아니야.

02 네가 뭘 원하는지는 내가 잘 알지.

03 난 그가 얼마나 아픈지에 관심 없어.

04 내가 일부러 소리를 지르려고 했던 건 아니었어.

05 내가 뭘 잃게 되는지 잘 알아.

06 어떻게 그런 일이 생겼는지 난 관심 없어.

07 난 이런 게 두려운 거야.

08 네가 나한테 원하는 게 뭔지 모르겠어!

09 아마 난 이런 걸 두려워했던 건가 봐.

10 당신의 외모에 초점을 맞추려는 의도는 아니에요.

11 내가 맞는 건지 정말 모르겠네.

12 그게 어떻게 보이든 난 관심 없어.

13 난 너 하나도 안 무서워.

14 너를 성가시게 하려던 건 아니었어.

15 나는 네가 나를 이렇게 열심히 쫓아오는 이유를 모르겠어.

16 난 그게 어떤지 잘 알아.

17 그가 당신한테 무슨 이야기를 했든 난 관심 없어.

18 난 그런 거 전혀 무섭지 않아.

19 내가 지금 무슨 짓을 하고 있는지 나도 잘 알아.

20 우리 지금 도대체 뭘 하고 있는 거야?

---

01 I don't mean to intrude. **02** I know what you want. **03** I don't care how sick he is. **04** I didn't mean to scream. **05** I know what I'm losing. **06** I don't care how it happened. **07** This is what I'm afraid of. **08** I don't know what you want from me! **09** Maybe I was afraid of something like this. **10** I don't mean to focus on your looks. **11** I don't know if I'm right. **12** I don't care how it looks. **13** I'm not afraid of you. **14** I didn't mean to bother you. **15** I don't know why you're coming after me so hard. **16** I know what that's like. **17** I don't care what he said to you. **18** I'm afraid of nothing of the sort. **19** I know what I'm doing. **20** I don't know what we're doing.

Happy NO year! -Friends

Episode 8

036 나 등에 부상을 입은 것 같아.
I'm afraid+절   안타깝게도 ~인 것 같아

037 미안하지만, 더 이상은 말 못해.
I'm sorry, but+절   미안하지만, ~

038 난 지금 이 상황을 이해하려고 애쓰고 있어.
I'm trying to+동사원형   난 ~하려고 애쓰고 있어

039 성질 죽이려고 계속 노력하고 있어요.
I've been trying to+동사원형   난 그동안 ~하려고 애썼어

040 이제껏 당신 같은 사람은 만나 본 적이 없어.
I've never+과거분사   난 그동안 한 번도 ~를 해 본 적이 없어

나 등에 부상을 입은 것 같아.

I'm afraid+절 안타깝게도 ~인 것 같아

I'm afraid…를 반드시 '걱정된다', '염려된다'라는 의미로 해석할 필요는 없습니다. 원어민은 흔히 '~인 것 같아'의 의미로 사용합니다. 표현이 주는 걱정스러운 분위기만 느끼면 되지요. 중요한 것은 이 패턴 뒤에 오는 절의 내용은 항상 부정적이라는 겁니다.

안타깝게도 그건 기밀이야.
I'm afraid that's classified. Blindspot 1_2

내가 그에게 너무 큰 상처를 줄까 봐 걱정돼.
I'm afraid I will hurt him so bad. Big Little Lies 1_7

아주 심각한 실수가 있었던 것 같아.
I'm afraid there's been a terrible mistake. Boston Legal 1_1

그가 깨어날지 어떨지는 우리가 두고 봐야겠는걸요.
I'm afraid we're just gonna have to wait and see if he wakes up. Code Black 1_13

나 등에 부상을 입은 것 같아.
I'm afraid I've injured my back. Deadwood 1_2

classified 기밀인 hurt (마음을) 아프게 하다 injured 다친 back 등

Blindspot 1_2 10:08

Powers Gibson's injury was psychological. He had a mission gone bad. There was collateral damage. collateral 이차적인
psychological 정신적인 mission 임무
Edgar How many civilians died? civilian 민간인
Powers I'm afraid that's classified.

파워즈 깁슨의 부상은 정신적인 거예요. 임무를 제대로 수행하지 못할 정도였죠. 이차적인(민간) 피해도 있었고요.
에드거 민간인은 몇 명이나 죽었습니까?
파워즈 안타깝지만 그건 기밀사항입니다.

© abc

특급패턴 037

미안하지만, 더 이상은 말 못 해.

I'm sorry, but+절 미안하지만, ~

상대방의 생각이나 기분을 거스르는 말을 할 경우에 I'm sorry…라고 먼저 양해를 구하는 게 좋겠죠. 대신 I sorry, but 뒤에 나오는 절 부분에서 자신의 의사를 분명하게 전달해야 합니다.

미안하지만, 난 지금 가 봐야 돼.
I'm sorry, but I have to go. Gossip Girl 1_9

미안하지만, 더 이상은 말 못해.
I'm sorry, but I can't say much more. Blindspot 1_2

미안하지만, 난 너한테 말하려고 했어.
I'm sorry, but I tried to tell you. Gossip Girl 1_16

미안한데, 그녀의 말이 맞을 리가 없잖아.
I'm sorry, but she cannot be right. Big Little Lies 1_5

죄송한데요, 이건 그녀의 결정 아닌가요?
I'm sorry, but isn't this her decision? Suits 2_11

decision 결정

🎬 Gossip Girl 1_9 18:36

Serena (on the phone) Yeah. Of course. I'm on my way.
Dan What's up?
Serena **I'm sorry, but I have to go.** rude 무례한 in the middle of ~의 도중에

세레나 (전화 통화하며) 알았어. 당연히 그래야지. 지금 바로 갈게.
댄 무슨 일이에요?
세레나 미안하지만 가 봐야겠어요.

© CW

특급패턴 038 난 지금 이 상황을 이해하려고 애쓰고 있어.

I'm trying to+동사원형 난 ~하려고 애쓰고 있어

'애쓰다', '노력하다'라는 뜻의 동사 try를 활용해서 내가 어떤 노력을 하고, 왜 하고 있는지를 설명해 보세요.

난 지금 당신을 보호하려고 애쓰고 있는 거예요.
I'm trying to protect you. 11.22.63 1_5

혹시라도 이 일이 옆길로 샐 경우에 대비해서 너를 보호하려는 거야.
I'm trying to insulate you in case this goes sideways. 24: Legacy 1_7

난 지금 이 상황을 이해하려고 애쓰고 있어.
I'm trying to make sense of this. Ally McBeal 1_6

그걸 진지하게 받아들이려고 노력하는 중이야.
I'm trying to take it seriously. Ally McBeal 1_22

제가 말씀드리려는 건, 제 걱정은 그만하셔도 된다는 거예요.
What **I'm trying to** say is, stop worrying about me. The Sopranos 1_3

protect 보호하다 insulate ~를 보호하다 in case ~할 경우를 대비해서
sideway 옆길, 샛길 make sense 이해하다

📺 11.22.63 1_5 01:52

Sadie Everything you say is a lie. Look at me and say it again. You can't. All I want from you is honesty.
Jake I can't tell you because **I'm trying to protect you.**

세이디 당신이 하는 말은 다 거짓말이야. 날 똑바로 보고 다시 말해 봐요. 못하겠지. 내가 당신에게 원하는 건 오직 진실뿐이에요.
제이크 당신한테 말할 수가 없어. 난 지금 당신을 보호하려는 거야.

© hulu

특급패턴 039
성질 죽이려고 계속 노력하고 있어요.

I've been trying to+동사원형 난 그동안 ~하려고 애썼어

예전부터 지금까지 내가 계속 해왔던 것을 말할 때는 현재완료진행시제를 쓰는 게 좋습니다. 이 패턴은 열심히 노력한다는 것과 더불어 결실을 맺기가 얼마나 힘든지에 대한 뉘앙스도 함께 전합니다.

그동안 올바른 행동만 하려고 내가 얼마나 애를 써 왔는데.
I've been trying to do the right thing. Gossip Girl 1_6

그동안 너한테 계속 전화했었어.
I've been trying to reach you. Breaking Bad 2_7

성질 죽이려고 계속 노력하고 있어요.
I've been trying to control my temper. Friday Night Lights 1_6

그게 내가 지금까지 하려고 했던 거야.
That's what **I've been trying to** do. Brothers and Sisters 1_5

이게 정확히 그동안 내가 하려고 했던 말이야.
This is exactly what **I've been trying to** say.
House of Lies 1_6

right 옳은　reach (전화로) 연락하다　temper 성질

📽 Friday Night Lights 1_6　16:38

Reyes I went outside afterwards and asked him to apologize for what he said. He didn't want to apologize. So he goes up and he tries to hit me. So we started fighting, Coach. He's trying to fight me. I fight back. It just set me off so bad. **I've been trying to control my temper.** You know I have, Coach.

afterwards 그 뒤에　fight 싸우다　set... off ~를 폭발시키다; ~를 화나게 하다

레이즈 그 뒤에 전 밖으로 나가서 걔한테 걔가 한 말을 사과하라고 했어요. 사과하지 않겠다고 하더군요. 그러더니 위로 올라가서 저를 때리려고 했어요. 그래서 싸움이 시작된 거예요, 코치님. 걔가 저를 때리려고 했어요. 저도 맞받아 싸운 거고요. 정말 너무 화가 났어요. 저 그동안 성질 죽이려고 애를 썼단 말이에요. 코치님도 잘 아시잖아요.

이제껏 당신 같은 사람은 만나 본 적이 없어.

I've never+과거분사 난 그동안 한 번도 ~를 해 본 적이 없어

이 패턴은 never와 현재완료가 들어가서 과거부터 지금 이 순간까지 단 한 번도 어떤 행동을 한 적이 없다는 뜻입니다. 꽤 강한 의미이기 때문에 정확한 사실에 근거해서 말해야 되는 표현이지요.

난 단 한 번도 증거를 조작한 적 없어.
I've never tampered with evidence. The Good Wife 1_18

난 살면서 이런 짓을 해 본 적이 없어.
I've never done this before in my life. Ally McBeal 1_2

난 그 생각을 한 번도 해 본 적이 없어.
I've never given it any thought. The Big Bang Theory 1_15

이제껏 당신 같은 사람은 만나 본 적이 없어.
I've never met anybody like you. Ally McBeal 1_2

난 당신을 한 번도 본 적이 없는데요.
I've never seen you before. The Good Wife 1_4

tamper 함부로 변경하다; 부정한 짓을 하다 evidence 증거
give... thought ~를 곰곰이 생각하다

🎬 **The Good Wife 1_4** 24:12

Kalinda I hope you can help me. I just locked myself out of 4B...
super Where's Tober?
Kalinda He left earlier. Jury duty, I think. But he said to ask the super... You're Ozzie, right?
super Yeah, but **I've never seen you before.**

칼린다 저 좀 도와주세요. 제가 4B호를 나오면서 안에 열쇠를 두고 문을 잠가 버렸어요.
관리인 토버는 어디에 있는데요?
칼린다 일찍 나갔어요. 배심원 일 때문인 것 같아요.
그 사람이 관리하시는... 분께 부탁하라고 했어요. 오지씨 맞죠?
관리인 맞아요. 하지만 전 당신을 본 적이 없는데요.

본문에 나온 예문을 무작위로 뽑아 연습문제를 만들었습니다. 한국어 해석을 보고 곧바로 영어로 말해 보세요. 곧장 입에서 나오는 것은 Pass, 오래 생각해야 하는 것은 Repeat, 아예 모르겠는 것은 Fail에 체크하고 다시 공부하세요.

Pass ___ 개   Repeat ___ 개   Fail ___ 개

01 이제껏 당신 같은 사람은 만나 본 적이 없어.

02 안타깝게도 그건 기밀이야.

03 난 지금 이 상황을 이해하려고 애쓰고 있어.

04 그동안 올바른 행동만 하려고 내가 얼마나 애를 써 왔는데.

05 내가 그에게 너무 큰 상처를 줄까 봐 걱정돼.

06 난 그 생각을 한 번도 해 본 적이 없어.

07 나 등에 부상을 입은 것 같아.

08 미안하지만, 난 지금 가 봐야 돼.

09 그걸 진지하게 받아들이려고 노력하는 중이야.

10 그동안 너한테 계속 전화했었어.

11 아주 심각한 실수가 있었던 것 같아.

12 그게 내가 지금까지 하려고 했던 거야.

13 미안하지만, 난 너한테 말하려고 했어.

14 난 단 한 번도 증거를 조작한 적 없어.

15 제가 말씀드리려는 건, 제 걱정은 그만하셔도 된다는 거예요.

16 성질 죽이려고 계속 노력하고 있어요.

17 미안한데, 그녀의 말이 맞을 리가 없잖아.

18 난 살면서 이런 짓을 해본 적이 없어.

19 난 지금 당신을 보호하려고 애쓰고 있는 거예요.

20 미안하지만, 더 이상은 말 못해.

---

01 I've never met anybody like you. **02** I'm afraid that's classified. **03** I'm trying to make sense of this. **04** I've been trying to do the right thing. **05** I'm afraid I will hurt him so bad. **06** I've never given it any thought. **07** I'm afraid I've injured my back. **08** I'm sorry, but I have to go. **09** I'm trying to take it seriously. **10** I've been trying to reach you. **11** I'm afraid there's been a terrible mistake. **12** That's what I've been trying to do. **13** I'm sorry, but I tried to tell you. **14** I've never tampered with evidence. **15** What I'm trying to say is, stop worrying about me. **16** I've been trying to control my temper. **17** I'm sorry, but she cannot be right. **18** I've never done this before in my life. **19** I'm trying to protect you. **20** I'm sorry, but I can't say much more.

My sandwich! My sandwich! -Friends

Episode 9

041 도박은 중독이라고 들었어요.
I've heard+명사/절   난 전에 ~에 대해 들은 적 있어

042 내가 오해했던 것 같네.
I guess+절   내 생각에는 ~인 것 같아

043 십 년 묵은 체증이 내려간 기분이야.
I feel like+절   난 ~인 것 같은 기분이 들어

044 그게 좋은 뜻이길 바랍니다.
I hope+절   ~면 정말 좋겠어

045 걔한테 그거 준다는 걸 깜빡했어.
I forgot to+동사원형   나 ~하는 걸 잊어버렸어

도박은 중독이라고 들었어요.

I've heard+명사/절 난 전에 ~에 대해 들은 적 있어

과거의 경험을 말할 때도 현재완료를 씁니다. 현재완료는 '(예전부터 지금까지) ~했다'라고 해석하니 괄호 부분은 추가 정보라고 생각하세요.

그 얘기들은 이미 전에 다 들었습니다.
I've heard them all before. _{The Night of 1_2}

네 갤러리에 대해서 얘기 많이 들었어.
I've heard a lot about your gallery. _{Gossip Girl 1_4}

오늘만 해도 이미 여러 번 들었어.
I've heard several times today. _{Gossip Girl 1_17}

그의 도박 문제에 대한 소문을 들었어요.
I've heard the rumors about his gambling problem. _{Suits 2_5}

도박은 중독이라고 들었어요.
I've heard gambling's an addiction. _{Lost Girl 1_5}

several 몇몇의 gambling 도박 addiction 중독

🎬 Suits 2_5 10:23

Harvey Everybody knows MJ took two years off in his prime. He regrets it to this day. But he made that decision himself, and that's how he lives with it. All your son is asking is for the chance to do the same.
Marco I may not know Mr. Jordan, but I do know that he's divorced and **I've heard the rumors about his gambling problem.**

MJ(Michael Jordan) 농구선수 마이클 조던　prime 전성기　regret 후회하다　to this day 이날까지도

하비 마이클 조던이 전성기에 2년을 쉬었던 건 다 아는 사실입니다. 그는 지금까지도 그걸 후회합니다. 하지만 자신이 내린 결정이었기 때문에 감수하고 살고 있죠. 아드님은 이처럼 자신의 인생을 스스로 결정할 기회를 원하는 것뿐입니다.
마르코 제가 조던에 대해 잘은 모르지만, 이혼했다는 건 압니다. 또 그의 도박 문제에 대한 소문도 들었습니다.

특급패턴 042

내가 오해했던 것 같네.

I guess+절 내 생각에는 ~인 것 같아

정확한 사실에 근거하지 않고 짐작으로 뭔가를 말하고자 할 때는 동사 guess를 씁니다. guess는 '짐작하다', '추측하다'라는 뜻입니다.

제가 충분히 빠르지 않았나 보네요.
I guess I wasn't fast enough. The Flash 1_1

난 무서웠던 것 같아.
I guess I was scared. Pretty Little Liars 1_3

그렇게 하는 게 가장 안전한 것 같아.
I guess that's the safest thing to do. Pretty Little Liars 1_4

내가 오해했던 것 같네.
I guess I must have misunderstood. Pretty Little Liars 1_4

그건 내가 이미 말한 거 같은데.
I guess I already said that. Mad Men 1_2

misunderstand 오해하다

The Flash 1_1 00:39

Barry Those guys were picking on kids. Just 'cause they thought they weren't cool. It wasn't right. **I guess I wasn't fast enough.** pick on ~를 괴롭히다
mom No. You have such a good heart, Barry. And it's better to have a good heart than fast legs.

배리 걔들이 아이들을 괴롭히고 있었어요. 그 애들이 자기들을 쿨하지 않다고 생각한다는 이유로 말이에요. 그건 옳지 않아요. 제가 빨리 달리지 못해서 이렇게 된 거 같아요.
엄마 아니야. 배리야, 너는 정말 상냥한 마음을 갖고 있어. 빠른 다리보다는 상냥한 마음을 갖고 있는 게 더 좋은 거란다.

십 년 묵은 체증이 내려간 기분이야.

I feel like+절 나는 ~인 것 같은 기분이 들어

feel은 감각적으로, 또는 직감적으로 느낀 것을 표현하는 동사입니다. 뒤에 나오는 절의 내용이 사실인지는 모르겠지만 그럴 것 같다는 느낌이 든다는 것이죠.

어디선가 뵌 분 같은데요.
I feel like I know you from somewhere. Sex and the City 1_1

십 년 묵은 체증이 내려간 기분이야.
I feel like an enormous weight has been lifted.
Sex and the City 1_9

내 생각에는 그는 그것보다 훨씬 더한 짓도 했을 것 같아.
I feel like he's done more than that. The Night of 1_1

네가 나를 협박하기 시작하는 듯한 느낌이 드는데.
I feel like you're starting to threaten me. Big Little Lies 1_2

내가 통제력을 좀 잃고 있는 듯한 느낌이야.
I feel like I'm losing control a little bit. Big Little Lies 1_4

enormous 거대한 weight 무게, 무거운 것 threaten 협박하다 control 통제, 제어

📽 **Sex and the City 1_1** 01:45

	Like it?
	Yes, actually. I think it's quite interesting. What?
	interesting 흥미로운
	I feel like I know you from somewhere.
	Doubtful. I only just moved here from London.
	doubtful ~일 것 같지 않은

팀   마음에 드세요?
엘리자베스   예, 정말로요. 아주 흥미로워요. 왜 그러세요?
팀   어디선가 뵌 분 같아서요.
엘리자베스   아닐 거예요. 전 런던에서 여기로 이제 막 이사 왔거든요.

그게 좋은 뜻이길 바랍니다.

I hope+절 ~면 정말 좋겠어

hope는 '충분히 이루어질 가능성이 있는 일에 대한 희망'을 뜻하는 단어입니다. '~라면 좋겠다'라고 자연스럽게 해석하세요.

난 네가 안전하게 그를 떠나기를 바라.
I hope you leave him in one piece. Lost Girl 1_2

그게 그럴 만한 가치가 있는 거였으면 좋겠다.
I hope it was worth it. Lost Girl 1_4

그게 좋은 뜻이길 바랍니다.
I hope that's a good thing. 11.22.63 1_1

내가 깨운 건 아닌가 모르겠네.
I hope I didn't wake you up. 11.22.63 1_5

어머니께 쾌차하시라고 안부 전해 줘요.
Tell your mom **I hope** she feels better. Sex and the City 1_1

in one piece 안전하게　worth 가치가 있는

　　　　　　　　　　　　　　　　　　　🎬 **Sex and the City 1_1**　02:55

Tim　My mother's not feeling very well.
Elizabeth　Well, gosh, I'm sorry.
Tim　Could we take a rain check? take a rain check 다음을 기약하다
Elizabeth　Of course. **Tell your mom I hope she feels better.**

팀　어머니께서 몸이 안 좋으세요.
엘리자베스　저런, 어쩜 좋아요.
팀　우리 약속을 다음으로 미룰 수 있을까요?
엘리자베스　당연히 그래야죠. 어머니께 쾌차하시라고 안부 전해 주세요.

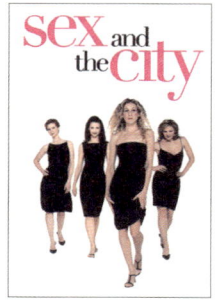

© HBO

개한테 그거 준다는 걸 깜빡했어.

I forgot to+동사원형 나 ~하는 걸 잊어버렸어

to부정사에는 '미래'의 의미가 담겨 있습니다. 그래서 forget to는 '했어야 할 일을 잊다'라는 뜻이고, 과거형인 forgot to는 '했어야 할 일을 잊었다'라는 뜻이 되지요. 이미 한 일을 까먹었다면 forget/forgot –ing를 쓰세요.

내가 당신보다 서열이 높다고 말하는 걸 까먹었네.
I forgot to mention I outrank you. Boston Legal 1_1

너한테 뭔가 말한다는 걸 깜빡했네.
I forgot to tell you something. Younger 3_1

개한테 그거 준다는 걸 깜빡했어.
I forgot to give it to him. Billions 1_11

다시 나가서 그녀를 데려온다는 걸 까먹었지 뭐야.
I forgot to go back out and get her. The Leftovers 2_6

내가 미처 생각 못 했던 게 있다는 걸 알았어.
I knew there was something **I forgot to** consider.
Boston Legal 1_9

outrank ~보다 지위가 높다 get 데려오다

Boston Legal 1_1 05:51

Alan I'm a big fan of your Aqua Velva commercials.
Brad There's a potential client in the conference room.
I'd like you to meet with her.
Oh, **I forgot to mention I outrank you.**
potential 잠재적인 conference room 회의실

앨런 전 당신의 Aqua Velva 광고를 정말 좋아합니다.
브래드 회의실에 예비 고객이 한 분 계셨군요. 당신이 그녀를 좀 만나 주면 좋겠네요.
아, 내가 당신보다 서열이 높다고 말한다는 걸 깜빡했군요.

Practice 9

본문에 나온 예문을 무작위로 뽑아 연습문제를 만들었습니다. 한국어 해석을 보고 곧바로 영어로 말해 보세요. 곧장 입에서 나오는 것은 **Pass**, 오래 생각해야 하는 것은 **Repeat**, 아예 모르겠는 것은 **Fail**에 체크하고 다시 공부하세요.

Pass ___개   Repeat ___개   Fail ___개

01 그게 좋은 뜻이길 바랍니다.

02 내가 오해했던 것 같네.

03 어디선가 뵌 분 같은데요.

04 그 얘기들은 이미 전에 다 들었습니다.

05 제가 충분히 빠르지 않았나 보네요.

06 그게 그럴 만한 가치가 있는 거였으면 좋겠다.

07 다시 나가서 그녀를 데려온다는 걸 까먹었지 뭐야.

08 십 년 묵은 체증이 내려간 기분이야.

09 그렇게 하는 게 가장 안전한 것 같아.

10 네가 나를 협박하기 시작하는 듯한 느낌이 드는데.

11 난 네가 안전하게 그를 떠나기를 바라.

12 네 갤러리에 대해서 얘기 많이 들었어.

13 내 생각에는 그는 그것보다 훨씬 더한 짓도 했을 것 같아.

14 도박은 중독이라고 들었어요.

15 내가 당신보다 서열이 높다고 말하는 걸 까먹었네.

16 내가 깨운 건 아닌가 모르겠네.

17 걔한테 그거 준다는 걸 깜빡했어.

18 난 무서웠던 것 같아.

19 너한테 뭔가 말한다는 걸 깜빡했네.

20 오늘만 해도 이미 여러 번 들었어.

---

01 I hope that's a good thing. **02** I guess I must have misunderstood. **03** I feel like I know you from somewhere. **04** I've heard them all before. **05** I guess I wasn't fast enough. **06** I hope it was worth it. **07** I forgot to go back out and get her. **08** I feel like an enormous weight has been lifted. **09** I guess that's the safest thing to do. **10** I feel like you're starting to threaten me. **11** I hope you leave him in one piece. **12** I've heard a lot about your gallery. **13** I feel like he's done more than that. **14** I've heard gambling's an addiction. **15** I forgot to mention I outrank you. **16** I hope I didn't wake you up. **17** I forgot to give it to him. **18** I guess I was scared. **19** I forgot to tell you something. **20** I've heard several times today.

My sandwich! My sandwich! -Friends

Episode 10

046 내가 혼수상태에서 깨어났을 때가 기억나.
I remember+동명사   난 ~했던 게 기억나

047 낮에 다시 오는 게 좋겠어요.
I should+동사원형   난 ~ 하는 게 좋겠어

048 진작에 그만뒀어야 했어.
I should have+과거분사   진작에 ~했어야 하는 건데

049 너한테 거짓말을 하지 말았어야 했어.
I shouldn't have+과거분사   난 ~하지 말았어야 했어

050 너에게 기회를 한 번 더 주기로 결정했어.
I decided to+동사원형   난 ~하기로 결정했어

내가 혼수상태에서 깨어났을 때가 기억나.

I remember+동명사 난 ~했던 게 기억나

동명사에는 '과거'의 의미가 포함되어 있어요. 그래서 '과거의 일을 기억한다'고 말할 때 이 패턴을 씁니다. forget과 마찬가지로 앞으로 해야 할 일을 기억한다고 하려면 'I remember+to부정사'를 쓰세요.

그것 때문에 내가 속상했던 게 기억나.
I remember being upset about that. The Wire 2_4

내가 덩그러니 혼자 있던 때가 기억나.
I remember being alone by myself. The Grinder 1_17

내가 혼수상태에서 깨어났을 때가 기억나네.
I remember waking up from a coma. The Flash 1_5

데어리 퀸에서 드라이브 스루를 이용했던 거 기억 나.
I remember going through a Dairy Queen drive-through. The Ranch 1_5

나는 일어나서 다른 테이블로 옮겼던 기억이 나.
I remember getting up moving away from the table. Boston Legal 3_19

alone 혼자인 by oneself 혼자서 coma 혼수상태
drive-through 차에서 주문하고 받아 가는 시스템
move away from ~에서 자리를 옮기다

📺 **The Wire 2_4** 30:24

officer You don't remember that?
suspect I remember the officer got shot. And **I remember being upset about that**, not only because the officer got shot but because I knew it meant there was gonna be more police on me. officer 경찰관 get shot 총에 맞다

경찰 그게 기억이 안 나?
용의자 경찰이 총에 맞은 건 기억나요. 그리고 그것 때문에 제가 속상했던 것도 기억납니다. 경찰이 총에 맞은 것도 그렇지만 그것 때문에 더 많은 경찰이 나한테 들이닥칠 걸 잘 알고 있었거든요.

© HBO

특급패턴 047

낮에 다시 오는 게 좋겠어요.

I should+동사원형 난 ~ 하는 게 좋겠어

should는 '~를 해야 한다(권유)'라는 뜻도 있고, '~를 하는 게 좋겠다(기대감)'는 뜻도 있습니다. 주체가 '나'일 때는 '나 ~하는 게 좋겠어', '난 지금 ~를 해야겠어' 등으로 해석합니다. 자신이 해야 할 일을 말하며 상대에게 이해를 구하는 거죠.

전 낮에 다시 오는 게 좋겠어요.
I should come back during daytime. Taboo 1_7

어쩌면 제가 그냥 가는 게 좋겠네요.
I should probably get going. The Night of 1_1

네 검사 결과가 나오면 그걸 가지고 시작하면 되겠네.
I should start with your test results. Alias 1_9

내가 걔한테 전화를 해야 돼?
Should I give him a ring? 13 Reasons Why 1_4

난 너한테 이 얘기를 하면 안 돼.
I shouldn't be telling you this. 13 Reasons Why 1_6

daytime 낮 시간 get going 가다 give a ring 전화하다

Taboo 1_7 11:03

George	Mr. Delaney, perhaps **I should come back during daytime.**
Mr. Delaney	Oh, no, no, there's no use. I am always like this. Please, carry on. carry on 계속하다
George	You travelled to the Volta as a slave and then began to deal slaves. travel 이동하다 slave 노예 deal 거래하다

조지	딜레이니씨, 제가 낮에 다시 찾아오는 게 좋겠습니다.
딜레이니	아, 아니요, 아니요, 그래도 소용 없어요. 전 늘 이래요. 그러니까, 계속 해요.
조지	당신은 노예 신분으로 볼타에 갔죠. 그리고 나서 노예 거래를 시작했어요.

© BBC one, FX

특급패턴 048

진작에 그만뒀어야 했어.

I should have+과거분사 진작에 ~했어야 하는 건데

should have에 과거분사를 붙이면 '~했어야 했다'라는 과거의 일에 아쉬움을 전하는 말이 됩니다. should에 '권유'와 '기대감'의 뉘앙스가 있기 때문인데요, 역시 한국 사람들이 어려워하는 패턴이니 꼭 입으로 여러 번 반복하세요.

네 말을 들었어야 했는데.
I should have listened to you. Pretty Little Liars 1_17

내가 진작에 너한테 주의를 줬어야 했네.
I should have warned you. Mr. Robot 1_3

진작에 그만뒀어야 했어.
I should have stopped it. Modern Family 1_12

난 아무 말도 하지 말았어야 했어.
I should have never said anything. Modern Family 1_13

난 이미 오래 전에 그랬어야 했는데 말이야.
I should've been that way a long time ago. The Flash 3_3

warn ~에게 경고하다, ~에게 주의를 주다 agree 동의하다

📺 **Pretty Little Liars 1_17** 04:12

Aria: I can't do this anymore. Last night after I left I felt awful.
Hanna: I'm sorry for what I did and what almost happened.
Aria: I should have figured it out. figure out 간파하다
At least **I should have listened to you.**

아리아: 난 더 이상은 이런 짓 할 수 없어. 어젯밤 내가 자리를 떠난 뒤에 나 정말 기분이 엉망이었어.
해나: 내가 한 행동이나 어쩌면 일어날 뻔 했던 일까지 전부 다 미안해.
아리아: 진작에 알았어야 했어. 적어도 네 말을 들었어야 했는데.

© FREEFORM

너한테 거짓말을 하지 말았어야 했어.

I shouldn't have+과거분사 난 ~하지 말았어야 했어

I shouldn't have...는 바로 앞 패턴과는 반대로 과거에 한 일에 대한 후회와 원망을 표현하는 패턴입니다. '그러지 말았어야 했는데 내가 왜 그랬을까'라고 후회하는 말이죠.

난 물어보지 말았어야 했어.
I shouldn't have asked. _{The Leftovers 1_3}

내가 너한테 이러면 안 되는 거였어.
I shouldn't have done this to you. _{The Leftovers 1_8}

너한테 거짓말을 하지 말았어야 했어.
I shouldn't have lied to you. _{The Leftovers 2_3}

내가 떠나는 게 아니었어.
I shouldn't have left. _{13 Reasons Why 1_11}

난 여기에 절대 동의하지 말았어야 했어.
I should have never agreed to this. _{Mr. Robot 2_4}

lie to ~에게 거짓말을 하다

📺 The Leftovers 2_3 23:38

Laurie Viktor, look, I'm sorry. My work, the people that I'm helping, they need... **I shouldn't have lied to you.** And I will get you that money. You can even have the laptop. I just need one file off of it. My book. I just can't write it again. I just cannot start over. _{laptop 휴대용 컴퓨터 start over 처음부터 다시 시작하다}

로리 빅터, 저기요, 죄송해요. 제 작품, 제가 돕고 있는 사람들, 그들이 지금 필요한 건... 제가 당신한테 거짓말을 하지 말았어야 했어요. 그리고 그 돈은 가져다 드릴게요. 노트북도 가지세요. 거기에서 제가 필요한 파일은 딱 하나예요. 제 책이요. 그건 다시 쓸 수가 없어요. 처음부터 다시 시작할 수는 없으니까요.

너에게 기회를 한 번 더 주기로 결정했어.

I decided to+동사원형 난 ~하기로 결정했어

decide는 '결정하다'라는 뜻의 동사입니다. '결정'이라고 하면 보통 앞으로 일어날 일을 결정하는 것이니 '미래'의 행동을 의미하는 to부정사를 뒤에 붙여 활용합니다.

난 너와 함께 머물기로 결정했어.
I decided to stay with you. _{Grey's Anatomy 2_12}

난 머리를 맑게 하려고 좀 걷기로 했어.
I decided to walk to clear my head. _{Sex and the City 1_4}

나 상원 의원에 출마하기로 결정했어.
I decided to run for senator. _{House M.D. 1_17}

너에게 기회를 한 번 더 주기로 결정했어.
I decided to give you one more chance. _{13 Reasons Why 1_6}

전 모든 고소를 취하하기로 결정했어요.
I have **decided to** withdraw all charges. _{The Good Wife 1_6}

clear (정신이) 맑게 하다　run for ~에 입후보하다　senator 상원 의원
chance 기회　withdraw 철회하다　charge 기소, 고발

📺 Grey's Anatomy 2_12　39:34

Derek Meredith wasn't a fling. She wasn't revenge.
I fell in love with her. That doesn't go away because
I decided to stay with you.
fling 잠깐 즐기기　revenge 복수　go away 없어지다

데릭 메레디스는 그냥 즐기려고 만난 게 아니었어. 복수를 위한 것도 아니었고. 난 그녀를 사랑했어. 그 사실은 사라지지 않아. 내가 당신과 함께 있기로 결정했다고 해도 말이야.

© abc

Practice 10

본문에 나온 예문을 무작위로 뽑아 연습문제를 만들었습니다. 한국어 해석을 보고 곧바로 영어로 말해 보세요. 곧장 입에서 나오는 것은 **Pass**, 오래 생각해야 하는 것은 **Repeat**, 아예 모르겠는 것은 **Fail**에 체크하고 다시 공부하세요.

Pass ___ 개   Repeat ___ 개   Fail ___ 개

01 난 아무 말도 하지 말았어야 했어.

02 그것 때문에 내가 속상했던 게 기억나.

03 어쩌면 제가 그냥 가는 게 좋겠네요.

04 네 말을 들었어야 했는데.

05 내가 혼수상태에서 깨어났을 때가 기억나네.

06 전 낮에 다시 오는 게 좋겠어요.

07 난 물어보지 말았어야 했어.

08 내가 떠나는 게 아니었어.

09 진작에 그만뒀어야 했어.

10 내가 걔한테 전화를 해야 돼?

11 나 상원 의원에 출마하기로 결정했어.

12 내가 너한테 이러면 안 되는 거였어.

13 난 머리를 맑게 하려고 좀 걷기로 했어.

14 내가 진작에 너한테 주의를 줬어야 했네.

15 난 너와 함께 머물기로 결정했어.

16 내가 덩그러니 혼자 있던 때가 기억나.

17 나는 일어나서 다른 테이블로 옮겼던 기억이 나.

18 너에게 기회를 한 번 더 주기로 결정했어.

19 네 검사 결과가 나오면 그걸 가지고 시작하면 되겠네.

20 내가 너한테 거짓말을 하지 말았어야 했어.

---

01 I should have never said anything. **02** I remember being upset about that. **03** I should probably get going. **04** I should have listened to you. **05** I remember waking up from a coma. **06** I should come back during daytime. **07** I shouldn't have asked. **08** I shouldn't have left. **09** I should have stopped it. **10** Should I give him a ring? **11** I decided to run for senator. **12** I shouldn't have done this to you. **13** I decided to walk to clear my head. **14** I should have warned you. **15** I decided to stay with you. **16** I remember being alone by myself. **17** I remember getting up moving away from the table. **18** I decided to give you one more chance. **19** I should start with your test results. **20** I shouldn't have lied to you.

This is the best game ever! -Friends

Episode 11

051 그가 누구하고 통화 중인지 궁금해.
I wonder+절 나는 ~가 궁금해

052 오늘 밤 저와 한잔할 수 있으신지 궁금해요.
I was wondering if+절 제가 ~해도 될까요?

053 내가 차 안에서 기다리라고 했잖아.
I told you to+동사원형 내가 너한테 ~하라고 말했잖아

054 제 직감을 믿으라고 말씀하셨잖아요.
You told me to+동사원형 네가 나한테 ~를 하라고 말했잖아

055 그건 별것 아니었을 거야.
I'm sure+절 분명히 ~일 거야

그가 누구하고 통화 중인지 궁금해.

특급패턴 051

I wonder+절 나는 ~가 궁금해

wonder는 '궁금하다'라는 뜻을 가진 동사입니다. 현재시제로 쓰였기 때문에 '지금'을 강조해서 '지금 궁금하다'든지 '평소에 궁금했다'는 느낌을 전하게 됩니다.

당신의 도움을 좀 받을 수 있을지 궁금합니다.
I wonder if I could get your help with something. _{Ransom 1_10}

그가 누구하고 통화 중인지 궁금해.
I wonder who he's on the phone with? _{Queen of the South 1_1}

나는 너의 페티시가 뭔지 궁금해.
I wonder what your fetish is. _{Sex and the City 2_12}

그런 삶은 어떨까 참 궁금해.
I wonder what that life is like. _{Scandal 5_1}

난 그게 닐이 생각하고 있었던 것인지 궁금해.
I wonder if that's what Neil had in mind. _{Sex and the City 2_15}

fetish 페티시(특정한 상황/물건에 쾌감을 얻는 성적 취향)
what A is like A는 어떤 상태일까 have something in mind ~를 생각하다

📄 **Ransom 1_10** 40:07

Eric: You're free to take your paintings home.
free to 자유롭게 ~를 하다

Isabelle: I told Sydney I'm gonna leave them with the gallery. All but one. Jasper, **I wonder if I could get your help with something.**

에릭: 그림을 댁으로 가져가셔도 됩니다.
이사벨: 그림 모두 갤러리에 두겠다고 시드니에게 말했어요. 하나만 빼고 다요. 제스퍼, 당신이 좀 도와줄 수 있을지 궁금하네요.

093

오늘 밤 저와 한잔할 수 있으신지 궁금해요.

I was wondering if+절 제가 ~해도 될까요?

누군가에게 예의를 갖추어 뭔가를 공손히 부탁할 때 구어체에서 쓰는 패턴입니다. 직역하면 '나는 ~일지 궁금해하고 있었다'지만, '~해도 될까요'라는 뜻으로 쓰여서 우회적으로 허락을 구하는 말입니다.

당신과 대화를 좀 할 수 있을까요?
I was wondering if I could talk to you. In Treatment 1_12

제가 안으로 들어가도 되겠습니까?
I was wondering if I could come inside. Justified 1_2

몇 시간 동안 아이들을 보러 네가 와 줄 수 있을까?
I was wondering if you could come watch the kids for a few hours. Mad Men 1_4

오늘 밤 저와 한잔할 수 있으신지 궁금해요.
I was wondering if you wanted to grab a drink with me tonight. Scandal 1_3

네가 내 읽기 과제물을 훑어봐 줄 수 있을지 궁금해.
I was wondering if you could look over my reading assignment. Pretty Little Liars 1_15

a few 조금 grab 먹다, 마시다 drink 술
look over ~를 훑어보다 assignment 과제

 미드 한 컷

 Justified 1_2 38:02

marshal US Marshals. **I was wondering if I could come inside.**
marshal 법원 집행관; 보안관
Dupree No, you can't come inside!
marshal Dupree, this isn't your home. Mr. Lonner, may I come inside?

보안관 보안관입니다. 안으로 들어가도 되겠습니까?
두프리 안 돼, 들어오지 마!
보안관 두프리, 여긴 자네 집이 아니잖아. 로우너씨, 들어가도 될까요?

특급패턴 053

내가 차 안에서 기다리라고 했잖아.

I told you to + 동사원형 내가 너한테 ~하라고 말했잖아

동사 tell은 '대화하다'라는 의미뿐 아니라 '이야기를 전하다', '말로 시키다', '명령하다' 등의 의미를 갖고 있습니다. 그래서 I told you to...를 쓰면 단순히 말했다는 뜻이 아니라 확인과 질책의 뉘앙스가 전해지지요.

내가 차 안에서 기다리라고 했잖아.
I told you to wait in the car. Empire 1_2

내가 독감 예방 주사 맞으라고 했지.
I told you to get a flu shot. Brothers and Sisters 1_13

내가 문은 다 열어 놓으라고 했잖아.
I told you to keep the doors open. Gossip Girl 1_15

나한테 그런 질문하지 말라고 했잖아.
I told you to stop asking me that. Empire 1_1

내가 너 도망가서 절대 돌아오지 말라고 했잖아.
I told you to get away and never come back.
11.22.63 1_6

flu shot 독감 예방 주사 get away 도망치다

Empire 1_1 11:48

Jamal When you coming home, Mama?
Cookie **I told you to stop asking me that.**
         Where's your father?
Jamal He's not coming to see you today.

 엄마, 집에 언제 와요?
그런 거 묻지 말라고 했지. 아버지는 어디 계시니?
아빠는 오늘 엄마 만나러 안 오실 거예요.

제 직감을 믿으라고 말씀하셨잖아요.

You told me to + 동사원형 네가 나한테 ~를 하라고 말했잖아

to부정사에 '미래'의 의미가 있다는 사실, 잊지 않았죠? 상대가 나에게 앞으로 하라고 시킨 일을 말하는 것이기 때문에 to부정사가 왔습니다.

네가 당장 오라고 했잖아.
You told me to come right away. Gossip Girl 1_11

제 직감을 믿으라고 말씀하셨잖아요.
You told me to trust my instincts. Criminal Minds 1_2

나더러 진실을 말하라며.
You told me to tell the truth. American Crime 1_8

네 가족에게 접근하지 말라고 네가 그랬잖아.
You told me to stay away from your family. Arrow 1_11

난 당신이 하라는 대로 다 했어, 언제나.
I did everything **you told me to**, always. 11.22.63 1_6

right away 즉시 instinct 본능, 직감 stay away 거리를 두다

📱 11.22.63 1_6 29:45

Bill I'll show him exactly how we wired the place. wire 도청 장치를 설치하다
Jake Do you hear me? You are out of control. out of control 통제에서 벗어난
Bill **I did everything you told me to, always.** I'm not scared of you anymore. If you ever try and tell me to do anything again, for the rest of your life, I will kill you.

빌 우리가 어떻게 그 집에 도청 장치를 설치했는지 그에게 그대로 보여 줄 거야.
제이크 내 말 들려? 너 지금 완전히 맛이 갔어.
빌 난 언제나 당신이 말한 모든 것을 다 했어. 더 이상 당신이 무섭지 않아. 살면서 또 나한테 이래라 저래라 하면, 당신을 죽여버릴 거야.

그건 별것 아니었을 거야.

I'm sure + 절 분명히 ~일 거야

뒤에 나오는 절에서 말하는 내용이 일어날 것을 '나는 확신한다'는 의미의 패턴입니다. 그렇기 때문에 확신에 찬 어투로 말하면 더 좋겠지요.

프로이드라면 분명 이걸 인정하지 않을 거야.
I'm sure Freud would not approve of this.
Desperate Housewives 1_2

넌 분명히 아주 좋아질 거야.
I'm sure you'll be just great. ER 1_10

그건 별것 아니었을 거야.
I'm sure it was nothing. Empire 1_1

확신하는데, 이미 소문이 사방팔방 돌아다니고 있어.
I'm sure the rumors are already flying. House of Lies 1_3

아이들은 아주 즐거운 시간을 보낼 거야.
I'm sure that the kids will have a wonderful time.
Billions 1_3

approve of ~를 인정/찬성하다

🎬 Desperate Housewives 1_2 28:52

counselor **I'm sure Freud would not approve of this.**
Bree Oh, who cares what he thinks? I took psychology in college. We learned all about Freud. A miserable human being.
psychology 심리학 miserable 비참한

상담사 프로이드라면 분명 이걸 인정하지 않을 겁니다.
브리 그가 뭐라고 생각하든 뭔 대수예요? 난 대학에서 심리학을 배웠어요. 프로이드에 관한 모든 것을 배웠다고요. 참 비참한 인간이에요.

© abc

097

Practice 11 본문에 나온 예문을 무작위로 뽑아 연습문제를 만들었습니다. 한국어 해석을 보고 곧바로 영어로 말해 보세요. 곧장 입에서 나오는 것은 **Pass**, 오래 생각해야 하는 것은 **Repeat**, 아예 모르겠는 것은 **Fail**에 체크하고 다시 공부하세요.

Pass ___ 개   Repeat ___ 개   Fail ___ 개

01 오늘 밤 저와 한잔할 수 있으신지 궁금해요.

02 그가 누구하고 통화 중인지 궁금해.

03 내가 문은 다 열어 놓으라고 했잖아.

04 네가 당장 오라고 했잖아.

05 나는 너의 페티시가 뭔지 궁금해.

06 제가 안으로 들어가도 되겠습니까?

07 넌 분명히 아주 좋아질 거야.

08 제 직감을 믿으라고 말씀하셨잖아요.

09 나한테 그런 질문하지 말라고 했잖아.

10 나더러 진실을 말하라며.

11 확신하는데, 이미 소문이 사방팔방 돌아다니고 있어.

12 그런 삶은 어떨까 참 궁금해.

13 내가 독감 예방 주사 맞으라고 했지.

14 네 가족에게 접근하지 말라고 네가 그랬잖아.

15 아이들은 아주 즐거운 시간을 보낼 거야.

16 난 그게 닐이 생각하고 있었던 것인지 궁금해.

17 당신과 대화를 좀 할 수 있을까요?

18 내가 차 안에서 기다리라고 했잖아.

19 그건 별것 아니었을 거야.

20 네가 내 읽기 과제물을 훑어봐 줄 수 있는지 궁금해.

---

01 I was wondering if you wanted to grab a drink with me tonight. **02** I wonder who he's on the phone with? **03** I told you to keep the doors open. **04** You told me to come right away. **05** I wonder what your fetish is. **06** I was wondering if I could come inside. **07** I'm sure you'll be just great. **08** You told me to trust my instincts. **09** I told you to stop asking me that. **10** You told me to tell the truth. **11** I'm sure the rumors are already flying. **12** I wonder what that life is like. **13** I told you to get a flu shot. **14** You told me to stay away from your family. **15** I'm sure that the kids will have a wonderful time. **16** I wonder if that's what Neil had in mind. **17** I was wondering if I could talk to you. **18** I told you to wait in the car. **19** I'm sure it was nothing. **20** I was wondering if you could look over my reading assignment.

This is the best game ever! -Friends

Episode 12

056 당신 정말 게이 아닌 거 맞죠?
Are you sure+절 너 정말 ~해?

057 내 아들을 꼭 잘 돌봐 주게.
make sure+절 실수 없이 분명히 ~해

058 정말 이해가 빠르시군요.
You're+명사 넌 ~야

059 너 학교 지각이야.
You're+형용사 넌 ~한 상태야

060 너 나를 따라오고 있었던 거야?
You're+현재분사 넌 지금 ~를 하고 있어

특급패턴 056 당신 정말 게이 아닌 거 맞죠?

Are you sure+절? 너 정말 ~해?

이 패턴은 '너 정말 ~하다는 거야?', '너 ~인 거 확실해?', '네가 말하는 게 정말 ~인 거야?' 등으로 해석합니다. 정말 많이 쓰는 패턴이죠.

너 정말 이 일을 해낼 수 있겠어?
Are you sure you're up to this? Deadwood 1_6

너 정말 파이 안 먹을거야?
Are you sure you don't want pie?
Desperate Housewives 1_4

정말 여기 아무도 없는 거 맞아?
Are you sure there isn't anybody here? Grey's Anatomy 1_5

당신 정말 게이 아닌 거 맞죠?
Are you sure you're not gay? Sex and the City 1_1

그 사람이 너한테 전화를 안 해서 그런 건 확실히 아니라는 거지?
Are you sure that isn't just 'cause he didn't call you? Sex and the City 1_1

> 어떤 일을 하기 위해 필요한 여러 능력의 기준을 this라고 했을 때 누군가의 능력이 그 수준까지 올라와 있다면 be up to this라고 한다. I'm up to this.(난 이 일을 해낼 수 있어.)처럼 활용한다.

 미드 한 컷

📺 Desperate Housewives 1_4 13:44

Martha Being coy is a strategy best employed by virgins at their first dance. For women of our age, it's just annoying.
  Are you sure you don't want pie?
  coy 내숭 떠는 employ 이용하다 strategy 전략 virgin 숫처녀/총각
Susan No, thank you.

마사 내숭 떠는 건 처녀들이 남자와 처음 춤 출 때 가장 많이 써먹는 전략이에요. 우리 나이 여자들에게는 정말 짜증나는 일이죠. 정말 파이 안 먹을래요?
수잔 예, 고맙지만 괜찮아요.

내 아들을 꼭 잘 돌봐 주게.

make sure+절 실수 없이 분명히 ~해

make sure...은 직역하면 '~를 확신하도록 만들라'는 말입니다. 다시 말해 '~를 확인해 봐라', '~를 확실히 해라'라고 할 수 있습니다.

난 그저 어떤 사실도 간과해서는 안 된다는 걸 확실히 하고 싶어.
I just need to make sure nothing's overlooked.
24: Legacy 1_1

내가 모든 사람들에게 다 알리고 말 거야.
I'll make sure everybody knows. Pretty Little Liars 1_3

난 그저 네가 괜찮은지 확인하고 싶었던 거야.
I just wanted to make sure you were all right.
Empire 2_6

내 아들을 꼭 잘 돌봐 주게.
You make sure you look after my son. Empire 1_2

너희 아버지가 내 커피 다 드시지 못하게 해, 꼭.
Make sure your father doesn't drink all my coffee, please. Pretty Little Liars 1_3

overlook 못 보고 넘어가다; 간과하다   look after ~를 돌보다

📺 24: Legacy 1_1   15:06

Rebecca Okay, good, let's move on to the Haddad network.
move on to 대화의 화제를 ~로 넘기다
Keith I'm up to speed on the Haddads. up to speed ~에 관한 최신 정보를 가지고 있는
Rebecca Sorry, **I just need to make sure nothing's overlooked.**

레베카 좋아요, 그럼 하다드 네트워크 얘기로 넘어가 보죠.
키쓰 하다드에 대해서는 최신 정보까지 다 입수해 놓은 상태입니다.
레베카 미안해요, 전 그저 어떤 것도 간과해서는 안 된다고 말한 거였는데.

정말 이해가 빠르시군요.

You're+명사 넌 ~야

'I'm+명사'와 마찬가지로 명사 자리에 직업, 상태, 성격 등을 나타내는 어휘들이 나올 수 있습니다. 과거형으로 쓸 때는 You were...라고 합니다. 쉽다고 생각하고 무시하기 쉬운 패턴이지만, 과거형 You were...는 쉽게 입에서 나오지 않으니 여러 번 소리내 말하세요.

정말 이해가 빠르시군요.
You're a quick study. The Flash 2_2

너는 그냥 잘난 척 하는 사람일 뿐이야.
You're just a know-it-all. The Big Bang Theory 9_1

넌 정말 거짓말을 잘해.
You're such a liar. Doctor Who 1_1

당신은 설득력 있는 여성이야.
You're a persuasive woman. Billions 1_3

너는 그가 가장 신뢰했던 사람이었어.
You were the person he trusted most. The Americans 1_3

quick study 이해가 빠른 사람 know-it-all 아는 척, 잘난 척하는 (사람)
such 너무나 ~한 persuasive 설득력 있는

📱 **Billions 1_3** 19:12

Chuck I gave you my board seat, so I don't have a voice. But here's what you can do. You can talk to Jerome Purkheiser.
board 이사회 voice 발언권

director And say what?

Chuck  Persuade him to ride this thing out and block it. persuade 설득하다 ride out 잘 넘기다 block 막다, 저지하다

처크 내가 당신한테 내 이사 자리를 줬잖아. 그래서 나는 발언권이 없어. 하지만 당신이 할 수 있는 게 있어. 제롬 퍼카이저와 대화를 좀 해 봐.

이사 제가 뭐라고 말해요?

처크 당신은 설득력이 있잖아. 그를 설득해서 이 일을 잘 넘기고 막아내도록 만들어.

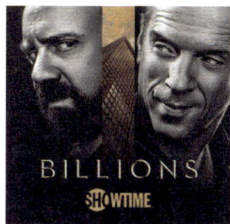

© SHOWTIME

특급패턴 059

너 학교 지각이야.

You're+형용사 넌 ~한 상태야

You are 뒤에 형용사를 붙여 상대의 외모나 성격, 상태를 말할 수 있습니다. 명사가 나타내는 상태가 평면적이라면, 형용사는 입체적인 상태를 나타낼 수 있습니다.

너 정말 인상적이다.
You're so impressive. Doctor Who 1_2

너 학교 지각이야.
You're late for school. Friday Night Lights 1_9

넌 여전히 무모하구나.
You're still reckless. Billions 1_4

너 거기 혼자 있는 것 같지 않은데.
I don't think **you're** alone there. Friday Night Lights 1_5

너 정말 섹시하고 매력적이었어.
You were really hot. The Ranch 1_1

> 섹시한 사람이나 물건, 상황을 보면 흥분되고, 몸과 마음이 뜨거워진다. 그래서 섹시하고 매력적인 사람이나 화제의 물건을 가리켜 hot하다고 표현한다.

impressive 인상적인 reckless 무모한, 신중하지 못한 hot 섹시한

🎬 Friday Night Lights 1_9 20:13

dad	You in there? Comin in, precious. Honey. You didn't come down for breakfast. **You're late for school, honey.** precious 소중한, 귀중한
Lyla	Daddy, I'll be right down, okay?
dad	Okay.

© NBC

아빠	안에 있니? 우리 귀염둥이, 아빠 들어간다. 우리 딸 아침 먹으러 안 내려왔네. 너 학교 늦었는데.
라일라	아빠, 곧 내려 갈게요, 괜찮죠?
아빠	그래.

특급패턴 060

너 나를 따라오고 있었던 거야?

You're+현재분사 넌 지금 ~를 하고 있어

상대가 지금 하고 있는 행위를 묘사하는 패턴입니다. You are는 물 흐르듯 읽고, 현재분사에 적절한 강세를 두고 발음해야 합니다.

너 그거 점점 잘하네.
You're getting good at that. Friday Night Lights 1_5

난 네가 지금 얼마나 힘든지 잘 알아.
I know what **you're** going through. The Big Bang Theory 9_1

넌 지금 이게 내 잘못이라는 거야?
You're saying this is my fault?
The Big Bang Theory 9_1

너 나를 따라오고 있었던 거야?
You were following me? Taboo 1_3

난 네가 나한테 데이트 신청하는 줄 알았어.
I thought **you were** asking me out. The O.C. 2_4

영어권에서는 주로 친구는 집이나 학교에서 만나고 데이트를 할 때 만 외부에 나가는 문화가 있다. 그래서 누군가에게 밖으로 나가자고 하면(ask out) 데이트를 신청하는 것이 되는데 오랜 세월 지속된 그들의 관습이 만들어낸 표현이다.

get good at ~를 잘하게 되다 go through 경험하다, 겪다 fault 잘못
follow 따라가다 ask somebody out ~에게 데이트를 신청하다

🎬 The Big Bang Theory 9_1 16:16

Stuart I know what you're going through.
My last breakup was pretty tough. breakup 이별 tough 힘든
Amy Oh. What was her name?
Stuart Hey, it's a true story. I don't need the third degree.
third degree 엄격한 심문; 고문

스튜어트 내가 네 기분 정말 잘 알지. 내 마지막 이별도 정말 너무 힘들었거든.
에이미 오. 그 여자 이름이 뭐였어?
스튜어트 야, 이건 실제 이야기야. 압박 수사는 사양이라고.

Practice 12

본문에 나온 예문을 무작위로 뽑아 연습문제를 만들었습니다. 한국어 해석을 보고 곧바로 영어로 말해 보세요. 곧장 입에서 나오는 것은 **Pass**, 오래 생각해야 하는 것은 **Repeat**, 아예 모르겠는 것은 **Fail**에 체크하고 다시 공부하세요.

Pass ___ 개   Repeat ___ 개   Fail ___ 개

01 당신 정말 게이 아닌 거 맞죠?

02 난 그저 어떤 사실도 간과해서는 안 된다는 걸 확실히 하고 싶어.

03 넌 정말 거짓말을 잘해.

04 너 정말 인상적이다.

05 내가 모든 사람들에게 다 알리고 말 거야.

06 정말 이해가 빠르시군요.

07 너 그거 점점 잘하네.

08 너 정말 파이 안 먹을 거야?

09 너는 그냥 잘난 척 하는 사람일 뿐이야.

10 넌 여전히 무모하구나.

| 11 | 정말 여기 아무도 없는 거 맞아? |

| 12 | 난 네가 지금 얼마나 힘든지 잘 알아. |

| 13 | 당신은 설득력 있는 여성이야. |

| 14 | 내 아들을 꼭 잘 돌봐 주게. |

| 15 | 너 정말 이 일을 해낼 수 있겠어? |

| 16 | 너 학교 지각이야. |

| 17 | 넌 지금 이게 내 잘못이라는 거야? |

| 18 | 난 네가 나한테 데이트 신청하는 줄 알았어. |

| 19 | 너 나를 따라오고 있었던 거야? |

| 20 | 난 그저 네가 괜찮은지 확인하고 싶었던 거야. |

---

01 Are you sure you're not gay? **02** I just need to make sure nothing's overlooked. **03** You're such a liar. **04** You're so impressive. **05** I'll make sure everybody knows. **06** You're a quick study. **07** You're getting good at that. **08** Are you sure you don't want pie? **09** You're just a know-it-all. **10** You're still reckless. **11** Are you sure there isn't anybody here? **12** I know what you're going through. **13** You're a persuasive woman. **14** You make sure you look after my son. **15** Are you sure you're up to this? **16** You're late for school. **17** You're saying this is my fault? **18** I thought you were asking me out. **19** You were following me? **20** I just wanted to make sure you were all right.

We were on a break! -Friends

Episode 13

061 너 준비 다 했구나.
You're+과거분사 넌 이미 ~한 상태야

062 시간에 맞게 왔네.
You're+전치사구 넌 ~한 상태야

063 너 때문에 걔는 기절초풍할 거야.
You're gonna+ 동사원형 넌 앞으로 ~를 하게 될 거야

064 네가 책임지기로 한 거잖아.
You're supposed to+동사원형 네가 ~하기로 했잖아

065 새로 이사 온 분들인가요?
Are you+명사? 너 ~야?

너 준비 다 했구나.

You're+과거분사 넌 이미 ~한 상태야

'You are+과거분사'는 과거분사를 통해 상대가 '이미 과거에 놓인 상태'로 지금까지 존재한다는 뉘앙스를 전달합니다. 즉, 지금도 그런 상태인 거죠.

너 준비 다 했구나.
You're all set. Billions 1_3

넌 지금 미행을 당하고 있어.
You're being followed. Billions 1_8

넌 분명 만족한 상태겠지.
I trust **you're satisfied.** Doctor Who 1_3

넌 부상당했었잖아.
You were wounded. Brothers and Sisters 3_3

넌 초대받지도 않았잖아.
You weren't invited. Vikings 1_8

set 준비된 상태인　followed 미행을 당한 상태인
wounded 부상을 입은 상태인

🎬 Brothers and Sisters 3_3 03:43

mom I don't know why they're making you do that. You already served. **You were wounded**, for God's sake. serve 복무하다
Justin I'm still enlisted. At least they're not sending me back to Iraq. enlisted 사병의 상태인

엄마 왜 너한테 그런 일을 시키는지 모르겠구나. 넌 이미 군 복무를 했잖아. 부상까지 입고 말이야, 도대체가.
저스틴 엄마, 저 아직 군인이에요. 최소한 나를 다시 이라크로 보내지는 않잖아요.

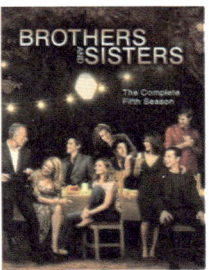

© abc

시간에 맞게 왔네.

You're+전치사구 넌 ~한 상태야

'전치사구'란 전치사와 전치사 뒤에 나오는 내용까지 일컫는 말입니다. 주로 '전치사+명사'를 달하는데 이때 명사의 형태는 여러 가지가 옵니다. 잘 알지 못했던 전치사의 의미를 정확히 알 수 있는 패턴이니 잘 기억해 두세요.

시간에 맞게 왔네.
You're on time. The Good Wife 2_11

너 혼자 온 거야?
You're on your own? Doctor Who 1_1

> own은 형용사일 때는 '자기 자신의', 대명사일 때는 '자기 자신'이다. on one's own은 '남의 도움 없이 자기 자신 혼자서'라는 의미인데 이 표현에서는 own이 대명사로 쓰였다.

그거 하는 김에 부엌도 청소해 줘.
Clean the kitchen while you're at it. The Americans 1_10

사랑하는 사람을 두고 바람을 피우면 안 되지.
You don't cheat on the person you're in love with. The Good Wife 2_17

너 혼자 이 일에 관여하게 된 건 아니잖아.
You're not in this by yourself. Pretty Little Liars 3_2

on time 시간에 맞게 while at it 그걸 하는 김에 cheat on ~를 두고 바람을 피우다
be in love with ~와 사랑에 빠지다 by oneself 혼자

📺 The Good Wife 2_17 09:35

| Bishop | She didn't mean anything. I'm in love with you.
| Bishop's wife | You don't cheat on the person you're in love with.
| Bishop | I said it won't happen again.

| 비숍 | 그녀는 아무런 의미 없었어. 난 당신을 사랑해.
| 비숍의 아내 | 사랑하는 사람을 두고 바람을 피우는 건 아니지.
| 비숍 | 다시는 그런 일 없을 거라고 말했잖아.

© CBS

특급패턴 063 너 때문에 걔는 기절초풍할 거야.

You're gonna+동사원형 넌 앞으로 ~를 하게 될 거야

be going to는 미래에 꽤 확실히 일어날 일을 말할 때 씁니다. going to는 일상 대화에서 발음이 나는 대로 gonna[고나, 고너]라고 읽습니다.

당신은 이 일로 인해서 많은 친구들을 잃게 될 겁니다.
You're gonna lose a lot of friends over this one.
The Good Wife 2_15

당신은 이 소송을 취하하고 사과하게 될 거야.
You're gonna drop this suit and apologize. The Good Wife 2_19

> lose A over B는 'B로 인해서 A를 잃다'라는 뜻이다. 이때 over는 '~에 신경을 쓰다가'의 뉘앙스를 담고 있다.
>
> 그것 때문에 잠을 못 자면 안 돼.
> Don't lose sleep over it.

넌 이 일로 나한테 고마워하게 될 거야.
You're gonna thank me for this. Grey's Anatomy 9_1

너 때문에 걔는 기절초풍할 거야.
You're gonna freak her out. Pretty Little Liars 2_8

너 정말 괜찮겠어?
Are you sure **you're gonna** be okay? Pretty Little Liars 1_10

drop the suit 고소를 취하하다 apologize 사과하다
thank 고마워하다 freak... out ~를 기절초풍하게 만들다

 미드 한 컷

🎬 **The Good Wife 2_15** 08:22

Tony You're gonna lose a lot of friends over this one.
Diane They weren't friends to begin with. to begin with 처음에
Tony I'll go after you hard. go after ~를 쫓다
Diane Looking forward to it. look forward to ~를 기대하다

토니 당신은 이 문제로 많은 친구들을 잃게 될 거예요.
다이앤 그 사람들은 처음부터 친구가 아니었겠죠.
토니 당신을 열심히 쫓을 겁니다.
다이앤 기대되네요.

특급패턴 064

네가 책임지기로 한 거잖아.

You're supposed to + 동사원형 네가 ~하기로 했잖아

be supposed to는 '앞으로 어떤 행동을 하기로 되어 있다'는 뜻을 가진 표현입니다. 과거분사인 supposed에 '이미 하기로 한'의 뜻이 포함되어 있습니다.

네가 책임지기로 한 거잖아.
You're supposed to be in charge. _{Doctor Who 1_4}

너는 집에서 쉬고 있어야지.
You're supposed to be home resting. _{The Flash 2_2}

너 휴가 중인 거 아니었어?
You're supposed to be on vacation. _{The Good Wife 2_10}

그건 네가 해야 되는 일이야.
That is what **you are supposed to** do. _{The Americans 4_2}

넌 여기에 있으면 안 되는 거잖아.
You're not **supposed to** be here. _{Grey's Anatomy 9_1}

in charge ~를 맡은   resting 쉬고 있는   on vacation 휴가 중인

🎬 The Good Wife 2_10 03:13

Alicia What happened, Owen? **You're supposed to be on vacation.**
Owen Okay, look, I broke up with Kevin. It's not a big deal.
I just don't wanna have a big harangue about it.
_{a big deal 대단한 일   harangue 장황한 설명}

알리샤 무슨 일이야, 오웬? 넌 휴가 중이잖아.
오웬 그래, 그게 말이지, 나 케빈하고 헤어졌어. 별 거 아니야.
이 문제에 대해서 장황하게 늘어놓고 싶지 않아.

© CBS

새로 이사 온 분들인가요?

Are you+명사? 너 ~야?

Are you...?는 사람을 가리키는 말이 뒤에 나오기 때문에 상대의 직업이나 상태, 신분을 확인할 수 있는 패턴입니다. 단순해도 요긴하게 쓸 수 있어요.

너 남녀평등주의자야?
Are you a feminist? The OA 1_5

새로 이사 온 분들인가요?
Are you the new neighbors? The Leftovers 2_2

당신은 아직 기독교인입니까?
Are you still a Christian? Vikings 1_8

윌의 친척이에요?
Are you a relative of Will's? The Newsroom 1_3

너 남자를 싫어하는 여자니?
Are you a woman who hates men? Brothers and Sisters 1_3

feminist 남녀평등주의자   neighbor 이웃   Christian 기독교인
relative 친척   hate 몹시 싫어하다

🎬 Vikings 1_8 27:14

Athelstan I was a Christian monk in England. I traveled to other lands as a missionary. monk 수도자 missionary 선교사
king I have heard of Christians, and of their God. And **are you still a Christian?**
Athelstan No.

애쓸스턴 저는 영국에서 기독교 수도사였습니다. 선교사로 여러 나라를 돌아다녔죠.
왕 그들의 신과 기독교인들에 대해서 들은 적이 있소. 그런데 당신은 아직도 기독교인입니까?
애쓸스턴 아닙니다.

Practice 13

본문에 나온 예문을 무작위로 뽑아 연습문제를 만들었습니다. 한국어 해석을 보고 곧바로 영어로 말해 보세요. 곧장 입에서 나오는 것은 **Pass**, 오래 생각해야 하는 것은 **Repeat**, 아예 모르겠는 것은 **Fail**에 체크하고 다시 공부하세요.

Pass ___ 개   Repeat ___ 개   Fail ___ 개

01 너 준비 다 했구나.

02 너 정말 괜찮겠어?

03 너 혼자 이 일에 관여하게 된 건 아니잖아.

04 윌의 친척이에요?

05 넌 지금 미행을 당하고 있어.

06 시간에 맞게 왔네.

07 당신은 이 소송을 취하하고 사과하게 될 거야.

08 네가 책임지기로 한 거잖아.

09 너 남녀평등주의자야?

10 너는 집에서 쉬고 있어야지.

11 넌 이 일로 나한테 고마워하게 될 거야.

12 넌 여기에 있으면 안 되는 거잖아.

13 당신은 아직 기독교인입니까?

14 너 혼자 온 거야?

15 새로 이사 온 분들인가요?

16 넌 분명 만족한 상태겠지.

17 너 휴가 중인 거 아니었어?

18 그거 하는 김에 부엌도 청소해 줘.

19 넌 초대받지도 않았잖아.

20 너 때문에 걔는 기절초풍할 거야.

---

01 You're all set. **02** Are you sure you're gonna be okay? **03** You're not in this by yourself. **04** Are you a relative of Will's? **05** You're being followed. **06** You're on time. **07** You're gonna drop this suit and apologize. **08** You're supposed to be in charge. **09** Are you a feminist? **10** You're supposed to be home resting. **11** You're gonna thank me for this. **12** You're not supposed to be here. **13** Are you still a Christian? **14** You're on your own? **15** Are you the new neighbors? **16** I trust you're satisfied. **17** You're supposed to be on vacation. **18** Clean the kitchen while you're at it. **19** You weren't invited. **20** You're gonna freak her out.

We were on a break! -Friends

Episode 14

066 너 미쳤어?
Are you+형용사? 너 ~한 상태야?

067 숨 쉬기 힘들어요?
Are you+현재분사? 너 ~하고 있어?

068 너 취한 거야?
Are you+과거분사? 너 이미 ~해?

069 굉장히 쾌활해 보이시네요.
You look+형용사 너 ~해 보여

070 넌 칭찬이 필요해.
You need+명사 넌 ~가 필요해

너 미쳤어?

Are you+형용사? 너 ~한 상태야?

'You are+형용사'의 의문문 형태인 'Are you+형용사?' 패턴입니다. 다양한 형용사를 넣어 상대방의 상태가 어떤지 물어볼 수 있습니다.

질투 나요?
Are you jealous? Vikings 2_2

너 진심이야?
Are you serious? The Leftovers 1_2

너 미쳤어?
Are you insane? Brothers and Sisters 4_7

너 정말 여기에 머물고 싶은 거야?
Are you sure you wanna stay here? Brothers and Sisters 1_2

몸이 아주 건강한가요?
Are you quite well? Doctor Who 1_3

jealous 질투하는 serious 진지한 insane 정신 이상인 well 건강한

Brothers and Sisters 1_2 02:51

Kevin Are you sure you wanna stay here?
Kitty Yeah. Yeah, I have to. Mom needs me.
Oh, my God, I have so much stuff.
Kevin Yeah. I'm starting to wonder what Jonathan got in the breakup. breakup 이별
Kitty We are not broken up, Kevin.

케빈 정말 여기에 머물고 싶어?
키티 응. 응. 그래야 돼. 엄마는 내가 필요하거든. 맙소사, 내 물건이 많긴 많네.
케빈 그러게. 난 조나단이 헤어지면서 뭘 얻게 된 건지 궁금해지기 시작했어.
키티 우린 헤어진 게 아니야, 케빈.

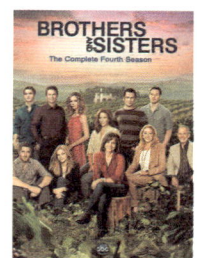

© abc

숨 쉬기 힘들어요?

Are you+현재분사? 너 ~하고 있어?

현재분사는 상대가 지금 하고 있는 행위를 묘사할 때뿐 아니라 상대의 현재 상태에 대해 표현할 때도 쓸 수 있습니다.

너 지금 걔한테 전화하는 거야?
Are you calling him? The Leftovers 1_2

너 누구 만나는 사람 있니?
Are you seeing anyone? The Newsroom 3_1

숨 쉬기 힘들어요?
Are you having trouble breathing? The Newsroom 1_3

> 원래 문장은 Are you having trouble while you are breathing?인데 while you are가 생략됐다. breathing이 현재분사 having을 수식하는 모양이 됐는데 실제로는 while 부사절이 현재분사형 형용사 having을 수식하는 것이다.

지금 이런 얘기로 날 놀리는 거야?
Are you kidding me with this story? The Newsroom 2_7

너 지금 날 피해서 숨은 거야?
Are you hiding from me? The Leftovers 2_7

see ~와 만나다, ~와 데이트하다 hide 숨다

🎬 The Leftovers 1_2 17:09

Tom　　Just stay in the car, ok? stay 그대로 있다
Christine　Is it him? Maybe this isn't the right place.
　　　　　He should be here by now. **Are you calling him?**
　　　　　right (어떤 상황에) 알맞은 by now 지금쯤, 이제

Tom　　No.

톰　　넌 그냥 차 안에 있어, 알았지?
크리스틴　그 사람이야? 여기가 아닌가 봐. 그 사람이 지금쯤 여기 도착할 때가 됐어.
　　　　　너 지금 그 사람한테 전화하는 거야?

톰　　아니야.

© HBO

특급패턴 068 너 취한 거야?

Are you+과거분사? 너 이미 ~해?

과거분사는 과거시제가 담긴 형용사로 '이미 처해 있는 상태'를 말합니다. 그래서 'Are you+과거분사?'는 상대가 현재 처해 있는 상황이나 상태를 물을 때 씁니다.

안에 들어가기 무서워서 그래?
Are you just scared to go in? Modern Family 1_16

너 취한 거야?
Are you drunk? Modern Family 1_22

너 다 끝났어?
Are you done? Beyond 1_8

너 놀랐어?
Are you surprised? The Leftovers 1_5

당신에게 그렇게 할 수 있는 권한이 있는 거야?
Are you authorized to do that? The Night of 1_5

drunk 술에 취한 authorized 권한을 부여받은

📺 **Modern Family 1_16** 08:24

Phil The truck goes in. It gets video. And then we get a preview of whatever's in there. How ingenious is that, huh?
get a preview of ~를 미리 확인하다 ingenious 기발한

Luke Are you just scared to go in?
stick one's head 머리를 내밀다 scream 비명을 지르다

필 이 트럭이 안으로 들어가는 거야. 이 트럭에 비디오가 달려 있어. 그래서 우리는 안에 뭐가 있는지 미리 확인하는 거야. 기발하지 않니?
루크 안으로 직접 들어가는 게 무서우세요?

굉장히 쾌활해 보이시네요.

You look+형용사 너 ~해 보여

You look…은 상대의 표정이나 외모, 감정에 대한 의견을 내는 패턴입니다. 상대에 대한 내 생각을 표현하는 말이기 때문에 상대의 기분이 상하지 않게 주의해야 합니다.

너 좀 피곤해 보여.
You look a little tired. Desperate Housewives 1_7

굉장히 쾌활해 보이시네요.
You look cheery. House M.D. 1_4

정말 멋있으시군요.
You look awesome. House of Lies 1_2

너 뭔가 감당하기 힘든 표정인데.
You look overwhelmed. Suits 2_10

그거 나보다 네가 더 잘 어울리네.
You look better in it than I do. Petty Little Liars 3_1

cheery 쾌활한 awesome 아주 좋은 overwhelmed 압도된

House of Lies 1_2 16:22

headhunter	So awesome to see you.
Jeannie	It's really awesome to see you too. **You look awesome.**
headhunter	You do.
Jeannie	I hear this food is actually really good and my hotel room is, it's pretty nice.

헤드헌터	이렇게 만나니 정말 기분 좋습니다.
지니	저도 정말 기분 좋아요. 참 멋있으세요.
헤드헌터	그쪽도 마찬가지예요.
지니	듣기로는 음식이 정말 맛있고 제 호텔 방도 아주 좋다고 하던데요.

© FREEFORM

넌 칭찬이 필요해.

You need+명사 넌 ~가 필요해

상대가 현재 반드시 필요로 하는 것을 말할 때 You need... 패턴을 씁니다. 이렇게 단호한 어감을 가진 패턴은 논리적으로 따져 확신이 들 때만 사용하는 것이 좋습니다.

너한테 더 나은 롤 모델이 필요해.
You need a better role model. The Flash 1_17

넌 칭찬이 필요해.
You need a compliment. The Flash 3_17

너는 누군가 새로운 사람이 필요해.
You need someone fresh. The Wire 2_5

넌 네가 얻을 수 있는 모든 도움이 필요한 상태야.
You need all the help you can get. Mr. Robot 1_6

도움이 필요하면 우리가 있으니 언제든 요청해.
If **you need** help, we'll be there. The Flash 3_3

role model 모범이 되는 사람 compliment 칭찬 fresh 신선한, 새로운

🎬 **The Wire 2_5** 50:29

drug dealer   You should tell your uncle that it's three times the usual fee, for each. times 배가 되는 fee 수수료
Nicky   We checked on those chemicals. We looked into that. I was worried, you know? Before I deliver, **I wanna know what you need it for.** look into ~를 조사하다 deliver 배달하다

삼촌에게 말씀 드려. 이건 평소 수수료보다 세 배나 된다고. 하나당 말이야.
우리가 그 화학 물질들을 확인해 봤어요. 조사해 봤다고요. 걱정되서요.
배달하기 전에, 당신은 그게 무엇 때문에 필요한 건지 알고 싶어요.

Practice 14 본문에 나온 예문을 무작위로 뽑아 연습문제를 만들었습니다. 한국어 해석을 보고 곧바로 영어로 말해 보세요. 곧장 입에서 나오는 것은 **Pass**, 오래 생각해야 하는 것은 **Repeat**, 아예 모르겠는 것은 **Fail**에 체크하고 다시 공부하세요.

Pass ___개   Repeat ___개   Fail ___개

01 너 취한 거야?

02 넌 네가 얻을 수 있는 모든 도움이 필요한 상태야.

03 너 진심이야?

04 그거 나보다 네가 더 잘 어울리네.

05 숨 쉬기 힘들어요?

06 너 뭔가 감당하기 힘든 표정인데.

07 너 정말 여기에 머물고 싶은 거야?

08 너는 누군가 새로운 사람이 필요해.

09 안에 들어가기 무서워서 그래?

10 질투 나요?

11 너 누구 만나는 사람 있니?

12 굉장히 쾌활해 보이시네요.

13 너한테 더 나은 롤 모델이 필요해.

14 너 지금 날 피해서 숨은 거야?

15 너 미쳤어?

16 정말 멋있으시군요.

17 너 다 끝났어?

18 넌 칭찬이 필요해.

19 지금 이런 얘기로 날 놀리는 거야?

20 너 놀랐어?

01 Are you drunk? 02 You need all the help you can get. 03 Are you serious? 04 You look better in it than I do. 05 Are you having trouble breathing? 06 You look overwhelmed. 07 Are you sure you wanna stay here? 08 You need someone fresh. 09 Are you just scared to go in? 10 Are you jealous? 11 Are you seeing anyone? 12 You look cheery. 13 You need a better role model. 14 Are you hiding from me? 15 Are you insane? 16 You look awesome. 17 Are you done? 18 You need a compliment. 19 Are you kidding me with this story? 20 Are you surprised?

BEHIND 미국 수사 기관

다 같은 경찰이 아니라고?!

미드를 보는 사람이면 한 번쯤은 '범죄 수사물 정말 많다'는 생각을 한 적이 있을 겁니다. 셀 수 없을 만큼 많은 수사물 드라마가 있기 때문이죠. 범죄를 수사하는 전담팀의 성격, 수사 방법, 수사 지역에 따라 시리즈가 갈리기도 합니다. FBI나 CIA는 자주 들어서 익숙하죠? 이 둘 말고도 미드에 등장하는 수사기관과 협조기관은 아주 많습니다. 알아두면 미드 시청에 작은 즐거움이 더해지는 미국의 수사 기관을 소개합니다.

▶ 미국의 수사 기관 명칭

FBI(Federal Bureau of Investigation) 미국 연방수사국
CIA(Central Intelligence Agency) 미국 중앙정보국
CSI(Crime Scene Investigation) 과학수사대
NCIS(Naval Criminal Investigative Service) 해군 범죄수사국
U.S. Marshal 미국 연방보안관
NYPD(New York City Police Department) 뉴욕 경찰
SWAT(Special Weapons And Tactics) FBI의 특수공격대, 특별기동대
SEAL Team(Sea, Air, Land의 약자) 미 해군 특수부대원

▶ 미국의 협조 기관 명칭

NTSB(National Transportation Safety Board) 국가교통안전국
IBIS(Integrated Ballistics Identification System) 통합탄도식별시스템
DMV(Department of Motor Vehicles) 차량관리국
SART(Sexual Assault Response Team) 성폭행 대응팀
DEA(Drug Enforcement Administration) 마약단속국
CODIS(Combined DNA Index System) 미국 FBI의 유전자정보은행

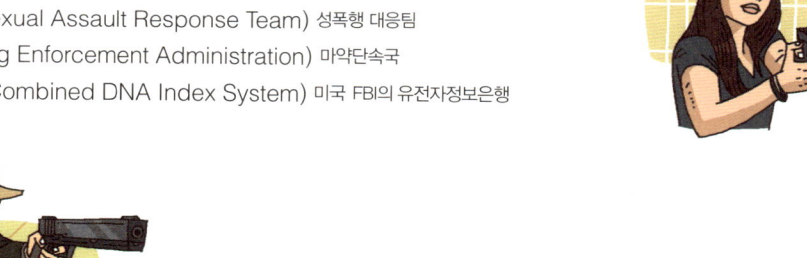

알아 두면 어딘가는
도움 되는 미드 방송 관련 표현

미드 애청자라면 한번쯤은 들어 본 방송 용어를 살짝 알아 봅시다. 몇 개의 정해진 에피소드로 방송되는 텔레비전 쇼는 영어로 미니시리즈(miniseries)나 시리얼(serial), 또는 시리즈(series)라고 합니다. 텔레비전 시리즈는 미국과 캐나다의 경우 주로 시즌(season)으로 나눕니다. 반면에 영국은 시리즈(series)라고 지칭합니다. 한 시즌의 에피소드 개수는 고정되어 있지 않고 드라마에 따라 다릅니다. 1년마다, 또는 6개월마다 새로운 시즌이 완성되지요. 이 사이의 기간을 휴방기라고 하는데, 휴방기를 지나 주로 연초나 가을에 새로운 시즌이 시작됩니다. 미국에서는 시즌이 길게 이어지는 드라마를 선호하는 편입니다. 보통 1년에 한 번, 많게는 두 번 정도 방영되기 때문에 시즌이 열 번 정도 이어진 드라마는 거의 10년 정도를 방영했다고 볼 수 있습니다. 이런 경우는 드라마 속 캐릭터가 시청자와 함께 성장하고, 나이를 먹기도 합니다.

모든 TV 드라마들은 파일럿(pilot)을 만들어 정식 방송 여부를 확인 받게 됩니다. 테스트 방송이라고 볼 수 있지요. 여기서 시리즈로 확장되지 못 하고 탈락되는 경우를 캔슬(cancel)이라고 합니다. 정식으로는 canceled television series라고 합니다. 또한 몇 시즌을 이어서 방송하다가 제작이 중단된 드라마 역시 canceled television series라고 말합니다. 1시즌이 방영된 드라마가 2시즌을 승인받았을 때는 '다음 시즌을 주문하다'라는 의미에서 reorder라는 표현을 씁니다. reorder는 '재주문하다', '추가 주문하다'라는 뜻의 동사예요.

* 〈미드 한 컷〉에 표기된 시간은 독자의 편의를 위한 것으로 스트리밍 사이트나 동영상 설정 등에 따라 약간 차이가 날 수 있습니다. 미드 대사 또한 책에 맞게 조금씩 각색된 부분이 있습니다.

SEASON 2

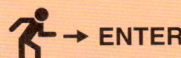
→ ENTER

We were on a break! -Friends

Episode 15

071 넌 나하고 같이 가야 돼.
You need to+동사원형   넌 ~해야 돼

072 뭔가 다른 방법을 시도해 봐.
You should+동사원형   너 ~해

073 뒷문을 이용하는 게 좋을 거야.
You'd better+동사원형   너 ~하는 게 좋을 거야

074 네 살아온 이야기를 해 봐.
tell me+절/명사   나한테 ~를 말해 줘

075 커피 한잔할래?
Do you want+명사?   너 ~를 원하니?

넌 나하고 같이 가야 돼.

You need to+동사원형 넌 ~해야 돼

미래의 의미를 갖고 있는 to부정사는 need와 함께 쓰면 '앞으로~해야 한다'라는 뜻이 됩니다. 즉, You need to…는 상대방에게 어떤 일을 앞으로 해야 한다는 것을 알리는 패턴입니다.

넌 반드시 진실을 말해야 돼.
You need to tell the truth. Gossip Girl 1_12

넌 빨리 그렇게 해야 돼.
You need to do so quickly. Boston Legal 1_7

넌 나하고 같이 가야 돼.
You need to come with me. The Flash 1_15

산길이 추워지기 전에 네가 서둘러야겠다.
You need to hurry before the trail gets cold.
The Newsroom 2_8

너희 몇 명은 교육을 좀 받아야겠다.
Some of you need to be schooled. The Newsroom 2_3

quickly 빨리 figure out ~를 알아내다
warm oneself up 준비운동을 하다, 몸을 따뜻하게 하다

📺 **Boston Legal 1_7** 19:04

Alan Denny, I have an emergency of my own now. A client has been attacked. I need to get going, so you have to tell me what has happened, and **you need to do so quickly.** Denny, please. emergency 비상사태; 급한 일 client 의뢰인 attack 폭행하다

앨런 데니, 지금 나한테 정말 급한 일이 생겼어요. 고객이 폭행을 당했어요. 제가 가 봐야 돼요. 그러니 무슨 일이 있었는지 저한테 말해 주세요. 빨리 말해 주셔야 된다고요. 데니, 제발.

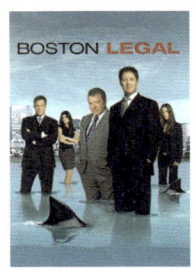

© abc

뭔가 다른 방법을 시도해 봐.

You should+동사원형 너 ~해

상대에게 어떤 행동을 권할 때, 또는 상대가 어떤 행위를 하기를 기대할 때는 You should…으로 말문을 열어보세요. 참고로 should가 들어갔다고 해서 무조건 '~를 해야만 하다'로 해석되는 건 아닙니다.

너 이거 끝까지 밀어붙여.
You should hold on to this. Arrow 1_10

넌 지금 가서 그녀를 만나야 돼.
You should go see her. Grey's Anatomy 11_2

뭔가 다른 방법을 시도해 봐.
You should try something else. The Leftovers 2_3

그에게 적어도 기회를 한번은 줘야 해요.
You should at least give him a shot. Friday Night Lights 3_9

앞으로 어떤 일이 발생할 수 있는지 분명히 알아 두셔야 됩니다.
You should know what could happen. Scandal 1_1

hold on to ~를 고수하다 at least 최소한 shot 시도, 기회

Scandal 1_1 20:42

Olivia My name is Olivia Pope. And I want to be clear I'm not here on any official capacity. I'm only here to warn you, because **you should know what could happen.** It could become hard for you to find employment, your face would be everywhere. official capacity 공식적인 자격 employment 직장;고용 associate 연상하다

올리비아 저는 올리비아 포프라고 합니다. 먼저 제가 공식적인 자격으로 여기 온 것은 아니라는 것을 확실히 해 두겠습니다. 그저 충고를 드리고자 온 겁니다. 앞으로 어떤 일이 발생할 수 있는지 당신도 아셔야 됩니다. 앞으로 직장을 구하기가 어려워질 수도 있을 겁니다. 당신 얼굴이 사방팔방에 알려질 것이기 때문입니다.

© abc

특급패턴 073
뒷문을 이용하는 게 좋을 거야.

You'd better+동사원형 너 ~하는 게 좋을 거야

You'd는 You had의 줄임말입니다. 구어체에서는 had를 생략하고 You better라고 하는 경우도 있습니다. 하지만 글을 쓸 때는 절대 생략해서는 안 됩니다. 이 패턴은 충고의 느낌이 강하기 때문에 상대를 가려서 사용하세요.

뒷문을 이용하는 게 좋을 거야.
You'd better use the back door. Scandal 1_2

지금 사무실로 내려오셔야겠어요.
You'd better come down to the office. Scandal 1_4

넌 입을 열고 말을 하는 게 좋을 거야.
You had better open your mouth and talk. The O.C. 1_18

잘 생각해 봐.
You better figure it out. The O.C. 1_6

넌 카메오가 나타나지 않기를 바라는 게 좋을 듯 해.
You better hope that Cameo doesn't show up.
The O.C. 1_14

show up 나타나다

Scandal 1_4 02:13

Olivia	What?
Quinn	**You'd better come down to the office.** There's an army here. army 군대
Olivia	An army of what? Reporters? Lawyers?
Quinn	An actual army.

올리비아	뭐예요?
퀸	사무실로 지금 내려오셔야겠어요. 군대가 들이닥쳤어요.
올리비아	무슨 군대요? 기자들? 변호사들?
퀸	진짜 군대 말이에요.

네 살아온 이야기를 해 봐.

tell me+절/명사 나한테 ~를 말해 줘

tell me는 상대에게 말을 하라는 명령, 또는 강한 부탁의 뉘앙스를 담은 표현입니다. 여기서 동사 tell은 서로 '대화하다'가 아니고 '말을 전하다'라는 의미입니다.

그가 정확히 어떤 단어를 썼는지 말해 봐.
Tell me exactly how he worded it. Sex and the City 1_4

네 살아온 이야기를 해 봐.
Tell me your life story. 10 Things I Hate About You 1_1

뭐가 잘못된 건지 나한테 얘기하면, 고치는 방법을 말해 줄게.
You **tell me** what's wrong, I'll tell you how to fix it.
Grey's Anatomy 2_20

난 네가 나한테는 진실을 말했으면 좋겠어.
I want you to **tell me** the truth. 10 Things I Hate About You 1_6

나한테 달리 하고 싶은 말 있어?
Is there anything else you want to **tell me**?
The Night of 1_5

exactly 정확히 word 특정한 단어를 쓰다
how to 동사원형 ~하는 방법 fix 수리하다; 바로잡다

🎬 **Sex and the City 1_4** 12:03

Carrie   Okay, words are essential.
          Tell me exactly how he worded it.
Charlotte   We've been seeing each other for a couple of weeks.
          I really like you. And tomorrow night after dinner
          I want us to have...

캐리   자, 단어가 중요한 거야. 그가 너에게 어떤 단어를 썼는지 정확히 얘기해 봐.
샬럿   우리가 데이트를 한 것도 벌써 몇 주가 됐네요. 난 당신을 정말 좋아해요.
      그러니 내일 밤 저녁을 먹고 난 우리가... 했으면 좋겠어요.

커피 한잔할래?

Do you want+명사? 너 ~를 원하니?

Do you want...?는 동사 want를 써서 상대가 어떤 것을 원하는지 가볍게 질문하는 패턴입니다. 상대방에게 선택권을 주는 뉘앙스의 패턴이지요.

아침 먹을래?
Do you want some breakfast? 13 Reasons Why 1_1

탄산음료 같은 거 마실래?
Do you want a soda or something? 13 Reasons Why 1_4

빵 더 먹을래?
Do you want some more bread? Big Little Lies 1_6

커피 한잔할래?
Do you want a coffee? The Americans 1_10

한 잔 더 할래?
Do you want another drink? About a Boy 1_7

soda 탄산음료 drink 술 한 잔

Big Little Lies 1_6 39:53

Bonnie	Madeline, **do you want some more bread?**
Madeline	Mm, yes, please. It's so yummy. yummy 아주 맛있는
Bonnie	Thank you.

보니	매들린, 빵 더 줄까요?
매들린	음, 그래요. 정말 맛있네요.
보니	고마워요.

133

Practice 15

본문에 나온 예문을 무작위로 뽑아 연습문제를 만들었습니다. 한국어 해석을 보고 곧바로 영어로 말해 보세요. 곧장 입에서 나오는 것은 **Pass**, 오래 생각해야 하는 것은 **Repeat**, 아예 모르겠는 것은 **Fail**에 체크하고 다시 공부하세요.

Pass ___ 개   Repeat ___ 개   Fail ___ 개

01 탄산음료 같은 거 마실래?

02 넌 입을 열고 말을 하는 게 좋을 거야.

03 뭐가 잘못된 건지 나한테 얘기하면, 고치는 방법을 말해 줄게.

04 커피 한잔할래?

05 넌 지금 가서 그녀를 만나야 돼.

06 넌 빨리 그렇게 해야 돼.

07 잘 생각해 봐.

08 그가 정확히 어떤 단어를 썼는지 말해 봐.

09 아침 먹을래?

10 너 이거 끝까지 밀어붙여.

11 넌 반드시 진실을 말해야 돼.

12 지금 사무실로 내려오셔야겠어요.

13 네 살아온 이야기를 해 봐.

14 난 네가 나한테는 진실을 말했으면 좋겠어.

15 넌 나하고 같이 가야 돼.

16 그에게 적어도 기회를 한번은 줘야 해요.

17 뭔가 다른 방법을 시도해 봐.

18 너희 몇 명은 교육을 좀 받아야겠다.

19 넌 카메오가 나타나지 않기를 바라는 게 좋을 듯 해.

20 빵 더 먹을래?

---

01 Do you want a soda or something? **02** You had better open your mouth and talk. **03** You tell me what's wrong, I'll tell you how to fix it. **04** Do you want a coffee? **05** You should go see her. **06** You need to do so quickly. **07** You better figure it out. **08** Tell me exactly how he worded it. **09** Do you want some breakfast? **10** You should hold on to this. **11** You need to tell the truth. **12** You'd better come down to the office. **13** Tell me your life story. **14** I want you to tell me the truth. **15** You need to come with me. **16** You should at least give him a shot. **17** You should try something else. **18** Some of you need to be schooled. **19** You better hope that Cameo doesn't show up. **20** Do you want some more bread?

Winter is coming. -Game of Thrones

Episode 16

076 너도 같이 갈래?
You want to+동사원형? 너 ~할래?

077 내가 너랑 같이 갔으면 해?
Do you want me to+동사원형? 내가 ~할까?

078 제가 아주 사적인 질문을 해도 괜찮을까요?
Do you mind if+절? ~를 해도 괜찮을까요?

079 넌 그 여자를 전혀 모르잖아.
You don't+동사원형 너 ~하지 않잖아

080 넌 놀라운 후각을 가지고 있구나.
You have+명사 넌 ~를 가지고 있어

특급패턴 076 너도 같이 갈래?

You want to+동사원형? 너 ~할래?

의문문으로 물어 보기 쉽지 않지요? 그럴 땐 일반 문장의 끝을 올려 말하면 평서문 형태의 의문문이 됩니다. 평서문형 의문문은 주로 상대에게 내용을 확인하는 경우에 쓰세요.

너도 같이 갈래?
You want to join? 13 Reasons Why 1_3

나한테 뭐 하고 싶은 말 있어?
You want to say something to me? The Flash 2_11

네가 알고 싶은 건 그게 전부야?
That's all **you want to** know? The Flash 2_11

안으로 들어오시겠어요?
Would **you want to** come inside? 13 Reasons Why 1_4

너 혼자 있고 싶니?
Do **you want to** be alone? Hannibal 1_5

join 함께 하다

The Flash 2_11 12:09

mom: **You want to say something to me?** You need to say it while you can.
Iris: I have so many great memories from when I grew up. Now when I think about those memories, I can only wonder what it would have been like if you and Wally would have been there. grow up 성장하다

엄마: 나한테 무슨 말을 하고 싶니? 할 수 있을 때 해야 된다.
아이리스: 전 어린 시절 정말 좋은 기억이 많아요. 지금 그때를 돌이켜 보면 딱 한 가지 궁금한 게 있어요. 엄마와 월리가 그때 함께 있었으면 어땠을까 하는 거요.

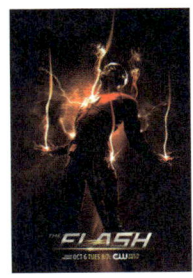

© CW

내가 너랑 같이 갔으면 해?

Do you want me to+동사원형? 내가 ~할까?

이 패턴은 상대에게 확실한 의도를 물을 때, 그리고 상대가 말하지 않아도 상대를 위해서 내가 뭔가 해주고 싶을 때 쓸 수 있습니다. 어느 경우든 '넌 내가 ~하기를 원하니?'라는 뜻으로 상대방의 생각을 확인하는 패턴이기 때문에 대화를 부드럽게 만들어 줍니다.

내가 그걸 대답하길 바라?
Do you want me to answer that? Brothers and Sisters 1_6

너 내가 너랑 같이 갔으면 해?
Do you want me to come with you? Doctor Who 1_7

제가 받아 적을까요?
Do you want me to write it down? Crashing 1_1

너 커피 한 잔 줄까?
Do you want me to get you a cup of coffee?
Hannibal 1_3

너 병원에 입원시켜 줄까?
Do you want me to admit you to the hospital?
ER 1_14

admit (병원·시설 등에) 입원시키다

📺 ER 1_14 18:03

doctor There's not a lot more than the ER can do to help you.
Do you want me to admit you to the hospital?
patient Can I go back to the hospice? hospice 호스피스(말기 환자용 병원)
doctor Yes, you can, but they're gonna need to bring you back here for a higher dosage. dosage 투여량, 복용량

의사 응급실에서 할 수 있는 것 이상은 없네요. 병원에 입원시켜 드릴까요?
환자 호스피스로 돌아갈 수도 있나요?
의사 그렇긴 하지만 약의 투여량을 더 높이기 위해서 다시 여기로 오시게 될 겁니다.

특급패턴 078 제가 아주 사적인 질문을 해도 괜찮을까요?

Do you mind if+절? ~를 해도 괜찮을까요?

'꺼리다'를 뜻하는 mind에 조건을 뜻하는 if절이 붙어서 '만약 ~하면 당신이 언짢을까요?'라고 정중하게 묻는 패턴입니다. Do 대신 Would를 쓰면 더욱 정중한 느낌을 줄 수 있지요.

뭐 때문인지 여쭤봐도 될까요?
Do you mind if I ask with what? Suits 2_4

이 얘기는 안에 들어가서 해도 괜찮을까요?
Do you mind if we discuss this inside?
Desperate Housewives 1_6

제가 눈을 좀 붙여도 될까요?
Do you mind if I crash? Lost Girl 1_11

불만 사항 몇 가지를 제가 좀 읽어 봐도 될까요?
Would you mind if I read some of the complaints? Dear White People 1_1

제가 아주 사적인 질문을 해도 괜찮을까요?
Would you mind if I ask you some incredibly personal questions? Lost Girl 1_1

crash (몹시 피곤해서) 급히 잠을 자다 complaint 불평, 항의
incredibly 엄청나게 personal 개인적인

 Desperate Housewives 1_6 26:46

Rex Bree, what are you doing here?
Bree It's a little chilly out here. **Do you mind if we discuss this inside?**
chilly 추운
Rex Come on in.

렉스 브리, 여긴 무슨 일이에요?
브리 밖이 좀 쌀쌀하네요. 얘기는 안에 들어가서 해도 괜찮을까요?
렉스 들어와요.

© abc

특급패턴 079

넌 그 여자를 전혀 모르잖아.

You don't+동사원형 너 ~하지 않잖아

상대방의 행동이나 지금 상태에 대해 부정할 때 You don't... 패턴을 씁니다. 이 패턴에는 단정적이고 결정적인 뉘앙스가 담겨 있습니다.

넌 그 여자를 전혀 모르잖아.
You don't know her at all. Big Little Lies 1_2

넌 선택의 여지가 없어.
You don't have a choice. Westworld 1_6

넌 그들을 존중하며 대하지 않아.
You don't treat them with respect. The Big Bang Theory 2_12

당신은 협상을 좋아하지 않는군.
You don't like negotiating. Mad Men 2_5

내 생각에 당신은 아마 그 사실이 기억나지 않을 것 같아요.
I'm guessing **you don't** remember that. Lost 4_5

at all 전혀 treat 대하다 respect 존경, 존중 negotiate 협상하다

📺 Lost 4_5 16:02

Daniel   Desmond, my name is Daniel Faraday. We met yesterday before you took off, but **I'm guessing you don't remember that**. take off 출발하다; 이륙하다

Desmond   Took off what?

Daniel   We don't have long to talk, so I need you to tell me what year you think it is.

다니엘   데즈먼드, 제 이름은 다니엘 패러데이입니다. 우린 어제 당신이 출발하기 전에 만났어요. 하지만 당신은 아마 기억을 못할 수도 있습니다.

데즈먼드   뭘 출발해요?

다니엘   길게 얘기할 수는 없고, 지금이 몇 년이라고 생각하는지만 말씀해 주세요.

© abc

넌 놀라운 후각을 가지고 있구나.

You have+명사 넌 ~를 가지고 있어

have가 나오면 무조건 사물을 가지고 있다고 생각하기 쉬운데요, 사실은 상황과 억양, 감정에 따라서 상대방에 대한 칭찬, 꾸중, 당연함, 부러움 등까지 나타낼 수 있는 단어입니다.

너 그 여자 좋아하잖아.
You have feelings for her. Boston Legal 1_13

넌 놀라운 후각을 가지고 있구나.
You have a remarkable sense of smell. Lost Girl 3_4

흠잡을 데 없는 경력을 가지고 계시네요.
You have a clean slate. Gossip Girl 3_1

네가 속상한 건 아주 당연한 거야.
You have every right to be upset.
Gossip Girl 3_2

넌 밑져야 본전이잖아.
You have nothing to lose. Gossip Girl 1_2

every에는 '충분한'이란 뜻이 있어서 have every right to라고 하면 '~를 할 충분한 권리를 가지고 있다' 즉, '~를 하는 건 아주 당연하다'라는 말이다.

넌 그를 당연히 거절할 수 있어.
You have every right to say no to him.

have feelings for ~를 좋아하다 remarkable 놀라운 sense of smell 후각 clean slate 깨끗한 경력

Gossip Girl 1_2 05:26

Dan You only get one shot with a girl like Serena. I got mine, and I blew it. shot 시도, 기회 blow 날리다
Jenny Which means you have nothing to lose.
Dan No, nothing except my last shred of dignity. shred 조각 dignity 자존감; 존엄성
Jenny Oh, no. I think that's gone.

댄 세레나 같은 여자는 딱 한 번의 기회만 있을 뿐이야.
    나한테 그 기회가 있었지만, 날려버렸지.
제니 결국 오빠는 이젠 잃을 게 하나도 없다는 거네.
댄 없지, 마지막 남은 한 조각의 자존감 말고는 없어.
제니 저런. 내 생각엔 그것마저 사라진 것 같은데.

© CW

Practice 16

본문에 나온 예문을 무작위로 뽑아 연습문제를 만들었습니다. 한국어 해석을 보고 곧바로 영어로 말해 보세요. 곧장 입에서 나오는 것은 **Pass**, 오래 생각해야 하는 것은 **Repeat**, 아예 모르겠는 것은 **Fail**에 체크하고 다시 공부하세요.

Pass ___ 개   Repeat ___ 개   Fail ___ 개

01 너 내가 너랑 같이 갔으면 해?

02 당신은 협상을 좋아하지 않는군.

03 너도 같이 갈래?

04 넌 놀라운 후각을 가지고 있구나.

05 너 병원에 입원시켜 줄까?

06 나한테 뭐 하고 싶은 말 있어?

07 제가 받아 적을까요?

08 넌 그 여자를 전혀 모르잖아.

09 뭐 때문인지 여쭤봐도 될까요?

10 네가 알고 싶은 건 그게 전부야?

11 너 그 여자 좋아하잖아.

12 불만 사항 몇 가지를 제가 좀 읽어 봐도 될까요?

13 넌 그들을 존중하며 대하지 않아.

14 너 커피 한 잔 줄까?

15 이 얘기는 안에 들어가서 해도 괜찮을까요?

16 안으로 들어오시겠어요?

17 흠잡을 데 없는 경력을 가지고 계시네요.

18 넌 선택의 여지가 없어.

19 제가 눈을 좀 붙여도 될까요?

20 네가 속상한 건 아주 당연한 거야.

---

01 Do you want me to come with you? **02** You don't like negotiating. **03** You want to join? **04** You have a remarkable sense of smell. **05** Do you want me to admit you to the hospital? **06** You want to say something to me? **07** Do you want me to write it down? **08** You don't know her at all. **09** Do you mind if I ask with what? **10** That's all you want to know? **11** You have feelings for her. **12** Would you mind if I read some of the complaints? **13** You don't treat them with respect. **14** Do you want me to get you a cup of coffee? **15** Do you mind if we discuss this inside? **16** Would you want to come inside? **17** You have a clean slate. **18** You don't have a choice. **19** Do you mind if I crash? **20** You have every right to be upset.

Winter is coming. -Game of Thrones

Episode 17

081 그녀에게 중요한 게 뭔지 네가 알아내야 돼.
You have to+동사원형　넌 ~해야 돼

082 네가 직접 할 필요는 없어.
You don't have to+동사원형　넌 ~하지 않아도 돼

083 그거 입어 봤니?
Have you+과거분사?　너 ~했어?

084 나 요리하는 것 좀 도와줘.
You can+동사원형　너 ~해도 돼

085 네가 그 사람한테 화내면 안 되지.
You can't+동사원형　너 ~하면 안 돼

특급패턴 081 그녀에게 중요한 게 뭔지 네가 알아내야 돼.

You have to+동사원형 넌 ~해야 돼

have to(~해야만 한다)는 익숙한 표현이죠? to부정사는 미래를 뜻하므로 have to…는 '미래에 ~할 일을 지금 가지고 있다'라고 직역할 수 있습니다. 당사자의 의지와는 무관하게 앞으로 뭔가를 해야만 한다는 의미가 있는 것이죠.

너 내 말 잘 들어야 돼.
You have to listen to me. Arrow 1_4

넌 우리를 믿어야 돼.
You have to trust us. Lost Girl 5_4

그녀에게 중요한 게 뭔지 네가 알아내야 돼.
You have to figure out what's a big deal to her.
Arrow 1_6

물건을 내 가방 안에 넣을 때 네가 정말 조심해야 돼.
You have to be careful about just putting things in my bag. Mad Men 2_1

넌 네가 해야 할 일을 해.
You do what **you have to** do. Lost Girl 3_4

big deal 큰 거래; 중요한 것 put in ~에 넣다

 Lost Girl 5_4 17:46

Bo We can help you. But **you have to trust us.** No more lies.
Mark I just kind of moved around from city to city. Trying to find some honest work, but I guess I'm not that reliable.
reliable 믿을 수 있는

보 우리가 널 도와줄 수 있어. 하지만 네가 우릴 믿어야 돼. 더 이상 거짓말은 안돼.
마크 저는 이 도시에서 저 도시로 옮겨 다녔어요. 정상적인 일을 찾아서 말이죠. 하지만 제가 그 정도로 미덥지는 않은가 봐요.

특급패턴 082
네가 직접 할 필요는 없어.
You don't have to+동사원형 넌 ~하지 않아도 돼

don't have to는 have to(~해야 한다)의 부정형이지만 '~해서는 안 된다'는 뜻이 아니란 것 알고 계시죠? '~할 필요가 없다'라는 뜻으로 생각하세요.

네가 직접 할 필요는 없어.
You don't have to do it yourself. Arrow 2_1

나한테 아무 것도 말할 필요 없어.
You don't have to tell me anything. Mad Men 2_9

네가 이렇게 살 필요는 없는 거잖아.
You don't have to live like this. The Big Bang Theory 1_2

그 가발은 쓰지 않아도 돼.
You don't have to wear that wig. The Big Bang Theory 4_11

너는 손가락 하나 까딱하지 않아도 돼.
You don't have to lift a finger. Breaking Bad 3_12

wig 가발 lift 들어 올리다

 Arrow 2_1 24:15

mom	Do not trust that woman, Oliver. She is dangerous.
Oliver	Well, mom, everywhere I look, there are no good options. I don't know what to do.
mom	**You don't have to do it yourself.** This is a family business.

엄마 | 올리버, 그 여자를 믿지 말아라. 위험한 여자야.
올리버 | 엄마, 어디를 봐도, 좋은 선택이 없어요. 전 어떻게 해야 할지 모르겠어요.
엄마 | 네가 그 일을 직접 나서서 할 필요 없어. 이건 집안일이잖니.

그거 입어 봤니?
Have you+과거분사? 너 ~했어?

현재완료로 과거의 일을 묻는 패턴입니다. 과거의 시점이 정확하지 않을 때 사용하지요. 시점이 정확할 때는 과거시제를 씁니다. 현재완료의 대표적인 의미인 '경험'이나 '결과'를 예문에서 확인하세요.

너 지금 충분히 생각해 보고 이러는 거야?
Have you thought this through? Lost Girl 1_2

너 폭력 범죄를 직접 목격한 적이 있는 거야?
Have you ever witnessed a violent crime?
The Big Bang Theory 2_9

심지어 잠까지 잤다는 거야?
Have you even slept? Breaking Bad 3_10

배부르게 먹었어?
Have you had enough? Breaking Bad 5_2

너 그거 입어 봤어?
Have you tried it on? Lost 3_6

think through 충분히 생각하다 witness 목격하다 violent crime 폭력적인 범죄
even 심지어 ~하기까지 try on 입어 보다

📺 **Breaking Bad 3_10** 15:20

Jesse Were you here all night? **Have you even slept?**
Walter Jesse, look. I'm fine. Okay. Will you just please focus? We're running late, so let's just get started. Shall we? The sooner we do it, the sooner we're done.
focus 집중하다 get started 어떤 것을 시작하다 soon 빨리

제시 밤새 여기에 계셨어요? 심지어 잠까지 주무신 거예요?
월터 제시, 이봐. 난 괜찮아. 자, 지금은 집중해 줄래? 이러다 정말 늦겠어. 어서 시작하자. 알았지? 우리가 서두르면 서두를수록 일이 빨리 끝나는 거야.

나 요리하는 것 좀 도와줘.

You can+동사원형 너 ~해도 돼

can을 써서 상대에게 뭔가를 해도 좋다는 '허락'이나 '가능성'의 의미를 전하는 패턴입니다. 물론 상황에 따라서는 상대의 '능력'을 말해 주기도 합니다.

넌 당장이라도 그 모든 걸 다 바꿀 수 있어.
You can change all of that in an instant. Billions 1_3

나 요리하는 것 좀 도와줘.
You can help me cook. Breaking Bad 3_11

그것에 대해서는 그녀에게 물어보면 돼.
You can ask her about it. Brothers and Sisters 2_2

그거야 네가 부르고 싶은 대로 부르면 되지.
You can call it what you want. Billions 1_2

네가 원하면 나한테 다 말해도 돼.
You can tell me if you want. Breaking Bad 3_11

in an instant 곧, 당장

📺 **Breaking Bad 3_11** 32:00

| Jesse | Look, I was out of line talking about that stuff.
| Brock | We both were.
| Jesse | You're right. I don't know what you've been through.
You can tell me if you want.

| 제시 | 있지... 내가 아까 그 얘기를 한 건 주제넘었어.
| 브록 | 우리 둘 다 그랬어.
| 제시 | 당신 말이 맞아. 난 당신이 그동안 어떻게 살아 왔는지도 몰라.
당신이 괜찮다면 나한테 말해도 돼.

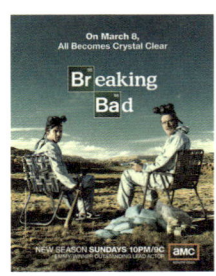

© AMC

특급패턴 085

네가 그 사람한테 화내면 안 되지.

You can't+동사원형 너 ~하면 안 돼

상대가 어떤 행위를 해서는 안 된다는 '통제', '경고', '거절' 등의 의미를 전하는 패턴입니다. can't 대신에 cannot을 쓰면 더 강한 어조의 부정이 됩니다. 축약하면 그 의미가 약해지거든요.

그건 항상 네 뜻대로 할 수 있는 게 아니야.
You can't always control it. Grey's Anatomy 11_1

당신이 이러면 안 되지.
You can't do this. Brothers and Sisters 2_2

네가 그 사람한테 화내면 안 되지.
You can't be mad at him. Brothers and Sisters 1_6

당신이 돈을 지불하지 않으면 전 더 이상 이 일을 할 수 없습니다.
If **you can't** pay me, I can't do this anymore.
The Leftovers 1_3

넌 이 일에서 벗어날 수 없어.
You cannot get out of this. Brothers and Sisters 1_6

be mad at ~에게 화를 내다 get out of 회피하다

Brothers and Sisters 1_6 12:54

Sarah Oh, Saul. You have to sit with Mom tomorrow night. You're the only person who can handle her at this thing. handle 다루다
Saul Well, I won't be…
Sarah Oh, no. **You cannot get out of this**, OK? It is your brotherly duty. brotherly 형제의 duty 의무

사라 아, 사울. 삼촌이 내일 밤 엄마와 동석해야 돼요. 삼촌이 이번 일에서 엄마를 다룰 수 있는 유일한 사람이에요.
사울 그게, 나는 안 될…
사라 아, 안 돼요. 삼촌은 이 일에서 빠져나갈 수 없어요. 아셨죠? 이건 오빠로서의 의무예요.

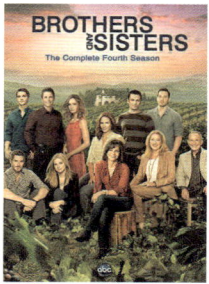
© abc

Practice 17

본문에 나온 예문을 무작위로 뽑아 연습문제를 만들었습니다. 한국어 해석을 보고 곧바로 영어로 말해 보세요. 곧장 입에서 나오는 것은 **Pass**, 오래 생각해야 하는 것은 **Repeat**, 아예 모르겠는 것은 **Fail**에 체크하고 다시 공부하세요.

Pass ___ 개   Repeat ___ 개   Fail ___ 개

01 배부르게 먹었어?

02 그거야 네가 부르고 싶은 대로 부르면 되지.

03 당신이 이러면 안 되지.

04 넌 네가 해야 할 일을 해.

05 지금 충분히 생각해 보고 이러는 거야?

06 네가 이렇게 살 필요는 없는 거잖아.

07 넌 당장이라도 그 모든 걸 다 바꿀 수 있어.

08 넌 당연히 우리를 믿어야 돼.

09 네가 그 사람한테 화내면 안 되지.

10 너 폭력 범죄를 직접 목격한 적이 있는 거야?

11 너 내 말 잘 들어야 돼.

12 네가 직접 할 필요는 없어.

13 당신이 돈을 지불하지 않으면 전 더 이상 이 일을 할 수 없습니다.

14 그녀에게 중요한 게 뭔지 네가 알아내야 돼.

15 나 요리하는 것 좀 도와줘.

16 나한테 아무 것도 말할 필요 없어.

17 그 가발은 쓰지 않아도 돼.

18 심지어 잠까지 잤다는 거야?

19 그것에 대해서는 그녀에게 물어보면 돼.

20 넌 이 일에서 벗어날 수 없어.

---

01 Have you had enough? **02** You can call it what you want. **03** You can't do this. **04** You do what you have to do. **05** Have you thought this through? **06** You don't have to live like this. **07** You can change all of that in an instant. **08** You have to trust us. **09** You can't be mad at him. **10** Have you ever witnessed a violent crime? **11** You have to listen to me. **12** You don't have to do it yourself. **13** If you can't pay me, I can't do this anymore. **14** You have to figure out what's a big deal to her. **15** You can help me cook. **16** You don't have to tell me anything. **17** You don't have to wear that wig. **18** Have you even slept? **19** You can ask her about it. **20** You cannot get out of this.

Winter is coming -Game of Thrones

Episode 18

086 조금만 더 숨어 있을 수 있겠어?
Can you+동사원형? 네가 ~해 줄래?

087 넌 체포될 거야.
You'll+동사원형 넌 ~할 거야

088 나하고 한잔할래?
Will you+동사원형? 너 ~할래?

089 다시 안으로 들어오시겠어요?
Would you+동사원형? ~하시겠어요?

090 그는 낙오자에 위선자야.
He's/She's+명사 그/그녀는 ~야

조금만 더 숨어 있을 수 있겠어?

Can you+동사원형? 네가 ~해 줄래?

상대에게 어떤 행위를 부탁하거나 그 행위를 할 수 있는 상태인지 가능성을 묻는 말입니다. 상대의 생각과 상태, 또는 의지를 묻는 말이기 때문에 나름 예의를 갖춘 표현이죠.

내 말 잘 들려?
Can you hear me distinctly? The Wire 1_13

조금만 더 숨어 있을 수 있겠어?
Can you stay hidden a little longer? The OA 1_2

와서 이것 좀 도와줄래요?
Can you come help me with this, please?
Friday Night Lights 1_2

뒤에서 소스를 좀 가져다줄래요?
Can you get me sauce from the back? Friday Night Lights 4_2

제가 이걸 테이프로 붙일 동안 이것 좀 들어 줄래요?
Can you hold this up for me while I tape this?
Friday Night Lights 1_2

distinctly 뚜렷하게 hide 숨다, 숨기다 hold up ~를 지탱하다 tape 테이프로 붙이다

 Friday Night Lights 1_2 03:58

Lyla **Can you come help me with this, please?** Just grab this side, please. Have you ever heard of Nathan Foreman?
doctor Uh, no.
Lyla Had a terrible spinal injury, kinda like yours.
terrible 끔찍한 spinal injury 척추 부상 kinda(=kind of) ~ 같은

라일라 와서 저 좀 도와줄래요? 이쪽을 잡아 주시면 돼요.
       네이슨 포맨에 대해서 얘기 들으셨어요?
의사   음, 아니요.
라일라 심각한 척추 부상을 입었대요. 선생님 환자처럼 말이죠.

넌 체포될 거야.

You'll + 동사원형 넌 ~할 거야

조동사 will을 어떻게 해석하느냐에 따라 '상대가 아마도 뭔가를 할 것이다', '상대가 의지를 갖고 확실히 뭔가를 할 것이다', '상대가 아마도 어떤 상태에 이를 것이다' 등으로 패턴의 뜻이 조금씩 다릅니다. 참고로 You will은 흔히 You'll로 줄여서 씁니다.

당신이 더 많은 것을 원한다면 집에 더 서둘러 와야 될 거예요.
You'll have to come home sooner if you want more. Big Little Lies 1_2

넌 체포될 거야.
You'll be arrested. 11.22.63 1_7

나한테 진실을 말하겠다고 약속하는 거야?
You promise **you'll** tell me the truth? Criminal Minds 2_11

내가 말하는 대로 하지 않으면 당신은 죽게 될 거예요.
Do exactly as I say or **you'll** die. Criminal Minds 1_20

저 여자가 방금 나한테 뭐라고 했는지 알아?
You will never believe what she just said to me.
Big Little Lies 1_2

arrest 체포하다

📺 Big Little Lies 1_2 45:48

Celeste Okay. That's enough, naughty boy. **You'll have to come home sooner if you want more.** naughty 외설적인
Perry Come closer. I love you.

셀레스트 자. 충분하니까 그만해, 외설적인 양반.
더 많은 것을 원한다면 집에 더 일찍 와야 될 거야.
페리 좀 더 가까이 와 봐. 사랑해.

나하고 한잔할래?

Will you+동사원형? 너 ~할래?

조동사 will에는 '혹시'라는 뉘앙스가 포함되어 있어서 '혹시 ~할래?'라며 부탁하는 느낌으로 해석하면 됩니다. 무작정 '부탁'이라고 외우는 것보다는 왜 '부탁'인지를 이해하는 것이 더 중요합니다.

한 수 부탁 드려도 될까요?
Will you teach me? Vikings 1_3

저 잠깐 실례해도 될까요?
Will you please excuse me? Westworld 1_2

나하고 한잔할래?
Will you drink with me? Vikings 1_4

이 서류 한 장만 복사해서 가져다줄래요?
Will you get me a copy of this document? The O.C. 2_4

부탁인데 그녀를 찾으면 바로 나한테 전화하라고 해 줄래?
Will you please have her call me as soon as you find her? Stranger Things 1_3

excuse 양해를 구하다 copy 복사하다

The O.C. 2_4 14:39

Julie   I think Mr. Herbert and I can take it from here, Kiki.
Will you get me a copy of this document?
I need it on my desk tout de suite. tout de suite 즉각
Kirsten   Julie, that's the lunch menu.

줄리   키키, 지금부터는 허버트 씨와 내가 이 문제에 대해서 얘기할게요.
이 서류 한 장만 복사해 줄래요? 난 지금 당장 내 책상에 그게 있었으면 해요.
키얼스틴   줄리, 그건 점심 메뉴판이에요.

특급패턴 089 다시 안으로 들어오시겠어요?

Would you+동사원형? ~하시겠어요?

상대에게 정중하게 뭔가를 부탁할 때 사용하는 패턴입니다. Will you가 직설적인 부탁이라면 Would you는 우회적인 뉘앙스가 있죠.

저 사람들과 같이 가시겠어요?
Would you go with them? The Knick 1_7

커피 한잔하시겠어요?
Would you wanna get a coffee? The Flash 3_1

다시 안으로 좀 들어오시겠어요?
Would you mind coming back inside?
The Leftovers 2_5

당신이 지금 뭘 찾고 있는지 말씀해 주실 수 있나요?
Would you mind telling me what you're looking for? Billions 1_12

그만 입 닥치고 나 좀 도와줄래?
Would you shut up and help me? Breaking Bad 1_1

> mind는 '신경 쓰다'라는 뜻이다. mind -ing의 형태로 쓰면 '~하는 것이 부담되어 신경 쓰다'라는 뜻이 된다. 이 표현을 활용해 Do[Would] you mind -ing?라고 하면 '당신이 ~에 부담을 느끼고 신경 쓰게 될까요?'라며 상대의 허락을 구하거나 정중하게 부탁하는 말이 된다.

🎬 The Leftovers 2_5 12:00

nurse　Mr. Jamison! **Would you mind coming back inside?**
Mr. Jamison　Why?
nurse　We'd like to discuss the results.
Mr. Jamison　I told you to send the results to our doctor.

간호사　재미슨 씨! 다시 안으로 좀 들어가시겠어요?
재미슨　왜요?
간호사　결과에 대해서 드릴 말씀이 있어서요.
재미슨　결과는 우리 주치의에게 보내라고 했잖아요.

© HBO

특급패턴 090

그는 낙오자에 위선자야.

He's/She's+명사 그/그녀는 ~야

대화하고 있는 나와 너 말고 제 3자에 대해 말하는 패턴입니다. 일상생활에서는 He is/She is를 흔히 He's/She's로 줄여서 씁니다. 의도치 않게 뒷담화가 되기 쉬우니 조심해서 말하세요.

그 사람 정말 좋은 사람이야.
He's a good guy. Fargo 3_1

그는 낙오자에 위선자야.
He's a deadbeat and a hypocrite. Gossip Girl 1_4

걔는 그냥 골칫덩어리일 뿐이야.
He's nothing but trouble. Grey's Anatomy 2_6

그녀는 살아 있는 전설이야.
She's a living legend. Grey's Anatomy 1_1

그녀는 내가 반한 여자가 아니야.
She's not the one I'm attracted to. Grey's Anatomy 1_4

deadbeat 낙오자; 게으름뱅이 **hypocrite** 위선자 **living** 살아 있는
legend 전설 **be attracted to** ~에게 끌리다

📺 Fargo 3_1 44:22

Gloria: What'd you think about that model your grandpa made ya?
son: It was pretty sweet. sweet 좋은; 앙증맞은
Gloria: **He's a good guy.** I know he drinks too much, but I think deep down we've all of us got something positive inside us, don't cha think?

글로리아: 할아버지가 만들어주신 그 모형 어땠어?
아들: 정말 잘 만드셨어요.
글로리아: 좋은 분이셔. 술을 너무 많이 마셔서 좀 그렇지만 누구나 우리의 본성 깊숙한 곳에는 긍정적인 면이 있어. 그렇지 않니?

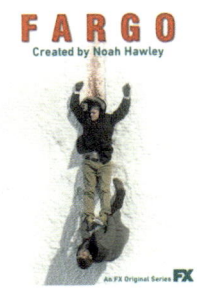

© FX

Practice 18

본문에 나온 예문을 무작위로 뽑아 연습문제를 만들었습니다. 한국어 해석을 보고 곧바로 영어로 말해 보세요. 곧장 입에서 나오는 것은 **Pass**, 오래 생각해야 하는 것은 **Repeat**, 아예 모르겠는 것은 **Fail**에 체크하고 다시 공부하세요.

Pass ___개   Repeat ___개   Fail ___개

01 내 말 잘 들려?

02 저 사람들과 같이 가시겠어요?

03 저 잠깐 실례해도 될까요?

04 그녀는 살아 있는 전설이야.

05 조금만 더 숨어 있을 수 있겠어?

06 당신이 더 많은 것을 원한다면 집에 더 서둘러 와야 될 거예요.

07 당신이 지금 뭘 찾고 있는지 말씀해 주실 수 있나요?

08 한 수 부탁 드려도 될까요?

09 그 사람 정말 좋은 사람이야.

10 내가 말하는 대로 하지 않으면 당신은 죽게 될 거예요.

11 커피 한잔하시겠어요?

12 뒤에서 소스를 좀 가져다줄래요?

13 걔는 그냥 골칫덩어리일 뿐이야.

14 나한테 진실을 말하겠다고 약속하는 거야?

15 나하고 한잔할래?

16 이 서류 한 장만 복사해서 가져다줄래요?

17 그는 낙오자에 위선자야.

18 다시 안으로 좀 들어오시겠어요?

19 넌 체포될 거야.

20 와서 이것 좀 도와줄래요?

---

01 Can you hear me distinctly? **02** Would you go with them? **03** Will you please excuse me? **04** She's a living legend. **05** Can you stay hidden a little longer? **06** You'll have to come home sooner if you want more. **07** Would you mind telling me what you're looking for? **08** Will you teach me? **09** He's a good guy. **10** Do exactly as I say or you'll die. **11** Would you wanna get a coffee? **12** Can you get me sauce from the back? **13** He's nothing but trouble. **14** You promise you'll tell me the truth? **15** Will you drink with me? **16** Will you get me a copy of this document? **17** He's a deadbeat and a hypocrite. **18** Would you mind coming back inside? **19** You'll be arrested. **20** Can you come help me with this, please?

Morning's here~ ♫ -Friends

Episode 19

091 그 사람 이상해.
He's/She's+형용사 그/그녀는 ~해

092 걔는 지금 그냥 농담하는 거야.
He's/She's+현재분사 그/그녀는 ~하는 중이야

093 우리는 교양 있는 성인들이야.
We're+명사/형용사 우리는 ~야/~한 상태야

094 우리는 이제 시간이 없어.
We're+현재분사/과거분사 우리는 ~하고 있어/~했어

095 걔들은 그냥 애들이잖아.
They're+명사/형용사 그들은 ~야/~한 상태야

특급패턴 091

그 사람 이상해.

He's/She's+형용사 그/그녀는 ~해

이 패턴은 제 3자에 대해 내가 어떻게 생각하는지 주관적인 견해를 말할 때 씁니다. 형용사는 '상태'를 말해 주는데요, 제 3자에 대한 평가는 신중한 게 좋겠지요?

그 사람 이상해.
He's weird. Doctor Who 10_4

그는 자존심이 아주 강해.
He's very proud. Gossip Girl 1_1

그는 그럴 만한 가치가 없어.
He's not worth it. Gossip Girl 1_2

그녀는 내게 중요한 존재야.
She's important to me. Gossip Girl 1_4

그녀는 지금 몹시 마음이 상했어.
She's pretty upset. The Shield 2_1

weird 이상한 proud 자존심이 강한 worth ~의 가치가 있는 upset 마음이 상한

The Shield 2_1 29:07

policeman **She's pretty upset.**
policewoman She should be. He's only ten, and already he's racking and tagging. Next it'll be armed robbery. Then we'll be mopping him off a sidewalk. rack and tag 페인트를 훔쳐서 (공공장소의) 벽에 낙서하다 armed robbery 무장 강도 mop off 쓸어버리다

남자 경찰 아이 어머니가 너무 속상해 하네.
여자 경찰 당연히 그렇겠지. 그 앤 겨우 열 살인데, 벌써 페인트를 훔쳐서 벽에 그림을 그리고 다니니. 저러다 다음에는 무장 강도 짓을 할 거야. 그러면 우리가 거리에 얼씬도 못하게 쓸어버리겠지.

특급패턴 092

걔는 지금 그냥 농담하는 거야.

He's/She's+현재분사 그/그녀는 ~하는 중이야

현재분사는 어떤 행동을 진행 중이거나 가까운 미래에 곧 어떤 행동을 할 것임을 말할 때 씁니다. 동사를 변형시켜서 만든 현재분사는 현재진행시제가 덧붙여진 형용사라고 할 수 있습니다.

걔는 그냥 농담하는 거야.
He's only kidding. Fargo 1_3

그가 너와는 대화하지 말라고 하는데.
He's advising me not to talk to you. Grey's Anatomy 1_5

그는 지금 인생을 처음부터 다시 살고자 노력하고 있어.
He's just trying to start his life over. Justified 1_10

그녀가 예방책을 강구할 겁니다.
She's taking precautionary measures. Justified 1_10

그녀는 지금 커피를 마시고 있어.
She's getting coffee. Gossip Girl 1_9

lie 거짓말하다 advise 권고하다 start over 다시 시작하다
precautionary measures 예방책 get 받다, 얻다

Arrow 2_8 12:46

Sin **He's missing.** I haven't seen him for a week, no one has. Something happened to him. I figured you knew someone who could help. figure 판단하다

Thea Roy can help you.

씬 그가 행방불명이에요. 전 그 사람을 일주일 동안 못 봤고, 누구도 본 사람이 없어요. 그에게 무슨 일이 생긴 거예요. 당신이 누군가 도움이 될 만한 사람을 알고 있을 거라고 생각했어요.

테아 로이가 도와줄 수 있어요.

특급패턴 093
우리는 교양 있는 성인들이야.

We're+명사/형용사 우리는 ~야/~한 상태야

이 패턴에 나오는 '우리'는 상대를 제외한 것일 수도 있고 상대를 포함한 것일 수도 있습니다. 문맥과 상황을 보고 정확한 의미를 판단해야 합니다.

우리는 교양 있는 성인들이야.
We're civilized adults. Brothers and Sisters 1_5

아마도 우리가 문제인 듯.
Maybe **we're** the problem. Brothers and Sisters 1_5

우리가 그에게 위협적인 존재야?
We're a threat to him? Criminal Minds 1_9

네가 집에 와서 우린 정말 행복해.
We're so happy you're home. The OA 1_1

도와주셔서 정말 고맙습니다.
We're grateful for your assistance. Criminal Minds 11_5

civilized 문명화된; 교양 있는 threat 협박, 위협
grateful 감사하는 assistance 도움, 지원

📺 Criminal Minds 1_9 10:23

doctor He's never had this sort of break from reality, never been violent. break 중단, 단절 reality 현실 violent 폭력적인
Elle What can we do?
doctor Make him feel less threatened. threatened 위협을 받는
Josh **We're a threat to him?** He's got two guns.

의사 저 사람 지금껏 이런 식으로 현실과의 단절을 시도한 적이 없었어요. 이렇게 폭력적이지 않았다고요.
엘르 우리가 뭘 할 수 있을까요?
의사 자신이 협박을 받고 있다는 생각을 덜 하게 만들어야 돼요.
조쉬 우리가 저 사람을 협박한다고요? 저 사람은 총을 두 자루나 갖고 있어요.

우리는 이제 시간이 없어.

We're+현재분사/과거분사 우리는 ~하고 있어/~했어

We're... 패턴 뒤에 따라 나오는 내용의 시제에 따라 해석이 달라질 수 있습니다. 현재분사는 '~하고 있다', 과거분사는 '이미 ~의 상태에 있는'으로 해석합니다.

지금 전화가 빗발치고 있어.
We're being inundated with calls. Brothers and Sisters 1_17

우린 이제 시간이 없어.
We're running out of time. Brothers and Sisters 1_6

우리는 너무 무리하게 일하고 있어.
We're stretched pretty thin. Criminal Minds 2_14

우린 지금 포위된 거야.
We're surrounded here. Criminal Minds 5_2

난 우리 관계가 끝난 걸로 알고 있는데.
I think **we're** done. Boston Legal 2_17

inundated 침수된　run out of ~를 다 써버리다　agree on ~에 합의를 보다
stretch thin 무리하게 시도하다　surrounded 둘러싸인

Boston Legal 2_17　13:00

Kurt　Are you threatening me, Al?
Al　Why not just rehire Joan and forget we ever met?
　　　I know I'd like nothing more. rehire 다시 고용하다
Kurt　Nope, **I think we're done.**

커트　알, 지금 나를 협박하는 건가?
알　그냥 조안을 다시 고용하고 우리가 만났던 건 잊으면 안 될까요?
　　저는 더 이상은 아무 것도 알고 싶지 않습니다.
커트　아니지, 우리 관계는 끝났어.

© abc

특급패턴 095

걔들은 그냥 애들이잖아.

They're+명사/형용사 그들은 ~야/~한 상태야

공통된 직업이나 특성, 상태를 가진 여러 사람에 대해 말하거나 여러 물체, 상황의 보편적인 상태를 말할 때는 They를 주어로 씁니다.

걔들은 그냥 애들이잖아.
They're just kids. _{The Night of 1_5}

그들은 문제를 일으키는 집단이야.
They're a bunch of troublemakers. _{House of Cards 2_8}

그것들이 그 쇼에서 가장 인기 있는 부분이야.
They're the most popular segments on the show. _{The Newsroom 1_2}

그게 좀 미묘한 문제라서요.
They're delicate. _{House of Cards 2_5}

그게 항상 옳기만 한 건 아니란 말이야.
They're not always true. _{Dear White People 1_8}

a bunch of 다수의 **segment** 부분 **delicate** 미묘한, 까다로운

House of Cards 2_5 15:48

Mr. White: Well, we're thrilled that you're open to it. _{thrilled 아주 흥분한}
Mrs. Marbury: When you called, you said you had some questions?
Mr. White: **They're delicate.** That's why I wanted to come in person. _{in person 직접}

화이트: 음, 저희 제안을 열린 마음으로 받아 주시니 저희도 고무되네요.
마베리: 아까 전화 주셨을 때, 무슨 질문이 있다고 하셨죠?
화이트: 그게 좀 미묘해서요. 그래서 이렇게 직접 뵙기 위해서 찾아 온 겁니다.

Practice 19

본문에 나온 예문을 무작위로 뽑아 연습문제를 만들었습니다. 한국어 해석을 보고 곧바로 영어로 말해 보세요. 곧장 입에서 나오는 것은 **Pass**, 오래 생각해야 하는 것은 **Repeat**, 아예 모르겠는 것은 **Fail**에 체크하고 다시 공부하세요.

Pass ___ 개   Repeat ___ 개   Fail ___ 개

01 아마도 우리가 문제인 듯.

02 그는 자존심이 아주 강해.

03 우린 지금 포위된 거야.

04 그가 너와는 대화하지 말라고 하는데.

05 그 사람 이상해.

06 걔들은 그냥 애들이잖아.

07 우리는 교양 있는 성인들이야.

08 지금 전화가 빗발치고 있어.

09 그녀는 지금 커피를 마시고 있어.

10 그게 좀 미묘한 문제라서요.

11 그는 그럴 만한 가치가 없어.

12 네가 집에 와서 우린 정말 행복해.

13 우리는 너무 무리하게 일하고 있어.

14 그녀가 예방책을 강구할 겁니다.

15 그것들이 그 쇼에서 가장 인기 있는 부분이야.

16 그들은 문제를 일으키는 집단이야.

17 우린 이제 시간이 없어.

18 우리가 그에게 위협적인 존재야?

19 그녀는 내게 중요한 존재야.

20 그는 지금 인생을 처음부터 다시 살고자 노력하고 있어.

---

01 Maybe we're the problem. **02** He's very proud. **03** We're surrounded here. **04** He's advising me not to talk to you. **05** He's weird. **06** They're just kids. **07** We're civilized adults. **08** We're being inundated with calls. **09** She's getting coffee. **10** They're delicate. **11** He's not worth it. **12** We're so happy you're home. **13** We're stretched pretty thin. **14** She's taking precautionary measures. **15** They're the most popular segments on the show. **16** They're a bunch of troublemakers. **17** We're running out of time. **18** We're a threat to him? **19** She's important to me. **20** He's just trying to start his life over.

Morning's here~ ♪ -Friends

Episode 20

096 그 사람들은 이혼했어.
They're+형용사/분사   그들은 ~하고 있어/~했어

097 이건 정말 우연의 일치야.
This is+명사/형용사   이건 ~야/~한 상태야

098 그건 범법 행위야.
That's+명사/형용사   저건 ~야/~한 상태야

099 이 문제로 호들갑 떨지 마.
Don't+동사원형   ~하지 마

100 그건 버려진 집이에요.
It's+명사   그건 ~야

그 사람들은 이혼했어.

They're + 형용사/분사 그들은 ~하고 있어/~했어

현재분사는 '현재 상태나 가까운 미래에 할 행동'을, 과거분사는 '이미 처해 있는 상태'를 의미한다고 했지요. 주어만 they로 바꿔 표현해 보세요.

그들은 늘 거짓말을 해.
They're usually lying. _{The Newsroom 1_1}

사람들은 당신이 경제 전문가가 되기를 기대하지 않아.
I'm sure **they're** not expecting you to be an economist. _{The Newsroom 1_5}

걔들 결혼할 거야.
They're getting married. _{Terriers 1_2}

그들은 피해를 입었어.
They're damaged. _{American Crime 1_2}

그 사람들은 이혼했어.
They're divorced. _{Ghost Whisperer 1_3}

usually 보통, 늘 expect 기대하다 economist 경제학자
get married 결혼하다 damaged 피해를 입은 divorced 이혼한

The Newsroom 1_5 17:07

MacKenzie I'm not equipped to cover the economy.
I don't know anything about economics.
equipped 장비를 갖춘 cover 다루다 economics 경제학

Sloan **I'm sure they're not expecting you to be an economist.**
You're a producer.

매켄지 난 경제를 다룰 준비가 전혀 안 되어 있어.
난 경제학에 대해서 아무 것도 아는 바가 없다고.

슬로안 사람들은 당신이 경제 전문가가 되기를 기대하지 않아.
당신은 프로듀서잖아.

특급패턴 097
이건 정말 우연의 일치야.

This is+명사/형용사 이건 ~야/~한 상태야

This는 가까운 위치에 있는 물건만을 뜻하는 것이 아니라, 대화의 주제를 가리키기도 합니다. 참고로 This is는 This's로 줄이지 않습니다. This와 is는 모음끼리 충돌하지도 않고 표기상 같은 자음의 충돌이 일어나서 보기에도 좋지 않기 때문입니다.

이건 정말 엄청난 영광이에요.
This is such an honor. 24: Legacy 1_1

내가 먹어 본 샌드위치 중에 이게 최고야.
This is the best sandwich I ever ate. Twin Peaks 1_3

이건 정말 우연의 일치야.
This is a coincidence. Twin Peaks 2_2

이건 아주 일시적인 거야.
This is all temporary. Ghost Whisperer 1_3

> all은 보통 '모든'이라는 한정사와 '모두'라는 대명사로 쓰이지만, '완전히', '아주', '몹시' 등의 뜻을 가진 부사로도 쓴다. 즉, all temporary는 '아주 일시적인'이라는 뜻이다.

이건 역사적인 일이야.
This is historic. House of Cards 2_3

honor 영광 coincidence 우연의 일치 all 아주, 몹시 temporary 일시적인, 임시의 historic 역사적인

Ghost Whisperer 1_3 11:51

grandma Melinda, sometimes you have to look at life as if it's a big clock. The clock keeps going no matter what.
Melinda What are you saying?
grandma Oh, I'm just saying that **this is all temporary.** I know what time the big clock says it is.

할머니 멀린다, 가끔 인생을 커다란 시계라고 생각해야 돼. 시계는 무슨 일이 있어도 움직이잖니.
멀린다 지금 무슨 말씀을 하시는 거예요?
할머니 오, 내 말은 이건 아주 일시적이라는 거지. 난 지금 큰 시계가 몇 시를 가리키고 있는지 잘 안단다.

© CBS

특급패턴 098

그건 범법 행위야.

That's+명사/형용사 저건 ~야/~한 상태야

거리상 멀리 떨어져 있는 물건이나 대화 중에 나온 주제나 특정한 말을 지칭할 때 That's...를 씁니다. 일상적으로는 줄여서 That's라고 하는데 That is를 고집하는 경우는 be 동사의 의미를 자연스럽게 강조하기 위해서입니다.

그건 상황을 이해하는 한 가지 방법이야.
That's one way of looking at it. The Shield 3_4

그건 범법 행위야.
That's an offence. Top of the Lake 2_5

그건 겉치레에 불과해.
That's cosmetic. The Wire 2_6

그건 최저 임금보다도 더 적은 액수야.
That's less than minimum wage. The Wire 3_4

참 다정하시네요.
That's very sweet of you. House of Cards 1_1

look at ~에 대해 생각하다 offence 범법 행위 cosmetic 허울뿐인
minimum wage 최저 임금 sweet 상냥한, 다정한

📺 **House of Cards 1_1** 20:00

Felicity I'm sorry. It's just not right. Charles and I can't understand what Walker was thinking.
Claire Oh, **that's very sweet of you**, but really between you and me, I think Francis is relieved. He just feels much more at home in Congress. relieved 안도하는 Congress 국회

펠리시티 유감이에요. 그건 옳지 않아요. 찰스와 저는 워커가 무슨 생각을 하고 있었는지 이해할 수가 없어요.
클레어 아, 정말 다정하시네요. 그런데 이건 진짜 우리 둘 사이에서만 하는 얘긴데, 프랜시스는 다행으로 여기는 것 같아요. 그 사람은 국회에 있을 때 훨씬 더 마음 편해 해요.

© NETFLIX

이 문제로 호들갑 떨지 마.

Don't+동사원형 ~하지 마

Don't...는 매우 단호한 표현이라서 간절하게 말할 때나 명령할 때, 또는 짜증낼 때 씁니다. 명령조의 말이니 조심해서 상황에 맞게 쓰는 게 좋겠죠?

후회할 수도 있는 일은 하지 마.
Don't do anything you might regret. Westworld 1_2

너무 오래 시간을 끌지 마.
Don't take too long. Westworld 1_6

나한테 소리 지르지 마.
Don't yell at me. Big Little Lies 1_2

이 문제로 호들갑 떨지 마.
Don't make a big deal about this. Big Little Lies 1_2

걔 걱정은 하지 마.
Don't worry about him. Big Little Lies 1_2

regret 후회하다 yell 소리치다 make a big deal 유난을 떨다

🖥 **Big Little Lies 1_2** 31:05

Madeline You are 16 years old. Where did you get them?
Abigail From a doctor.
Madeline Dr. Ennis? She wrote you a prescription without calling me?
Abigail Not her. I went to Planned Parenthood. **Please don't make a big deal about this.**

매들린 넌 겨우 열 여섯 살이야. 저걸 어디에서 구했니?
애비게일 의사한테서요.
매들린 에니스 선생님? 나한테 전화도 없이 너한테 처방전을 써 줬단 말이야?
애비게일 그 분 말고요. 가족계획협회에 갔었어요. 제발 아무 일도 아닌데 난리 치지 마요.

그건 버려진 집이에요.

It's+명사 그건 ~야

이미 언급되었거나 모두가 알고 있는 사실, 상황, 또는 아이디어 같은 것을 대명사로 지칭할 때는 주로 It을 씁니다. 상황에 따라서는 It's...에서 it을 꼭 '그것'으로 해석하지 않을 수도 있습니다. 한국어로는 적절하게 의역하세요.

그건 버려진 집이에요.
It's an abandoned house. Cardinal 1_1

지금은 타이밍이 별로라는 거 나도 알아요.
I know **it's** not a good time. Cardinal 1_1

그건 음식물 쓰레기 처리기야.
It's the garbage disposal. The Shield 1_12

그건 우연이야, 알았어?
It's an accident, okay? The Wire 1_2

그건 그냥 시간 문제야.
It's just a matter of time. The Shield 4_1

abandoned 버려진 garbage disposal 음식물 쓰레기 처리기 accident 사고;우연

Cardinal 1_1 33:20

father Presnell	He found a place to squat. One of the kids went to visit him. squat 무단 점유하다, 불법 거주하다
Cardinal	You know where?
father Presnell	Uh, **it's an abandoned house.** Uh, from the description, it sounds like the one on Sparhawk Street. description 설명, 묘사
프레스넬 신부	그는 불법으로 거주할 집을 찾았어요. 애들 중 하나가 그를 찾아갔어요.
카디널	그게 어딘지 아세요?
프레스넬 신부	버려진 집이에요. 음, 설명을 듣자 하니 스파호크 거리에 있다고 합니다.

© CTV

Practice 20 본문에 나온 예문을 무작위로 뽑아 연습문제를 만들었습니다. 한국어 해석을 보고 곧바로 영어로 말해 보세요. 곧장 입에서 나오는 것은 **Pass**, 오래 생각해야 하는 것은 **Repeat**, 아예 모르겠는 것은 **Fail**에 체크하고 다시 공부하세요.

Pass ___ 개   Repeat ___ 개   Fail ___ 개

01 그건 음식물 쓰레기 처리기야.

02 이건 정말 우연의 일치야.

03 그들은 늘 거짓말을 해.

04 그건 상황을 이해하는 한 가지 방법이야.

05 이건 역사적인 일이야.

06 그건 버려진 집이에요.

07 후회할 수도 있는 일은 하지 마.

08 그건 최저 임금보다도 더 적은 액수야.

09 이건 아주 일시적인 거야.

10 그건 우연이야, 알았어?

11 이 문제로 호들갑 떨지 마.

12 그들은 피해를 입었어.

13 그건 겉치레에 불과해.

14 사람들은 당신이 경제 전문가가 되기를 기대하는 게 아니야.

15 지금은 타이밍이 별로라는 거 나도 알아요.

16 나한테 소리 지르지 마.

17 걔들 결혼할 거야.

18 그건 범법 행위야.

19 너무 오래 시간을 끌지 마.

20 내가 먹어 본 샌드위치 중에 이게 최고야.

---

01 It's the garbage disposal. **02** This is a coincidence. **03** They're usually lying. **04** That's one way of looking at it. **05** This is historic. **06** It's an abandoned house. **07** Don't do anything you might regret. **08** That's less than minimum wage. **09** This is all temporary. **10** It's an accident, okay? **11** Don't make a big deal about this. **12** They're damaged. **13** That's cosmetic. **14** I'm sure they're not expecting you to be an economist. **15** I know it's not a good time. **16** Don't yell at me. **17** They're getting married. **18** That's an offence. **19** Don't take too long. **20** This is the best sandwich I ever ate.

One Mississippi.. Two Mississippi.. –Friends

Episode 21

101 그거 정말 끝내준다.
It's+형용사 그건 ~해

102 그렇게 하는 게 옳은 일인 것 같아.
It seems like+명사/절 그건 ~인 것 같아

103 내가 볼 땐 그가 누군가에게 모욕감을 준 것 같아.
It seems to me that+절 난 ~인 것 같아

104 난 아무 말도 하지 않을래.
I won't+동사원형 난 ~를 하지 않을 거야

105 다시는 그런 일 없을 거야.
It won't+동사원형 그건 ~는 아닐 거야

그거 정말 끝내준다.
It's + 형용사 그건 ~해

대화에 처음 등장한 물건, 사건, 또는 상황은 '바로 그것'이라는 의미로 That이라고 하고, 그 이후에 언급할 때는 주로 It으로 바꿔서 말합니다. This의 경우도 마찬가지입니다.

그거 정말 끝내준다.
It's totally cool. The Wire 2_10

그건 적절치 않아요.
It's inappropriate. Top of the Lake 2_5

투표는 중요한 일입니다.
It's important to vote. Dear White People 1_3

골치 아픈 일이야.
It's thorny. Billions 2_2

그게 무슨 전염되는 일도 아니잖아.
It's not contagious. The Night of 1_5

totally 완전히 inappropriate 부적절한 vote 투표하다
thorny 곤란한 contagious 전염되는

📺 **Dear White People 1_3** 10:44

reporter Last question. Why is it important that people vote for you?
Troy It isn't. **It's important to vote**, period. Whether on a collegiate, local or national level, what makes this country great is that we have the power to choose our leaders.
collegiate 대학의 local 지역의 national 전국적인

기자 마지막 질문입니다. 사람들이 후보자님께 투표하는 게 왜 중요한 겁니까?
트로이 그건 중요하지 않습니다. 투표하는 것 자체가 중요한 겁니다. 그게 답니다. 대학에서든, 지방에서든, 또는 국가적 수준에서든 이 나라를 위대하게 만드는 것은 바로 우리가 우리의 지도자를 직접 선택할 수 있는 권한이 있다는 겁니다.

> period는 '마침표'라는 뜻인데 문장 끝에 붙이면 '그게 전부다', '종지부를 찍다' 등 더 이상 할 말이 없다는 의미가 된다. 참고로 이런 경우 영국에서는 full stop이라고 한다.

그렇게 하는 게 옳은 일인 것 같아.

It seems like+명사/절 그건 ~인 것 같아

It seems like...는 '~처럼 보인다'라는 뜻의 동사 seem을 활용해서, 확실하진 않지만 '~가 사실인 것 같다'는 의미를 전하는 패턴입니다. 전치사 like 뒤에는 명사나 절이 옵니다.

그는 도와주려고 애쓰는 것 같아.
It seems like he's trying to help. Arrow 1_2

그렇게 하는 게 옳은 일인 것 같아.
It seems like the right thing to do. American Gods 1_6

그건 아무 것도 아닌 것 같아.
It seems like nothing. 13 Reasons Why 1_3

그는 아주 훌륭한 젊은이였던 것 같은데.
It seems like he was a really good young man.
American Crime 1_1

그녀가 일을 수습하려면 시간이 좀 필요할 것 같아.
It seems like she needs a little time to work some stuff out. Friday Night Lights 1_15

work out 해결하다

📺 Arrow 1_2 37:30

father He hurt a bunch of people doing it. He is no hero.
He's an anarchist. anarchist 무정부주의자
Laurel Yeah, well, whoever he is, **it seems like he's trying to help.**

아버지 그 사람은 그 와중에 많은 사람을 다치게 했어.
그는 영웅이 아니야. 그냥 무정부주의자야.
로렐 그래요, 그가 누구든 도움을 주려는 것 같은데요.

© CW

178

내가 볼 땐 그가 누군가에게 모욕감을 준 것 같아.

It seems to me that+절 난 ~인 것 같아

100% 확신은 없지만 거의 확실하다고 자신의 생각을 전하는 패턴입니다. 일상적으로 주어 It과 접속사 that을 생략하기 때문에 반드시 '그건…'이라고 해석하지는 않습니다. '내가 볼 땐 ~가 사실인 것 같다' 정도가 되지요.

제가 보기엔 당신은 분노 조절 문제가 있는 것 같아요.
It seems to me that you have some anger management issues. Desperate Housewives 1_2

제 생각엔 아버지에 대한 당신의 여러 감정이 꽤 충돌하는 것 같아요.
It seems to me that your feelings about your father are pretty conflicted. In Treatment 1_21

네가 너무 심하게 대해서 걔가 지금 자신감을 잃고 있는 것 같아.
It seems to me you're so hard on him that he's losing his confidence. Friday Night Lights 1_14

내가 볼 땐 그가 누군가에게 모욕감을 준 것 같아.
Seems to me he was humiliating someone. Hannibal 1_7

내 생각엔 그들을 연행해서 뭐라고 말하는지 확인해야 될 것 같아.
Seems to me that we should bring them in and see what they say. Castle 2_23

anger management 분노 관리 conflicted 충돌하는
be hard on ~에게 심하게 하다 humiliate 모욕하다

 Friday Night Lights 1_14 28:30

Tami He's trying so desperately to get back in your good graces. **It seems to me you're so hard on him that he's losing his confidence.**
get back 되찾다 in someone's good graces ~의 호감을 얻다

태미 그 앤 다시 당신의 신임을 얻으려고 필사적으로 노력하고 있어. 내가 볼 땐 당신이 그 애한테 너무 심하게 해. 그래서 걔가 자신감을 잃고 있는 거야.

난 아무 말도 하지 않을래.

I won't+동사원형 난 ~를 하지 않을 거야

어떤 행위를 하지 않겠다는 자신의 강력한 의지를 전하는 패턴입니다. 일반적으로 대화할 때는 will not을 줄여서 won't라고 합니다.

난 그런 짓 절대 안 해.
I won't do that. Top of the Lake 2_5

그거 절대 잊어버리지 않을게.
I won't forget it. Suits 1_2

난 널 절대 용서하지 않을 거야.
I won't forgive you. Modern Family 1_5

절대 늦지 않을게.
I won't be late. Pretty Little Liars 1_17

난 아무 말도 하지 않을래.
I won't say a word. Pretty Little Liars 2_6

forget 잊다 forgive 용서하다 word 이야기, 말

 Pretty Little Liars 2_6 04:04

Jason I said some things after the funeral that I probably should have kept to myself. funeral 장례식 keep... to oneself ~를 비밀로 하다
Aria I thought that you felt better knowing that Ian had…
Jason Well, so did I, but I don't want people getting the wrong idea, you know? get the wrong idea 오해하다
Aria **I won't say a word.**

제이슨 장례식이 끝난 뒤에 내가 혼자 알고 있어야만 할 얘기를 한 것 같아.
아리아 그 사실을 알고 네 기분이 좋아진 거 아니었어? 이안이…
제이슨 그러긴 했어, 하지만 난 사람들이 오해하지 않기를 바라거든. 알겠지?
아리아 난 아무 말도 안 할래.

다시는 그런 일 없을 거야.

It won't+동사원형 그건 ~는 아닐 거야

It won't…을 활용하면 불확실한 미래의 움직임이나 상태를 말할 수 있습니다. won't를 want처럼 발음하지 않도록 주의하세요!

그게 시간이 오래 걸리지는 않을 거야.
It won't be long now. Game of Thrones 1_1

금방 돼.
It won't take a minute. Doctor Who 1_9

다시는 그런 일 없을 거야.
It won't happen again. Desperate Housewives 1_3

쉽지는 않겠지만 꼭 필요한 일이야.
It won't be easy, but it's necessary. The Good Wife 1_23

그런다고 변하는 건 없어.
It won't change anything. House of Cards 1_4

necessary 필요한

Game of Thrones 1_1 37:26

Illyrio It won't be long now. Soon you will cross The Narrow Sea and take back your father's throne. The people drink secret toasts to your health. They cry out for their true king.
toast ~를 위해 축배를 들다 throne 왕좌 cry out for ~를 간절히 바라다

Viserys When will they be married?
Illyrio Soon.

일리리오 시간이 오래 걸리지는 않을 겁니다. 곧 좁은 해협을 가로질러 아버님의 왕좌를 다시 찾아오시게 될 겁니다. 사람들은 비밀스런 축배를 들며 왕자님의 건강을 빕니다. 그들은 자신들의 진정한 왕을 절실히 바라고 있습니다.
비세리스 그들이 언제 결혼할까요?
일리리오 곧 할 겁니다.

© HBO

Practice 21

본문에 나온 예문을 무작위로 뽑아 연습문제를 만들었습니다. 한국어 해석을 보고 곧바로 영어로 말해 보세요. 곧장 입에서 나오는 것은 **Pass**, 오래 생각해야 하는 것은 **Repeat**, 아예 모르겠는 것은 **Fail**에 체크하고 다시 공부하세요.

Pass ____ 개   Repeat ____ 개   Fail ____ 개

01 투표는 중요한 일입니다.

02 그는 도와주려고 애쓰는 것 같아.

03 난 그런 짓 절대 안 해.

04 골치 아픈 일이야.

05 그게 시간이 오래 걸리지는 않을 거야.

06 제가 보기엔 당신은 분노 조절 문제가 있는 것 같아요.

07 그건 아무 것도 아닌 것 같아.

08 금방 돼.

09 난 널 절대 용서하지 않을 거야.

10 쉽지는 않겠지만 꼭 필요한 일이야.

11 절대 늦지 않을게.

12 그는 아주 훌륭한 젊은이였던 것 같은데.

13 그건 적절치 않아요.

14 내가 볼 땐 그가 누군가에게 모욕감을 준 것 같아.

15 제 생각엔 아버지에 대한 당신의 여러 감정이 꽤 충돌하는 것 같아요.

16 다시는 그런 일 없을 거야.

17 네가 너무 심하게 대해서 걔가 지금 자신감을 잃고 있는 것 같아.

18 그거 절대 잊어버리지 않을게.

19 그거 정말 끝내준다.

20 그렇게 하는 게 옳은 일인 것 같아.

---

01 It's important to vote. **02** It seems like he's trying to help. **03** I won't do that. **04** It's thorny. **05** It won't be long now. **06** It seems to me that you have some anger management issues. **07** It seems like nothing. **08** It won't take a minute. **09** I won't forgive you. **10** It won't be easy, but it's necessary. **11** I won't be late. **12** It seems like he was a really good young man. **13** It's inappropriate. **14** Seems to me he was humiliating someone. **15** It seems to me that your feelings about your father are pretty conflicted. **16** It won't happen again. **17** It seems to me you're so hard on him that he's losing his confidence. **18** I won't forget it. **19** It's totally cool. **20** It seems like the right thing to do.

One Mississippi.. Two Mississippi.. -Friends

Episode 22

106 그냥 내가 싫어하는 누군가를 생각나게 하네.
It reminds me of+명사   그건 ~를 생각나게 해

107 네가 일하는 모습을 보니 좋다.
It's good to+동사원형   ~해서 좋다

108 제가 들어가도 괜찮을까요?
Is it okay if+절?   ~해도 괜찮을까요?

109 들어 보니 그거 위험하겠어.
That sounds+형용사   그건 ~하게 들려

110 그게 골칫거리 같네.
That sounds like+명사   그건 ~인 것처럼 들려

특급패턴 106

그냥 내가 싫어하는 누군가를 생각나게 하네.

It reminds me of+명사 그건 ~를 생각나게 해

동사 remind는 re(다시)+mind(생각나게 하다)가 합쳐진 단어로 '상기시키다'라는 뜻입니다. 즉, It reminds me of...는 어떤 물건이나 상황이 내게 뭔가를 생각나게 만들었다는 뜻이죠.

이걸 보니 우리가 예전에 종종 탔던 회전목마가 생각나네.
It reminds me of that merry-go-round we used to ride. ER 1_12

그걸 들으니 내가 어디 사람인지 다시 생각하게 되는군.
It reminds me of where I come from. Game of Thrones 2_4

그건 내가 정말 좋아하는 이 화가를 생각나게 했어.
It kind of **reminded me of** this painter that I really like. Friday Night Lights 1_4

그냥 내가 싫어하는 누군가를 생각나게 하네.
Just **reminds me of** someone I don't like.
Grey's Anatomy 2_1

네 긴 머리를 보니까 예수님 생각이 나네.
Your long hair kind of **reminds me of** Jesus.
Friday Night Lights 2_15

merry-go-round 회전목마 painter 화가

ER 1_12 39:25

Chloe	That music's pretty. pretty 보거나 듣기 좋은
Susan	It was a gift. gift 선물
Chloe	It reminds me of that merry-go-round we used to ride.

클로이: 저 음악 듣기 정말 좋네.
수잔: 선물로 받은 거야.
클로이: 저걸 보니 옛날에 우리가 같이 탔던 회전목마가 생각난다.

네가 일하는 모습을 보니 좋다.

It's good to+동사원형 ~해서 좋다

영어에서는 나에 대한 것을 반드시 주어 I로 표현하지 않습니다. It을 주어로 해도 자신의 기분을 전달할 수 있습니다. to부정사가 형용사 good을 수식하면서 기분이 좋은 이유와 원인을 말해 줍니다.

당신이 집에 오니 정말 좋아요.
It's good to have you home. The Good Wife 1_15

당신과 같이 일하게 되어서 좋습니다.
It's good to be working with you. The Good Wife 1_16

다른 사람이 그 말을 하니 기분이 좋네.
It's good to hear somebody else say that.
Pretty Little Liars 1_20

모두들 이렇게 만나니 반갑다.
It's good to see you all. Friday Night Lights 1_5

네가 일하는 모습을 보니 좋다.
It's good to see you working. Friday Night Lights 1_15

somebody else 누군가 다른 사람

 Friday Night Lights 1_15 25:46

Tyra Hey, Mama. Ready to go?
mom Uh, you know… I'm so sorry I didn't call you. I gotta get through a stack of papers. I'm so sorry, honey. get through ~를 하다
a stack of 한 무더기
Tyra It's okay. Well, **it's good to see you working.**

타이라 엄마, 갈 준비 됐어요?
엄마 어, 그게 말이지…정말 미안해. 내가 너한테 전화를 안 했구나. 처리해야 할 서류들이 산더미야. 얘야, 정말 미안하다.
타이라 괜찮아요. 엄마가 일하는 모습을 보니까 좋은데 뭘.

제가 들어가도 괜찮을까요?

Is it okay if+절? ~해도 괜찮을까요?

어떤 상황이 일어나도 괜찮을지 묻는 패턴입니다. 흔히 okay를 대답할 때만 쓴다고 생각하지만, okay는 '괜찮은', '용납되는' 등의 의미가 있는 엄연한 형용사랍니다. 여러 상황에서 편하게 자주 사용하세요.

제가 들어가도 괜찮을까요?
Is it okay if I come in? The O.C. 1_16

제가 가져가도 괜찮아요?
Is it okay if I just grab it? 13 Reasons Why 1_13

그 얘기는 하지 않아도 괜찮을까요?
Is it okay if we don't talk about it? The Newsroom 2_2

우리 그건 다음에 해도 괜찮을까요?
Is it okay if we do that next? The Night of 1_1

우리가 너에게 몇 가지 질문을 좀 해도 될까?
Is it okay if we ask you a few questions? American Crime 1_1

grab 잡다; 가져가다

📺 American Crime 1_1 19:27

Chuck Tony, I want you to know your father's already been contacted, and he's on his way down here. While we're waiting, I was hoping we could ask you a couple questions. There's a few things we were hoping you could help us with.
contact 연락하다 couple 두어 개의
Tony What things?
Chuck Is it okay if we ask you a few questions?

척 토니, 네 아버지와 연락이 되어서 이리 오고 계셔. 기다리는 동안, 너에게 몇 가지 질문을 했으면 해. 네가 우리를 도와주면 좋을 게 몇 가지 있거든.
토니 뭔데요?
척 우리가 질문을 좀 해도 괜찮겠나?

187

들어 보니 그거 위험하겠어.

That sounds+형용사 그건 ~하게 들려

sound는 '~가 내 귀에는 어떻게 들린다'라는 뜻을 가진 단어입니다. 주어로는 That이나 It이 올 수 있고, 생략도 가능합니다. 뜻을 더 강조하고 싶으면 sound 앞에 does를 붙이면 됩니다.

그거 진짜 복잡하구나.
That sounds complicated. *Quantico 1_16*

나 그게 정말 애처롭게 들린다는 걸 갑자기 깨달았어.
I'm suddenly realizing how pathetic **that sounds**.
Quantico 1_5

미친 소리처럼 들린다는 거 나도 알아.
I know **that sounds** crazy. *Scandal 1_2*

들어 보니 그거 위험하겠어.
Sounds kind of dangerous. *Pretty little Liars 1_7*

이게 진실보다 훨씬 더 나은 것처럼 들리는데.
It does **sound** a lot better than the truth. *Pretty little Liars 1_1*

complicated 복잡한 pathetic 불쌍한

📺 **Quantico 1_16** 37:58

Alex My father used to say that there's no such thing as the truth. There's what you think, what the other person thinks, and then what the world remembers.
Drew **That sounds complicated.**

알렉스 우리 아버지가 늘 말씀하셨어. 진실 같은 건 없다고. 네가 생각하는 게 있고, 다른 사람이 생각하는 게 있으며, 그리고 이 세상이 기억하고 있는 게 있다고.
드루 복잡하네.

© abc

그게 골칫거리 같네.

That sounds like+명사 그건 ~인 것처럼 들려

상대의 말을 듣고 내 생각을 뭔가에 빗대어 우회적으로 표현하고 싶으면 흔히 sound like 패턴을 씁니다. That sound…와 유사한 패턴으로 주어는 That이나 It이 오고, 구어체에서는 생략되기도 합니다.

그거 내가 듣기에는 질투 같은데.
That sounds like jealousy to me. Outsiders 1_4

그건 내 귀에는 '맞아'라고 한 것으로 들려.
That sounds like a "Yes" to me. Outsiders 1_9

무슨 선거 연설처럼 들리네.
That sounds like a stump speech. Quantico 1_11

그게 골칫거리 같네.
It sounds like trouble. Queen of the South 1_9

내 귀에는 당신이 그를 보호하려는 의도가 더 큰 것처럼 들리는데.
Sounds more like you're trying to protect him.
Outsiders 1_12

jealousy 질투 stump speech 정치 연설

 Outsiders 1_12 04:49

G'win I'm trying to protect your relationship with your people.
relationship 관계
Big Foster Sounds more like you're trying to protect him.
G'win Well, then you're not hearing me right.

그윈 전 당신과 사람들의 관계를 지켜 드리려고 애쓰는 거예요.
빅 포스터 내 귀에는 네가 그 사람을 보호하려는 의도가 더 큰 것처럼 들리는데.
그윈 그렇다면 제 말을 잘못 들으신 거예요.

© WGN america

Practice 22

본문에 나온 예문을 무작위로 뽑아 연습문제를 만들었습니다. 한국어 해석을 보고 곧바로 영어로 말해 보세요. 곧장 입에서 나오는 것은 **Pass**, 오래 생각해야 하는 것은 **Repeat**, 아예 모르겠는 것은 **Fail**에 체크하고 다시 공부하세요.

Pass ___개   Repeat ___개   Fail ___개

01 그게 골칫거리 같네.

02 이게 진실보다 훨씬 더 나은 것처럼 들리는데.

03 모두들 이렇게 만나니 반갑다.

04 그걸 들으니 내가 어디 사람인지 다시 생각하게 되는군.

05 제가 들어가도 괜찮을까요?

06 당신이 집에 오니 정말 좋아요.

07 그거 내가 듣기에는 질투 같은데.

08 나 그게 정말 애처롭게 들린다는 걸 갑자기 깨달았어.

09 다른 사람이 그 말을 하니 기분이 좋네.

10 이걸 보니 우리가 예전에 종종 탔던 회전목마가 생각나네.

11 무슨 선거 연설처럼 들리네.

12 들어 보니 그거 위험하겠어.

13 그건 내가 정말 좋아하는 이 화가를 생각나게 했어.

14 우리 그건 다음에 해도 괜찮을까요?

15 그냥 내가 싫어하는 누군가를 생각나게 하네.

16 그건 내 귀에는 '맞아'라고 한 것으로 들려.

17 그 얘기는 하지 않아도 괜찮을까요?

18 미친 소리처럼 들린다는 거 나도 알아.

19 당신과 같이 일하게 되어서 좋습니다.

20 제가 가져가도 괜찮아요?

---

01 It sounds like trouble. **02** It does sound a lot better than the truth. **03** It's good to see you all. **04** It reminds me of where I come from. **05** Is it okay if I come in? **06** It's good to have you home. **07** That sounds like jealousy to me. **08** I'm suddenly realizing how pathetic that sounds. **09** It's good to hear somebody else say that. **10** It reminds me of that merry-go-round we used to ride. **11** That sounds like a stump speech. **12** Sounds kind of dangerous. **13** It kind of reminded me of this painter that I really like. **14** Is it okay if we do that next? **15** Just reminds me of someone I don't like. **16** That sounds like a "Yes" to me. **17** Is it okay if we don't talk about it? **18** I know that sounds crazy. **19** It's good to be working with you. **20** Is it okay if I just grab it?

My eyes! My eyes! -Friends

Episode 23

111 그냥 아주 작은 문제가 하나 있을 뿐이야.
There's+명사 ~가 있어

112 무서울 거 하나도 없어.
There's nothing+to부정사/절 ~는 하나도 없어

113 그래서 내가 여기에 왔잖아.
That's why+절 그건 ~해서 그래

114 그게 내 생각이야.
That's what+절 그건 ~야

115 숙녀에게는 그렇게 얘기해야 되는 거야.
That's how+절 그건 ~한 거야

그냥 아주 작은 문제가 하나 있을 뿐이야.

There's+명사 ~가 있어

There는 부사이기 때문에 주어가 아니며 '거기에'라고 해석하지 않습니다. 객관적인 사실이나 사물에 대해 일반적으로 말할 때 there를 쓰기 때문에 일상적으로 활용도가 대단히 높습니다.

그냥 아주 작은 문제가 하나 있을 뿐이야.
There's just one tiny problem. NCIS 1_6

길 바로 건너에 모텔이 있어.
There's a motel just across the street. Queen of the South 1_4

겁먹을 이유가 전혀 없어.
There's no reason to panic. Lost Girl 3_1

우리가 할 수 있는 게 하나도 없어.
There's nothing we can do. Lost Girl 1_11

고기가 좀 이상했어.
There was something wrong with the meat. Hannibal 1_1

tiny 아주 작은 reason 이유 panic 겁에 질리다

Queen of the South 1_4 32:28

Teresa I need to go. Just take this money, okay? Get some food here. **There's a motel just across the street.** Go there, get a room, and I'll come for you tomorrow, okay?

Brenda What's going on? Are you okay?

테레사 나 가봐야 돼. 이 돈 받아요, 응? 여기에서 먹을 걸 사요. 길 바로 건너에 모텔이 있어요. 거기에 가서 방을 잡아요. 그리고 난 내일 올게요. 알겠죠?

브렌다 무슨 일인데? 너 괜찮은 거야?

© usa

무서울 거 하나도 없어.

There's nothing+to부정사/절 ~는 하나도 없어

There's에 nothing(아무것도 없는)이 붙어 부정 의미가 강조되는 패턴입니다. 뒤에는 to부정사구나 절을 붙여 무엇이 전혀 없는지 말하면 됩니다.

무서울 거 하나도 없어.
There's nothing to be afraid of. Westworld 1_1

걱정할 건 하나도 없어.
There's nothing to worry about. Top of the Lake 1_6

여기에서 네가 할 수 있는 일은 하나도 없어.
There's nothing you can do here. Twin Peaks 1_8

그 문제는 우리가 어떻게 할 도리가 없어.
There's nothing we can do about it. The Walking Dead 2_2

난 너한테 할 말이 전혀 없어.
There's nothing I can say to you. The Shield 1_11

be afraid of ~를 두려워하다

🎬 **The Shield 1_11** 40:16

Vic	He's not gonna be a problem for you anymore.
guard	He was your problem, not ours.
Vic	Well, we're both on the same side.
guard	I doubt that. doubt 확신하지 못하다
Vic	**There's nothing I can say to you.**

빅　　그는 더 이상 자네들에게 문제가 되지 않을 거야.
경비원　그는 당신에게 문제였지 우리에게는 아니었습니다.
빅　　우리 둘 다 같은 입장 아닌가?
경비원　그럴리가요.
빅　　자네에게 할 말은 아무 것도 없네.

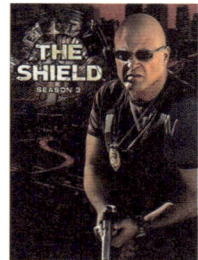

© FX

그래서 내가 여기에 왔잖아.

That's why+절 그건 ~해서 그래

부사 why는 어떤 일에 대한 이유를 설명할 때 씁니다. That's 자리에 This is를 넣어서도 활용해 보세요.

그래서 내가 여기에 왔잖아.
That's why I came here. Dear White People 1_8

그래서 내가 너를 미치도록 좋아한단 말이야.
That's why I'm crazy about you. Dear White People 1_7

너는 그가 여기를 마음에 들어 하는 이유가 그거라고 생각해?
You think **that's why** he likes it here? House of Cards 2_7

이래서 넌 내가 필요한 거야.
This is why you need me. Lucifer 2_17

이래서 내가 TV가 없는 거야.
This is why I don't have a TV. Mad Men 2_6

crazy about ~에 푹 빠져 있는

📄 Dear White People 1_7 14:30

Sam Things are, there's just a lot of, it's complicated. complicated 복잡한
Gabe Yeah. You're complicated. **That's why I'm crazy about you.** You're a mess, but, like, in this put-together way. I love that you use four-letter words and four-syllable words in the same sentence. mess 엉망인 상태 put-together 모아서 합치다 four-letter words 욕설 syllable 음절 sentence 문장

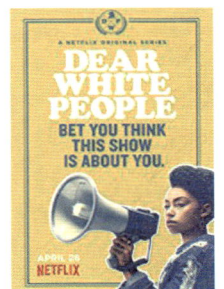

© NETFLIX

샘 상황이, 그냥 너무 많은 일이, 그냥 복잡해.
게이브 그래. 넌 더럽게 복잡한 애야. 그래서 내가 너를 미치도록 좋아해. 넌 정말 정신이 하나도 없이 엉망인데, 그런데, 그게, 그 자체로 정돈된 느낌이야. 난 네가 한 문장에서 욕하고 네 음절 단어를 섞어서 말하는 것도 정말 좋아.

그게 내 생각이야.

That's what+절 그건 ~야

그것(That)이 무엇(what)인지를 설명하는 패턴입니다. What은 대명사이기 때문에 뒤에 나오는 절에서 주어가 될 수도 있고 목적어가 될 수도 있습니다. 맥락을 보고 판단하세요.

그게 나를 신경 쓰이게 한단 말이야.
That's what bothers me. 24: Legacy 1_2

그게 정말 사람 짜증나게 한단 말이야.
That's what really gets me. House of Cards 1_1

그게 바로 그가 추구하는 바야.
That's what he's after. 24: Legacy 1_2

그게 내 생각이야.
That's what I think. Billions 2_7

그게 앞으로 우리가 해야 할 일이야.
That's what we're gonna do. Billions 2_8

> 수많은 뜻을 가진 동사 get에는 '~를 공격하다', '몸과 마음에 상처를 주다', '~를 죽이다' 등의 뜻도 있다. 여기에서 파생되어 '~를 짜증나게 하다'란 뜻도 가지게 됐다.

bother 귀찮게 하다 get (비격식) 짜증나게 만들다 after ~를 쫓는

📽 House of Cards 1_1 14:33

Francis She says they needed to keep me in Congress.
Claire Linda said that?
Francis Walker wasn't even there. **That's what really gets me.**
He didn't have the courage to look me in the eye. courage 용기

프랜시스 그녀 말로는 그들은 꼭 나를 계속 국회에 두고 싶었다네.
클레어 린다가 그래?
프랜시스 워커는 그 자리에 있지도 않았어. 그게 사람 짜증나게 한단 말이지.
그 자는 눈을 똑바로 쳐다볼 용기조차 없다고.

© NETFLIX

특급패턴 115

숙녀에게는 그렇게 얘기해야 되는 거야.

That's how+절 그건 ~한 거야

how는 '상태'와 '방법'을 의미하는 의문 부사입니다. 이 패턴은 의문문이 아니기 때문에 how 뒤에 '주어+동사'의 형태가 나온다는 것에 주의하세요.

저런 소리가 나야 되는 거야.
That's how it should sound. 13 Reasons Why 1_1

숙녀에게는 그렇게 얘기해야 되는 거야.
That's how you talk to a lady. 13 Reasons Why 1_3

우리 둘은 그렇게 만났습니다.
That's how the two of us met. A Series of Unfortunate Events 1_5

그렇게 해서 그게 효과가 있었던 거야?
That's how it worked? Hannibal 1_3

네 기분이 그렇다면, 대체 왜 가겠다는 거야?
If **that's how** you feel, then why are you even going? Gossip Girl 1_10

work 효과가 있다

📺 **13 Reasons Why 1_1** 16:55

dad If we got the timing right, we'll hear it. Okay, flip the ignition. [engine revs] You hear that? **That's how it should sound.**
flip 뒤집다, 젖히다 ignition 점화 장치

Tony That sounds different?

dad Yeah, it's different. Are you deaf? deaf 귀가 먹은

아빠 타이밍이 제대로 맞으면 소리가 날 거야. 자, 시동 걸어 봐. [엔진 속도가 올라간다] 들리니? 저런 소리가 나야 되는 거야.

토니 저 소리가 달라요?

아빠 그럼, 다르지. 귀가 먹은 거니?

자동차나 배 등 운송수단을 칭하는 대명사는 she(그녀)이다. 큰 가치를 지닌 운송수단을 여성을 대하는 것처럼 소중하고 조심스러워야 한다는 의미에서 그렇게 쓴다고 전해진다.

Practice 23

본문에 나온 예문을 무작위로 뽑아 연습문제를 만들었습니다. 한국어 해석을 보고 곧바로 영어로 말해 보세요. 곧장 입에서 나오는 것은 **Pass**, 오래 생각해야 하는 것은 **Repeat**, 아예 모르겠는 것은 **Fail**에 체크하고 다시 공부하세요.

Pass ___개   Repeat ___개   Fail ___개

01 저런 소리가 나야 되는 거야.

02 그래서 내가 여기에 왔잖아.

03 우리가 할 수 있는 게 하나도 없어.

04 무서울 거 하나도 없어.

05 그게 나를 신경 쓰이게 한단 말이야.

06 숙녀에게는 그렇게 얘기해야 되는 거야.

07 길 바로 건너에 모텔이 있어.

08 그래서 내가 너를 미치도록 좋아한단 말이야.

09 그 문제는 우리가 어떻게 할 도리가 없어.

10 겁먹을 이유가 전혀 없어.

11 그게 내 생각이야.

12 그게 바로 그가 추구하는 바야.

13 이래서 넌 내가 필요한 거야.

14 너는 그가 여기를 마음에 들어 하는 이유가 그거라고 생각해?

15 그렇게 해서 그게 효과가 있었던 거야?

16 여기에서 네가 할 수 있는 일은 하나도 없어.

17 그게 정말 사람 짜증나게 한단 말이야.

18 걱정할 건 하나도 없어.

19 우리 둘은 그렇게 만났습니다.

20 그냥 아주 작은 문제가 하나 있을 뿐이야.

---

01 That's how it should sound. **02** That's why I came here. **03** There's nothing we can do. **04** There's nothing to be afraid of. **05** That's what bothers me. **06** That's how you talk to a lady. **07** There's a motel just across the street. **08** That's why I'm crazy about you. **09** There's nothing we can do about it. **10** There's no reason to panic. **11** That's what I think. **12** That's what he's after. **13** This is why you need me. **14** You think that's why he likes it here? **15** That's how it worked? **16** There's nothing you can do here. **17** That's what really gets me. **18** There's nothing to worry about. **19** That's how the two of us met. **20** There's just one tiny problem.

My eyes! My eyes! -Friends

Episode 24

116 네 계획이 뭔데?
What's+명사? ~는 뭐야?

117 그게 무슨 뜻이야?
What does+절? ~하는 건 뭐야?

118 너 여기서 뭐하고 있어?
What are you+현재분사? 너 ~하고 있어?

119 날 뭐로 보고 이래?
What do you+동사원형? 넌 뭘 ~하니?

120 네 이름이 뭐라고 했지?
What did you+동사원형? 넌 뭘 ~했어?

특급패턴 116

네 계획이 뭔데?

What's + 명사? ~는 뭐야?

What's your name?이라는 문장을 모르는 사람은 없죠? what's 뒤에는 다양한 명사가 올 수 있습니다. 명사의 수에 따라 be동사를 맞추는 것 잊지마세요!

네 계획이 뭔데?
What's your plan? Crashing 1_1

이게 다 뭐야?
What's all this? Fargo 1_5

네가 하고 싶은 말이 뭐야?
What is your point? Dear White People 1_2

내가 선택할 수 있는 게 뭔데?
What are my options? Beyond 1_3

가능성이 얼마나 돼?
What are the odds? Fargo 2_3

point 요점, 의견 option 선택권 odds 가능성

📄 **Beyond 1_3** 03:55

| Holden | Look, I just need time. I need to think. |
| Willa | Not too long. These outbursts, they could get worse. |

outburst 감정의 폭발 worse 더 나쁜

| Holden | **What are my options?** |
| Willa | Your only option is to trust me. |

홀든	저기, 난 그냥 시간이 필요해. 생각을 좀 해야겠다고.
윌라	너무 오래는 안 돼. 이런 감정 폭발이 더 악화될 수도 있어.
홀든	내가 선택할 수 있는 게 뭔데?
윌라	네 유일한 선택은 나를 믿는 거야.

© FREEFORM

특급패턴 117

그게 무슨 뜻이야?

What does+절? ~하는 건 뭐야?

What does...?는 3인칭 단수 주어의 상태와 동작을 물을 때 활용하는 패턴이기 때문에 대동사 do의 형태가 does인 것에 주의해야 합니다. 주어의 평소 움직임이나 상태를 물어보기 위해 현재시제를 썼습니다.

그가 하는 일이 뭐야?
What does he do? Hannibal 2_6

보답으로 그가 원하는 게 뭐야?
What does he want in return? Game of Thrones 1_9

거기에 뭐라고 적혀 있어?
What does it say? Game of Thrones 1_10

그게 무슨 뜻이야?
What does that mean? 24: Legacy 1_1

그게 이 일과 무슨 상관인데?
What does that have to do with this? Cardinal 1_6

in return 보답으로   mean ~라는 뜻이다

📺 **24: Legacy 1_1** 13:15

Drew: I think Amira's gonna do something bad. Violent. Here at the school.
teacher: **What does that mean?** Why would you say that?
Drew: Because she's been texting this guy. I don't know his name, but it's all of this terrorist stuff. text 문자를 보내다 terrorist 테러리스트 stuff 것(들)

드루: 애머라가 안 좋은 짓을 할 것 같아요. 폭력이요. 여기 학교에서 말이에요.
선생님: 그게 무슨 소리야? 왜 그런 말을 하는 거니?
드루: 애머라가 어떤 남자한테 계속 문자를 보냈어요. 그 남자 이름은 몰라요. 하지만 문자 내용이 모두 테러리스트에 관한 것이었어요.

© FOX

너 여기서 뭐하고 있어?
What are you+현재분사? 너 ~하고 있어?

현재분사를 활용해서 상대가 지금 하고 있는 행동이나 가까운 미래에 하게 될 행동, 또는 현재의 상태를 물을 수 있습니다.

너 지금 무슨 소리를 하는 거야?
What are you talking about? 11.22.63 1_1

너희 둘 무슨 책략을 꾸미고 있는 거야?
What are you two scheming up? Empire 1_7

너 여기서 뭐하고 있어?
What are you doing here? Cardinal 1_2

너 지금 뭘 입고 있어?
What are you wearing? Dear White People 1_1

뭐 때문에 그 소파를 팔려는 거야?
What are you selling the couch for? Crashing 1_3

scheme up 책략을 꾸미다 what for 무엇 때문에 couch 긴 의자

📺 11.22.63 1_1 13:15

Jake Who else knows about it? else 또 다른
Al Just you. If I told anyone else about it, they might try to stop me.
Jake They'd try to stop you? **What are you talking about?** Al, why did you show this to me?

제이크 다른 사람은 또 누가 알고 있어요?
알 너밖에 몰라. 다른 사람한테 말하면 다들 나를 막으려고 할 테니까.
제이크 다들 막으려 든다고요? 지금 무슨 말씀을 하시는 거예요? 알, 왜 저한테 이걸 보여 주신 건가요?

특급패턴 119

날 뭐로 보고 이래?

What do you+동사원형? 넌 뭘 ~하니?

What do에서 [t]와 [d]는 모음 사이에서 [r]로 바뀌게 됩니다. 따라서 What do you는 [윗두유], 또는 [워류] 정도로 읽어야 합니다.

날 뭐로 보고 이래?
What do you take me for? Cardinal 1_6

네 생각은 어때?
What do you say? Crashing 1_1

넌 뭘 의논하고 싶은데?
What do you wish to discuss? Deadwood 2_7

그걸 뭐라고 불러요?
What do you call it? Fargo 1_2

넌 그 정장 어떻게 생각해?
What do you think of the suit? Fargo 1_9

take A for B A를 B라고 생각하다 discuss 상의하다 suit 정장

📺 **Cardinal 1_6** 20:20

Lise	You're keeping that purse awfully close. Anything in there I should be worried about? purse 작은 가방 awfully 정말
Tammy	What do you take me for?
Lise	I don't know you.

리즈	그 가방을 계속 안고 있다시피 하네요. 그 안에 제가 염려해야 할 뭔가가 들어 있나요?
태미	저를 어떻게 보고 그러세요?
리즈	저는 당신이 어떤 사람인지 모르니까요.

© CTV

네 이름이 뭐라고 했지?
What did you+동사원형? 넌 뭘 ~했어?

What did you…? 패턴은 What do you…?의 과거형입니다. 과거시제 did를 써서 상대가 과거에 한 말이나 행동을 묻는 패턴입니다.

자네는 뭘 발견했나?
What did you find? NCIS 1_9

네가 나한테 뭐라고 했더라?
What did you say to me? The Leftovers 1_7

네 이름이 뭐라고 했지?
What did you say your name was? The Americans 2_3

넌 뭘 예상했어?
What did you expect? Castle 2_1

너 뭐 때문에 그런 거야?
What did you do that for? Mad Men 1_1

Mad Men 1_1 07:03

Paul **What did you do that for?** She'll probably be assigned to one of us. assign 배정하다
Ken Then she'll know what she's in for. You got to let them know what kind of guy you are. Then they'll know what kind of girl to be.

폴 자네 왜 그랬어? 그 여자가 어쩌면 우리 중 한 사람에게 배정될지도 모르잖아.
켄 그렇다면 자신이 지금 어떤 상황인지 알게 되겠지. 우리가 어떤 사람인지 그들에게 알려 줘야 돼. 그러면 그들도 어떤 여자가 되어야 할지 알게 될 테니까.

© AMC

205

Practice 24

본문에 나온 예문을 무작위로 뽑아 연습문제를 만들었습니다. 한국어 해석을 보고 곧바로 영어로 말해 보세요. 곧장 입에서 나오는 것은 **Pass**, 오래 생각해야 하는 것은 **Repeat**, 아예 모르겠는 것은 **Fail**에 체크하고 다시 공부하세요.

Pass _____ 개   Repeat _____ 개   Fail _____ 개

01 넌 뭘 의논하고 싶은데?

02 가능성이 얼마나 돼?

03 넌 뭘 예상했어?

04 그게 이 일과 무슨 상관인데?

05 너 지금 뭘 입고 있어?

06 그걸 뭐라고 불러요?

07 보답으로 그가 원하는 게 뭐야?

08 이게 다 뭐야?

09 자네는 뭘 발견했나?

10 너 지금 무슨 소리를 하는 거야?

| 11 | 날 뭐로 보고 이래? |

| 12 | 내가 선택할 수 있는 게 뭔데? |

| 13 | 그게 무슨 뜻이야? |

| 14 | 네 계획이 뭔데? |

| 15 | 네 이름이 뭐라고 했지? |

| 16 | 너 여기서 뭐하고 있어? |

| 17 | 거기에 뭐라고 적혀 있어? |

| 18 | 네가 나한테 뭐라고 했더라? |

| 19 | 네 생각은 어때? |

| 20 | 너희 둘 무슨 책략을 꾸미고 있는 거야? |

---

01 What do you wish to discuss? **02** What are the odds? **03** What did you expect? **04** What does that have to do with this? **05** What are you wearing? **06** What do you call it? **07** What does he want in return? **08** What's all this? **09** What did you find? **10** What are you talking about? **11** What do you take me for? **12** What are my options? **13** What does that mean? **14** What's your plan? **15** What did you say your name was? **16** What are you doing here? **17** What does it say? **18** What did you say to me? **19** What do you say? **20** What are you two scheming up?

My eyes! My eyes! -Friends

Episode 25

121   **넌 뭘 샀어?**
What have you+과거분사?   넌 뭘 ~했었어?

122   **왜 그렇게 속이 상해 있니?**
Why are you+형용사/분사?   넌 왜 ~해?/~하고 있어?

123   **왜 그런 걸 물어보는 거야?**
What makes you+형용사/동사원형?   네가 ~한 원인이 뭐야?

124   **넌 왜 이사를 가고 싶니?**
Why do you+동사원형?   넌 왜 ~해?

125   **그게 뭔지 네가 알아보면 어때?**
Why don't you+동사원형?   ~해 보지 그래?

넌 뭘 샀어?

What have you+과거분사? 넌 뭘 ~했었어?

현재완료는 현재와 연결되어 있는 과거의 행위와 사실을 말합니다. 하지만 과거의 시점이 정확하지는 않죠. 시점이 정확하다면 현재완료가 아닌 과거시제를 써야 합니다.

넌 뭘 샀어?
What have you bought? The Newsroom 3_1

그래서 결국 네가 얻은 건 뭐야?
What have you gained? House M.D. 1_9

너 지난 24시간 동안 뭐 먹었어?
What have you eaten in the last 24 hours? Lost Girl 1_6

넌 계속 뭘 하고 있었어?
What have you been doing? The Good Wife 2_16

넌 무슨 얘기를 하려고 온 거야?
What have you come to talk about? Boston Legal 1_2

gain 얻다 last 지난

📺 **The Newsroom 3_1** 05:45

lawyer Have you ever bought anything over the phone?
From one of those commercials you see on TV? commercial 광고
teacher Yes.
lawyer **What have you bought?**
teacher I bought something that removes scratches from your car.
scratch 긁힌 자국

변호사 전화로 뭔가를 주문한 적이 있나요? TV에서 보는 광고 중에 하나였나요?
선생님 예.
변호사 뭘 사셨나요?
선생님 차에 생긴 스크래치를 없애는 걸 샀습니다.

왜 그렇게 속이 상해 있니?
Why are you+형용사/분사? 넌 왜 ~해?/~하고 있어?

Why are you...?는 상태나 동작의 '이유'를 묻는 패턴입니다. 이 패턴 뒤에 오는 형용사는 '시제를 포함하지 않는 상태'를 의미하는 반면, 동사에서 변형된 분사는 '현재진행의 동작이 가미된 상태(현재분사)', '과거시제를 담은 상태(과거분사)'를 나타냅니다.

왜 갑자기 그렇게 관심이 생긴 거야?
Why are you suddenly so interested? Lost 2_3

왜 그렇게 속이 상해 있니?
Why are you so upset? 11.22.63 1_4

나를 쫓아오는 이유가 뭐야?
Why are you following me? 11.22.63 1_7

그건 왜 입고 있는 거야?
Why are you wearing them? Breaking Bad 1_3

나를 벌주는 이유가 뭐야?
Why are you punishing me? Breaking Bad 2_5

follow ~의 뒤를 따라가다　punish 벌주다　suddenly 갑자기
interested 관심이 있는

📺 **Breaking Bad 2_5** 32:42

Skyler	Apologize. Now or never. I mean it. Or it'll never be the same. apologize 사과하다　mean it 진심이다
Marie	**Why are you punishing me?**
Skyler	If you don't respect me enough to apologize, to tell me the truth, then… respect 존중하다
Marie	I'm sorry. I'm sorry.
스카일러	사과해라. 지금이 아니면 안 돼. 진심으로 하는 말이야. 그렇지 않으면 절대 예전 같지 않을 거야.
마리	왜 절 꾸짖는 건데요?
스카일러	네가 나를 존중하지 않으면, 사과도 안 하고, 진실도 말하지 않으면, 그러면…
마리	죄송해요. 죄송해요.

© AMC

왜 그런 걸 물어보는 거야?

What makes you+형용사/동사원형? 네가 ~한 원인이 뭐야?

What makes you...?는 상태나 동작을 촉발시킨 '원인'을 묻는 패턴입니다. 따라서 Why are/do you...?라는 질문에는 Because로 대답할 수 있지만, What makes you...?에는 주로 원인을 주어로 대답하게 됩니다. 다만 두 패턴 모두 한국어로는 '왜', '이유', '원인' 등 비슷하게 해석합니다.

그 애가 내 딸이라고 그렇게 확신하는 이유가 뭐야?
What makes you so sure she's my daughter?
Empire 1_7

넌 뭐 때문에 행복하니?
What makes you happy? Brothers and Sisters 1_16

왜 그런 걸 물어보는 거야?
What makes you ask that? Blindspot 1_6

우리가 같이 살 수 있다고 생각하는 이유가 뭐야?
What makes you think we can live together?
Grey's Anatomy 2_10

그가 실종된 거라고 생각하는 이유가 뭐야?
What makes you think he's gone missing? Lost Girl 1_12

missing 실종된

Empire 1_7 16:53

Lucious: You know Becky's been taking care of your daughter. You might want to thank her for that. take care of ~를 돌보다
Jamal: **What makes you so sure she's my daughter?**
Lucious: You were married to her mother.
Jamal: Our marriage was a sham. You know that. sham 가짜

루시어스 베키가 네 딸을 잘 돌봐 주고 있어. 그녀에게 고맙다고 해.
자말 그 아이가 제 딸이라고 그렇게 확신하는 원인이 뭐예요?
루시어스 너는 저 아이의 엄마와 결혼했잖아.
자말 우리 결혼은 가짜였어요. 잘 아시잖아요.

넌 왜 이사를 가고 싶니?
Why do you+동사원형? 넌 왜 ~해?

상대의 평소 행동이나 상태에 대해 이유를 묻는 패턴입니다. Why로 물을 때는 마치 따지는 것 같은 느낌이 들 수 있기 때문에 억양이나 감정 처리에 주의해야 합니다.

넌 왜 이사를 가고 싶니?
Why do you wanna move? Modern Family 2_11

넌 왜 그녀에게 그렇게까지 신경을 쓰는 거야?
Why do you care about her so much? Lost 1_13

나한테 그걸 묻는 이유가 뭐야?
Why do you ask me that? Justified 2_2

너는 왜 걔를 참고 봐주는 건데?
Why do you put up with him? Sherlock 1_1

넌 왜 항상 내가 실패하기를 바라는 거야?
Why do you always want me to fail? Modern Family 3_3

move 이사하다 care about ~에 마음을 쓰다
put up with 참고 견디다 fail 실패하다

📺 Lost 1_13 12:33

Boone: Look, at least I gotta tell Shannon. at least 적어도
John: Why?
Boone: Cause she's my sister.
John: **Why do you care about her so much?**
Boone: You don't know her, man. She's smart and she's special in a lot of ways. way (현상의) 면

분: 있죠, 적어도 쉐넌에게는 말해야겠어요.
촌: 왜?
분: 제 누이니까요.
촌: 동생을 왜 그렇게 신경 쓰는 거야?
분: 당신은 그 애를 모르잖아요. 그 애는 똑똑하고 여러 면에서 특별하다고요.

그게 뭔지 네가 알아보면 어때?

Why don't you+동사원형? ~해 보지 그래?

Why don't you…?는 '너 왜 ~안 해?'가 아니라 '그러지 말고 이러면 어때?', '이렇게 한번 해 보지 그래?' 같은 느낌으로 권유하는 말입니다.

한번 알아맞혀 봐.
Why don't you guess? Lost 1_11

이쪽으로 좀 건너와.
Why don't you come over? 11.22.63 1_5

지금 당장 해 보지 그래?
Why don't you do it now? 11.22.63 1_5

오늘은 그냥 거기에서 머무는 게 어떨까?
Why don't you just stay there tonight? Breaking Bad 1_3

그게 뭔지 네가 알아보면 어때?
Why don't you find out what it is? Modern Family 2_2

guess 추측하다 come over 가로질러 오다/가다 find out ~에 대해 알아내다

Modern Family 2_2 03:23

Claire: Haley, honey. I need you to do something for me.
Haley: Mom, my arm hurts.
Claire: **Why don't you find out what it is**
before you start making up excuses to get out of it?
making up 지어내다 excuses 핑계

클레어: 헤일리, 얘야. 엄마 좀 도와줘야겠다.
헤일리: 엄마, 나 팔이 아픈데.
클레어: 빠져나가려고 변명부터 늘어놓기 전에 무슨 일인지나 알려고 하면 안 되겠니?

본문에 나온 예문을 무작위로 뽑아 연습문제를 만들었습니다. 한국어 해석을 보고 곧바로 영어로 말해 보세요. 곧장 입에서 나오는 것은 **Pass**, 오래 생각해야 하는 것은 **Repeat**, 아예 모르겠는 것은 **Fail**에 체크하고 다시 공부하세요.

Pass ___ 개   Repeat ___ 개   Fail ___ 개

01 너는 왜 걔를 참고 봐주는 건데?

02 그게 뭔지 네가 알아보면 어때?

03 넌 뭐 때문에 행복하니?

04 그건 왜 입고 있는 거야?

05 넌 뭘 샀어?

06 이쪽으로 좀 건너와.

07 넌 왜 이사를 가고 싶니?

08 나를 벌주는 이유가 뭐야?

09 그 애가 내 딸이라고 그렇게 확신하는 이유가 뭐야?

10 나한테 그걸 묻는 이유가 뭐야?

11 오늘은 그냥 거기에서 머무는 게 어떨까?

12 나를 쫓아오는 이유가 뭐야?

13 넌 계속 뭘 하고 있었어?

14 우리가 같이 살 수 있다고 생각하는 이유가 뭐야?

15 넌 왜 그녀에게 그렇게까지 신경을 쓰는 거야?

16 너 지난 24시간 동안 뭐 먹었어?

17 지금 당장 해 보지 그래?

18 왜 그런 걸 물어보는 거야?

19 그래서 결국 네가 얻은 건 뭐야?

20 왜 갑자기 그렇게 관심이 생긴 거야?

---

01 Why do you put up with him? **02** Why don't you find out what it is? **03** What makes you happy? **04** Why are you wearing them? **05** What have you bought? **06** Why don't you come over? **07** Why do you wanna move? **08** Why are you punishing me? **09** What makes you so sure she's my daughter? **10** Why do you ask me that? **11** Why don't you just stay there tonight? **12** Why are you following me? **13** What have you been doing? **14** What makes you think we can live together? **15** Why do you care about her so much? **16** What have you eaten in the last 24 hours? **17** Why don't you do it now? **18** What makes you ask that? **19** What have you gained? **20** Why are you suddenly so interested?

How you doing? -Friends

Episode 26

126 넌 왜 학교를 무단결석한 거니?
Why did you+동사원형? 넌 왜 ~했니?

127 왜 나한테 말하지 않았어?
Why didn't you+동사원형? 넌 왜 ~하지 않았어?

128 내가 왜 너를 믿어야 하지?
Why should I+동사원형? 내가 왜 ~해야 돼?

129 넌 평소에 누구하고 어울려 다니니?
Who do you+동사원형? 넌 누구를 ~해?

130 넌 누가 케네디를 죽였다고 생각해?
Who do you think…? 넌 누가 ~라고 생각해?

넌 왜 학교를 무단결석한 거니?

Why did you+동사원형? 넌 왜 ~했니?

Why do you…?의 과거형으로, 과거에 한 행위에 대해 이유를 묻는 패턴입니다. 뒤에 일반동사의 원형을 쓰세요.

넌 왜 그를 막으려고 했던 거야?
Why did you try to stop him? Queen of the South 1_13

넌 왜 나한테 이런 짓을 했던 거야?
Why did you do this to me? 11.22.63 1_7

너 왜 거짓말을 했니?
Why did you say a fib? Modern Family 4_5

넌 왜 학교를 무단결석한 거니?
Why did you go AWOL from school? Ransom 1_8

넌 왜 그것들을 지금 빌리기로 결정한 거야?
Why did you decide to loan them out now?
Ransom 1_10

fib 거짓말 AWOL(absent without leave) 무단결석(이탈) loan out 대여하다

Ransom 1_8 31:37

Maxine Evie. So, **why did you go AWOL from school?**
Evie I went to a party. You were young once, right?
Maxine Nah, those were just rumors. You know your dad really cares about you.

맥신 에비. 그런데, 넌 왜 학교를 무단결석한 거니?
에비 파티에 갔어요. 선생님도 어린 시절이 있었잖아요, 그죠?
맥신 아니, 그건 다 소문이란다. 네 아빠가 너한테 신경 많이 쓰는 거 알잖니.

© CBS

특급패턴 127

왜 나한테 말하지 않았어?

Why didn't you+동사원형? 넌 왜 ~하지 않았어?

Why did you…? 패턴의 부정형입니다. 상대가 과거에 했어야 하는 일을 추궁하는 표현입니다. '이유'와 '부정'이 합쳐지면 의미가 강력해집니다.

넌 왜 아무 말도 하지 않았어?
Why didn't you say anything? Mr. Robot 1_9

왜 나한테 말하지 않았어?
Why didn't you tell me? Justified 2_4

넌 왜 그를 떠나지 않았어?
Why didn't you leave him? 11.22.63 1_4

왜 그냥 그 사람하고 같이 가지 않았어?
Why didn't you just go with him? Queen of the South 1_12

그들이 물었을 때 넌 왜 아니라고 말하지 않았어?
Why didn't you say no when they asked? Justified 2_4

Mr. Robot 1_9 7:45

Elliot **Why didn't you say anything?** Why didn't you tell me?
Mr. Robot Okay, Elliot.
Elliot This whole time! whole 전체의, 모든
Mr. Robot Elliot. You are not well. I was trying to handle it gently.
well 건강한 handle 처리하다 gently 조심스럽게

엘리엇 왜 아무 말도 하지 않았어요? 왜 나한테 말하지 않았어요?
로봇 알았어, 엘리엇.
엘리엇 지금까지 내내!
로봇 엘리엇. 넌 지금 몸이 성치 않아. 난 조심스럽게 일을 처리하려고 했어.

내가 왜 너를 믿어야 하지?

Why should I+동사원형? 내가 왜 ~해야 돼?

내가 왜 뭔가를 해야 한다고 생각하는지, 왜 그걸 기대하는지를 상대에게 묻는 패턴입니다. 이 패턴으로 말하면 화자의 놀라움이 잘 전달됩니다.

내가 집을 옮겨야 되는 이유가 뭐야?
Why should I move? Grey's Anatomy 2_11

내가 왜 너를 믿어야 하지?
Why should I trust you? Beyond 1_9

내가 왜 당신을 고용해야 됩니까?
Why should I hire you? The Good Wife 1_15

내가 왜 너한테 이 말을 해야 돼?
Why should I have to tell you this? Gossip Girl 1_8

왜 내가 당신 말이 맞다고 믿어야 되는 건데?
Why should I believe you're right? House of Cards 1_6

hire 고용하다

📺 **Beyond 1_9** 38:16

Willa I can take you where you want to go.
Isaac Why should I trust you?
Willa What makes you think you can trust Holden? You've seen what he can do. So what makes you think you're safer having him lead you? What makes you think he won't kill you the first chance he gets? lead 안내하다, 데리고 가다

© FREEFORM

윌라 원하는 곳으로 제가 모셔다 드릴 수 있어요.
아이삭 내가 왜 너를 믿어야 되지?
윌라 왜 홀든은 믿을 수 있다고 생각하시죠? 그가 무슨 짓을 할 수 있는지 그동안 봤잖아요. 그런데 왜 그가 당신을 이끄는 게 더 안전하다고 생각하시나요? 그 사람이 기회가 되면 곧장 당신을 죽일 수 있다는 생각을 왜 하지 않는 거죠?

219

특급패턴 129
넌 평소에 누구하고 어울려 다니니?

Who do you+동사원형? 넌 누구를 ~해?

이 패턴은 원래 의미상 주격 Who가 아닌 목적격 Whom이 와서 Whom do you…?라고 해야 맞습니다. 하지만 문장의 맨 앞에 의문사를 둘 때는 주격을 쓰는 것이 더 자연스러워요.

당신은 누구 밑에서 일하나요?
Who do you work for? Scandal 1_1

누구를 거기에 데려가고 싶은 거야?
Who do you want to take there? Pretty Little Liars 1_8

넌 평소에 누구하고 어울려 다니니?
Who do you hang out with? Grey's Anatomy 1_9

누구를 떠올리고 있니?
Who do you have in mind? Empire 1_5

너는 그녀가 누구에게 진실을 말하기를 원하는데?
Who do you want her to tell the truth to? In Treatment 1_8

hang out with ~와 어울리다 have... in mind ~를 생각하다

Scandal 1_1 00:56

Harrison You really want to ask me who I work for.
Quinn Fine. **Who do you work for?**
Harrison Olivia Pope.
Quinn Olivia Pope? The Olivia Pope? Wait. Shut up.

해리슨 내가 누구 밑에서 일하는지 정말 물어보고 싶잖아요.
퀸 좋아요. 당신이 누구 밑에서 일하는데요?
해리슨 올리비아 포프요.
퀸 올리비아 포프라고요? 그 올리비아 포프요? 잠깐만요. 말도 안 돼.

© abc

넌 누가 케네디를 죽였다고 생각해?

Who do you think...? 넌 누가 ~라고 생각해?

상대방이 생각하는 인물을 묻는 패턴입니다. 어떤 행위를 한 사람부터 목적이 되는 사람 등 사람과 관계된 질문을 할 수 있습니다.

넌 누구 말이 맞다고 생각해?
Who do you think is right? House M.D. 1_9

넌 누가 케네디를 죽였다고 생각해?
Who do you think killed Kennedy? 11.22.63 1_1

당신은 도대체 뭐 하는 사람입니까?
Who do you think you are? The Good Wife 1_23

넌 지금 네가 누구한테 말하고 있는지 알고 있는 거야?
Who do you think you're talking to? Friday Night Lights 2_2

걔가 누구한테 화풀이를 할 거라고 생각해?
Who do you think he's going to take it out on?
NCIS 2_5

take it out on ~에게 화풀이를 하다

NCIS 2_5 28:20

Tony If I beat the crap out of him, **who do you think he's going to take it out on?** Oh, that's right, all of us.
beat the crap out of ~를 흠씬 두들겨 패다

McGee So you took a dive for the team? dive 뛰어들다
Tony Of course, McGee.

토니 내가 그를 흠씬 두들겨 패면, 그 사람이 화풀이를 누구에게 할까요? 네, 맞아요. 우리 모두일 겁니다.
맥기 그래서 그쪽이 팀을 위해서 뛰어들었다는 거예요?
토니 물론이지, 맥기.

© CBS

Practice 26

본문에 나온 예문을 무작위로 뽑아 연습문제를 만들었습니다. 한국어 해석을 보고 곧바로 영어로 말해 보세요. 곧장 입에서 나오는 것은 **Pass**, 오래 생각해야 하는 것은 **Repeat**, 아예 모르겠는 것은 **Fail**에 체크하고 다시 공부하세요.

Pass ___개   Repeat ___개   Fail ___개

01 넌 왜 학교를 무단결석한 거니?

02 걔가 누구한테 화풀이를 할 거라고 생각해?

03 누구를 떠올리고 있니?

04 내가 왜 너한테 이 말을 해야 돼?

05 왜 그냥 그 사람하고 같이 가지 않았어?

06 넌 왜 그를 막으려고 했던 거야?

07 내가 집을 옮겨야 되는 이유가 뭐야?

08 넌 누가 케네디를 죽였다고 생각해?

09 당신은 누구 밑에서 일하나요?

10 넌 왜 아무 말도 하지 않았어?

11 넌 왜 나한테 이런 짓을 했던 거야?

12 내가 왜 당신을 고용해야 됩니까?

13 왜 나한테 말하지 않았어?

14 누구를 거기에 데려가고 싶은 거야?

15 당신은 도대체 뭐 하는 사람입니까?

16 내가 왜 너를 믿어야 하지?

17 넌 지금 네가 누구한테 말하고 있는지 알고 있는 거야?

18 넌 왜 그를 떠나지 않았어?

19 너 왜 거짓말을 했니?

20 넌 평소에 누구하고 어울려 다니니?

---

01 Why did you go AWOL from school? **02** Who do you think he's going to take it out on? **03** Who do you have in mind? **04** Why should I have to tell you this? **05** Why didn't you just go with him? **06** Why did you try to stop him? **07** Why should I move? **08** Who do you think killed Kennedy? **09** Who do you work for? **10** Why didn't you say anything? **11** Why did you do this to me? **12** Why should I hire you? **13** Why didn't you tell me? **14** Who do you want to take there? **15** Who do you think you are? **16** Why should I trust you? **17** Who do you think you're talking to? **18** Why didn't you leave him? **19** Why did you say a fib? **20** Who do you hang out with?

223

How you doing? -Friends

Episode 27

131 내가 어떻게 네 얼굴을 똑바로 볼 수 있겠니?
How can I+동사원형? 내가 어떻게 ~할 수 있겠어?

132 너 이걸 어떻게 설명할래?
How do you+동사원형? 넌 어떻게 ~해?

133 그 직업은 어떻게 갖게 된 거예요?
How did you+동사원형? 넌 어떻게 ~했어?

134 네가 어떻게 나를 그런 식으로 배신할 수 있어?
How could you+동사원형? 네가 어떻게 ~할 수가 있어?

135 두 사람 결혼한 지는 얼마나 됐어?
How long+일반동사? ~는 얼마나 됐어?

내가 어떻게 네 얼굴을 똑바로 볼 수 있겠니?

How can I+동사원형? 내가 어떻게 ~할 수 있겠어?

조동사 can은 '능력' 외에 '가능성'을 나타냅니다. 하지만 How can I...?로 질문하면 어떻게 할 수 있을지 가능성 여부나 방법을 묻는 것뿐 아니라 해내기 힘든 일이라고 푸념하는 뉘앙스도 표현할 수 있어요.

내가 어떻게 확신을 갖고 이 말을 할 수 있겠어?
How can I say this with confidence? House of Lies 2_7

내가 어떻게 너랑 같이 일을 할 수 있겠어?
How can I work with you? House M.D. 1_17

어떻게 내가 네 얼굴을 똑바로 볼 수 있겠니?
How can I look you in the face? The Sopranos 1_13

내가 그걸 어떻게 확신할 수 있겠어?
How can I be sure of that? Grey's Anatomy 2_5

내가 그걸 어떻게 도울 수 있을까?
How can I help with that? House of Cards 1_10

confidence 확신 look... in the face ~의 얼굴을 똑바로 보다

🎬 House M.D. 1_17 25:57

Gregory I can't fire you, so you have no reason to fear me and, therefore, no reason to lie to me. You told Cuddy where I was. You told Vogler what I was doing. fire 해고하다 fear ~를 두려워하다
Chase Yeah.
Gregory So how can I work with you?

그레고리 난 자네를 해고할 수 없어. 그러니 자네는 나를 두려워할 이유가 없지. 그러니 나한테 거짓말할 이유도 없고. 자네는 커디에게 내가 어디에 있는지를 얘기했어. 보글러에게는 내가 뭘 하고 있는지를 말해 버렸고.
체이스 그랬죠.
그레고리 그러니 내가 어떻게 자네와 같이 일할 수 있겠나?

너 이걸 어떻게 설명할래?

How do you+동사원형? 넌 어떻게 ~해?

상대에게 평소에 뭔가를 하는 방법과 이유를 묻거나, 또는 상대의 평소 상태를 물을 때는 How do you…?로 말을 시작하면 됩니다.

넌 어떻게 그게 가능하다고 생각해?
How do you think that's possible? Recovery Road 1_1

네 기분은 어때?
How do you feel? Recovery Road 1_9

너 이걸 어떻게 설명할래?
How do you explain this? Suits 2_6

넌 이거 하는 방법을 어떻게 알아?
How do you know how to do this? Suits 2_12

그게 당신 건지 어떻게 알아?
How do you know it's yours? The Wire 2_7

📺 **Recovery Road 1_1** 20:25

Maddie You'll get to see that my life is actually pretty boring, and I'm not an addict. Have you ever stopped to consider the reason I was drinking in school is because it's insufferably boring? I make decent grades. **How do you think that's possible?**

get to ~에 이르다 addict 중독자 consider 곰곰이 생각하다 insufferably 참을 수 없게 decent 괜찮은 grade 성적

매디 내 삶이 정말 지루하다는 걸 엄마도 알게 될 거야. 그리고 난 중독자가 아니야. 엄마, 내가 학교에서 술을 마시는 이유가 견딜 수 없을 만큼 지겹기 때문이라는 걸 한번이라도 생각해 본 적 있어? 내 성적 꽤 괜찮잖아. 엄마는 그게 어떻게 가능하다고 생각해?

© FREEFORM

226

그 직업은 어떻게 갖게 된 거예요?

How did you+동사원형? 넌 어떻게 ~했어?

How do you...?의 과거형입니다. 어떻게 그 일을 해냈는지 묻는 패턴이죠. 패턴 뒤에 나오는 내용이 궁금한 것이니 그쪽에 강세를 주어 발음합니다.

그를 어떻게 설득했어?
How did you convince him? 24: Legacy 1_7

그 직업은 어떻게 갖게 된 거예요?
How did you get the job? House M.D. 1_1

이런 사실에 대해서 어떻게 알아낸 거예요?
How did you find out about this? House M.D. 1_2

도대체 걔를 어떻게 찾은 거야?
How did you find him? Beyond 1_4

제가 스탠포드에 다닌 건 또 어떻게 아셨어요?
How did you even know I went to Stanford?
24: Legacy 1_1

convince 설득하다 job 직장

 24: Legacy 1_7 28:33

Jadalla	How did you convince him?
Eric	Let's just say I didn't give him a choice.
Jadalla	I'm sending you GPS coordinates for the exchange.

coordinate 좌표 exchange 교환

자달라 그를 어떻게 설득했어?
에릭   그냥 그에게 선택의 여지를 주지 않았다고만 말해 두지.
자달라 나는 대신 GPS 좌표를 보내 주겠어.

227

특급패턴 134 네가 어떻게 나를 그런 식으로 배신할 수 있어?

How could you+동사원형? 네가 어떻게 ~할 수가 있어?

How could you…?는 보통 상대의 행동에 충격을 받은 후에 어떻게 그럴 수 있는지를 물을 때 씁니다.

네가 어떻게 나를 그런 식으로 배신할 수 있어?
How could you betray me like that? 13 Reasons Why 1_2

넌 어쩜 그렇게 차갑고 냉정할 수가 있는 거니?
How could you be so cold and frigid? Lost Girl 1_4

그게 무슨 뜻인지 어떻게 모를 수가 있어요?
How could you not know what that means?
13 Reasons Why 1_5

어떻게 우리한테 그걸 말하지 않을 수가 있어?
How could you not tell us that? Suits 2_11

네가 어떻게 나한테 이럴 수 있는지 말 좀 해 볼래?
Tell me **how could you** do this to me? Grey's Anatomy 2_8

betray 배신하다 frigid 냉랭한

📱 13 Reasons Why 1_5 14:08

counselor I don't know what that means. They pantsed you?
Tyler **How could you not know what that means?**
You work at a high school.
counselor That school I transferred from, kids shot kids.
Pants I don't know. transfer 전근 가다
Tyler They just, they just pulled my pants down. pull 잡아당기다

상담사 무슨 소린지 모르겠네. 걔네가 네 바지를 뭐했다고?
타일러 그게 무슨 뜻인지 어떻게 모를 수 있어요? 고등학교에서 일하시면서요.
상담사 내가 전에 있던 학교에서는, 애들이 서로 쏴서 죽였어. 바지 나부랭이는 뭔지 모르겠다.
타일러 애들이, 그러니까 제 바지를 내렸다고요.

두 사람 결혼한 지는 얼마나 됐어?

How long+일반동사? ~는 얼마나 됐어?

How long 뒤에 오는 내용이 얼마나 계속 되었는지, 현재도 계속 되고 있는지를 묻는 패턴입니다. long은 길이가 얼마나 긴지 물을 때도 쓸 수 있지만 대부분 기간을 물을 때 씁니다.

너 거기 얼마나 서 있었어?
How long have you been standing there? Lost Girl 1_2

아이를 갖기 위해서 얼마나 노력해 봤어?
How long have you been trying to conceive?
Mad Men 2_5

두 사람 결혼한 지는 얼마나 됐어?
How long have you two been married? Doctor Who 2_5

그 사람은 이 상태로 얼마나 있었던 거야?
How long has he been like this? House M.D. 1_9

넌 네가 얼마 동안이나 그들을 무시할 수 있을 것 같아?
How long do you think you can ignore them?
House, M.D. 1_2

conceive 아이를 가지다 ignore 무시하다

Lost Girl 1_2 34:12

Lauren How long have you been standing there?
Bo Not long. I like watching a professional at work.
professional 전문직 종사자
Lauren Oh, well, it's just boring research.

로렌 너 거기 얼마 동안 서 있었니?
보 오래는 아니에요. 저는 전문가가 일하는 걸 보는 게 좋아요.
로렌 뭐, 그냥 지루한 연구란다.

© CW

Practice 27

본문에 나온 예문을 무작위로 뽑아 연습문제를 만들었습니다. 한국어 해석을 보고 곧바로 영어로 말해 보세요. 곧장 입에서 나오는 것은 **Pass**, 오래 생각해야 하는 것은 **Repeat**, 아예 모르겠는 것은 **Fail**에 체크하고 다시 공부하세요.

Pass ___개   Repeat ___개   Fail ___개

01 내가 그걸 어떻게 확신할 수 있겠어?

02 어떻게 우리한테 그걸 말하지 않을 수가 있어?

03 도대체 걔를 어떻게 찾은 거야?

04 넌 이거 하는 방법을 어떻게 알아?

05 너 거기 얼마나 서 있었어?

06 내가 어떻게 너랑 같이 일을 할 수 있겠어?

07 그를 어떻게 설득했어?

08 넌 어쩜 그렇게 차갑고 냉정할 수가 있는 거니?

09 네 기분은 어때?

10 그 사람은 이 상태로 얼마나 있었던 거야?

11 이런 사실에 대해서 어떻게 알아낸 거예요?

12 내가 어떻게 확신을 갖고 이 말을 할 수 있겠어?

13 네가 어떻게 나를 그런 식으로 배신할 수 있어?

14 넌 어떻게 그게 가능하다고 생각해?

15 두 사람 결혼한 지는 얼마나 됐어?

16 그게 무슨 뜻인지 어떻게 모를 수가 있어요?

17 너 이걸 어떻게 설명할래?

18 아이를 갖기 위해서 얼마나 노력해 봤어?

19 어떻게 내가 네 얼굴을 똑바로 볼 수 있겠니?

20 그 직업은 어떻게 갖게 된 거예요?

---

01 How can I be sure of that? **02** How could you not tell us that? **03** How did you find him? **04** How do you know how to do this? **05** How long have you been standing there? **06** How can I work with you? **07** How did you convince him? **08** How could you be so cold and frigid? **09** How do you feel? **10** How long has he been like this? **11** How did you find out about this? **12** How can I say this with confidence? **13** How could you betray me like that? **14** How do you think that's possible? **15** How long have you two been married? **16** How could you not know what that means? **17** How do you explain this? **18** How long have you been trying to conceive? **19** How can I look you in the face? **20** How did you get the job?

쉘든이 먹는 종이 박스 속 음식은 뭘까?

빅뱅이론(The Big Bang Theory)을 보면 거의 매 회 종이 박스에 포장된 음식을 먹는 장면이 나옵니다. 이런 장면은 다른 미드에서도 종종 볼 수 있습니다. 미국에서는 전 세계의 음식을 맛볼 수 있는데, 특히 중국이나 동남아 음식을 개인용 종이 박스에 담아서 포장해 가는 일이 흔합니다. 이 '포장 음식'을 영어로는 take-out이라고 하죠. 이런 음식을 먹을 때는 주로 포크(fork)나 젓가락(chopsticks)을 사용합니다. 그래서 종종 서툴게 젓가락질을 하는 배우들의 모습을 볼 수 있죠. 미국에서는 나무나 플라스틱 젓가락을 주로 사용하기 때문에 쇠로 만든 한국식 젓가락을 신기하게 생각하는 사람이 많다고 합니다.

참고로 냉동실에 넣어 두었다가 필요할 때 해동해서 그대로 먹으면 한 끼 식사가 되게끔 제조한 포장 음식은 TV dinner라고 합니다. TV를 보면서 편하게 먹을 수 있게 만들어진 음식이라는 뜻입니다. 이 TV dinner와 관련해서 조금 오래 됐지만 꾸준히 사랑 받는 명작 프렌즈(Friends)의 한 장면을 살펴봅시다. 요리사인 모니카(Monica)가 어머니의 모임에서 출장 요리사로 일하다가 음식에 가짜 손톱을 넣는 실수를 한 뒤 어머니(Judy)와 이야기를 나누는 장면입니다.

Monica	Why are you laughing?
Judy	It's just that now your father owes me $5.
Monica	What? You bet I'd lose nail?
Judy	Oh, no. Don't be silly. I just bet that I'd need these.
Monica	**Frozen lasagnas?**

모니카	왜 웃으세요?
쥬디	그냥 너희 아빠가 나한테 5달러를 줘야 해서 그렇단다.
모니카	네? 제가 손톱을 잃어버릴 거라고 내기를 걸었단 말이에요?
쥬디	아니. 그럴 리가 있니. 난 그냥 이게 필요할 거라는 거에 걸었어.
모니카	냉동 라쟈냐예요?

어머니는 모니카가 실수할 거라는 걸 알고 준비해 둔 냉동 요리를 내놓았습니다. 이 장면에 나온 냉동 라쟈냐는 이탈리아식 넓적한 파스타 요리로 TV dinner의 하나라고 할 수 있죠. 그나저나 자기가 실수할 것에 내기를 건 엄마를 보면서 모니카는 서운했겠네요.

* 〈미드 한 컷〉에 표기된 시간은 독자의 편의를 위한 것으로 스트리밍 사이트나 동영상 설정 등에 따라 약간 차이가 날 수 있습니다. 미드 대사 또한 책에 맞게 조금씩 각색된 부분이 있습니다.

SEASON 3

→ ENTER

How you doing? -Friends

Episode 28

136 얼마 드리면 돼요?
How much...? ~는 얼마야?

137 너 그걸 몇 번이나 봤어?
How many times...? 몇 번이나 ~?

138 우린 그것을 피하는 방법을 알게 될 거야.
how to+동사원형 ~하는 방법

139 너 담배는 언제부터 피우기 시작했니?
When did you+동사원형? 넌 언제 ~했어?

140 너 언제부터 스페인어를 하게 된 거야?
Since when do you+동사원형?
넌 언제부터 ~한 거야?

얼마 드리면 돼요?

How much…? ~는 얼마야?

How much는 가격이나 정도, 상태 또는 셀 수 없는 것의 양을 묻는 말입니다. 쉬운 표현이지만 How much?로만 자주 말해서 정작 완전한 문장으로 쓰기는 어려워 하기도 하죠. 여러 번 입으로 익혀 두세요.

그거 값이 얼마나 나가는데?
How much is that worth? Doctor Who 2_2

얼마 드리면 돼요?
How much do I owe you? Friday Night Lights 1_8

그에 대한 대가로 얼마를 원하세요?
How much do you want for it? Ally McBeal 1_10

네가 그걸 얼마나 원하느냐에 달려 있지.
Depends on **how much** you want it. Friday Night Lights 1_2

네가 나를 과소평가하는 것 때문에 난 아주 불쾌해.
I'm almost offended by **how much** you underestimate me. Gossip Girl 1_15

> 전치사 on에는 '집중'의 의미가 있어서 '~에 기대다', '~에 의존하다', '~에 달려있다' 등으로 해석할 수 있다. 식사 후에 on me라고 하면 '음식 값이 나에게 달려 있는 상태' 즉, '내가 낸다'는 뜻이 된다.

worth 가치가 있는　owe 돈을 빚지고 있다　depend on ~에 달려 있다
be offended 불쾌하게 느끼다　underestimate 과소평가하다

📺 Friday Night Lights 1_8　15:35

Brian　Look, what you want is a chocolate-covered mocha cup with jimmies. jimmies 막대기 모양의 사탕
customer　All right. If that's what you say I want, then I'll take that. **How much do I owe you?**
Brian　It's on me.

브라이언　그러니까, 당신이 원하는 건 위에 초콜릿을 뿌리고 지미즈 사탕을 올린 모카 커피 아이스크림이잖아요.
손님　좋아요. 그게 제가 원하는 거라고 말씀하시니 그걸로 하죠 뭐. 얼마인가요?
브라이언　제가 사는 걸로 하죠.

넌 그걸 몇 번이나 봤어?

How many times…? 몇 번이나 ~?

time에는 '시간'이 아니라 '횟수'라는 뜻도 있습니다. 영어로 '몇 번'이라고 할 때는 What time이 아니라 How many times를 씁니다.

우리가 도대체 너한테 몇 번을 얘기해야 되니?
How many times do we have to tell you? Grey's Anatomy 2_4

넌 그걸 몇 번이나 봤어?
How many times have you seen it? Billions 1_5

근무 중일 때는 귀찮게 하지 말라고 내가 몇 번을 얘기 했니?
How many times have I told you not to bother me when I'm at work? Grey's Anatomy 2_3

내가 그 말을 몇 번이나 할 수 있을 지 모르겠어.
I don't know **how many times** I can say it. 24: Legacy 1_4

그가 너에게 얼마나 많은 거짓말을 했는지 넌 모르잖아.
You have no idea **how many times** he's lied to you. House M.D. 1_15

bother 귀찮게 하다   have no idea 전혀 모르다

Grey's Anatomy 2_4   23:50

Samuel's wife   How many times do we have to tell you?
He wasn't trying to kill himself. It was an accident.
Samuel   They're just doing their job, hon. hon (honey) 여보, 자기
Samuel's wife   Their job is to make you better.

사무엘의 아내   우리가 몇 번을 얘기해야 돼요? 이 사람이 자살하려던 게 아니에요. 사고였다니까요.
사무엘   여보, 이 사람들은 지금 자기 일을 하는 거야.
사무엘의 아내   당신을 낫게 하는 게 이 사람들 일이에요.

우린 그것을 피하는 방법을 알게 될 거야.

how to+동사원형 ~하는 방법

how to...는 '~를 하는 방법'이라는 뜻을 가진 표현입니다. 뒤에 여러 동사를 붙여서 활용할 수 있으니 예문을 잘 보고 응용해 보세요.

난 스물 다섯 살까지 넥타이 매는 방법을 몰랐어.
I didn't know how to tie a tie till I was 25. The O.C. 1_1

난 편히 휴식을 취하는 방법을 좀 배워야 되겠어.
I'm gonna have to learn how to relax. The O.C. 1_13

우린 그것을 피하는 방법을 알게 될 거야.
We'll know how to avoid it. The Good Wife 1_11

네가 이거 하는 방법을 어떻게 알아?
How do you know how to do this? 11.22.63 1_3

제가 찾아뵙고 곤경에서 다시 일어서는 방법에 대한 조언을 청하도록 하겠습니다.
I think I'll be turning to you for advice on how to bounce back. The Good Wife 1_21

tie 넥타이; ~를 묶다 relax 휴식을 취하다 avoid ~를 피하다
turn to ~에게 가서 도움이나 조언을 청하다 bounce back 회복되다

🎬 The Good Wife 1_11 11:06

Alicia I'm working on a divorce case, Peter, and I just…I see how easily people fall back into old habits. fall back into 빠져들다
Peter But that won't happen to us.
Alicia Why won't we?
Peter Because we see the problem. And **we'll know how to avoid it.**

알리샤 피터, 나 지금 이혼 소송 담당하고 있어. 그리고 난… 난 사람들이 얼마나 쉽게 옛날 버릇에 다시 빠져드는지 보고 있어.
피터 하지만 우리는 그런 일 없을 거야.
알리샤 우리한테는 왜 없을까?
피터 우리는 뭐가 문제인지를 잘 알고 있잖아. 그리고 그걸 피하는 방법도 알게 될 거고.

너 담배는 언제부터 피우기 시작했니?

When did you+동사원형? 넌 언제 ~했니?

상대가 언제 어떤 행위를 했었는지 과거 시점에 대해 물을 때는 When did you...? 패턴을 씁니다. 이 패턴을 보면 유명한 컨트리 뮤직 When did you stop loving me?(당신은 언제부터 나를 사랑하지 않게 되었나요?)가 떠오르네요.

너 언제 졸업 했니?
When did you graduate? Younger 2_10

너 담배는 언제부터 피우기 시작했니?
When did you start smoking? Twin Peaks 2_1

언제부터 그렇게 신경이 날카로워졌어?
When did you get so tense? Twin Peaks 2_1

네가 언제 나한테 저녁 얘기를 했어?
When did you tell me about dinner? 13 Reasons Why 1_11

넌 언제 그녀를 마지막으로 봤니?
When did you see her last? Top of the Lake 2_1

graduate 졸업하다 tense 신경이 날카로운

📺 **13 Reasons Why 1_11** 44:58

Justin: Jess and I had this thing planned.
Jessica: No, we don't.
Justin: We were gonna get late dinner. Let's go.
Jessica: **When did you tell me about dinner?** Was that before or after you walked out on me today? walk out on ~를 버리다

© NETFLIX

저스틴: 제스와 난 이미 약속한 게 있어.
제시카: 아니, 우리 약속 안 했는데.
저스틴: 늦게 저녁을 같이 먹기로 했어. 어서 가자.
제시카: 네가 언제 나한테 저녁 얘기를 했는데? 오늘 네가 나를 버리고 가버리기 전에? 아니면 그 후에?

너 언제부터 스페인어를 하게 된 거야?

Since when do you+동사원형? 넌 언제부터 ~한 거야?

since는 '~부터'라는 뜻으로 쓰이지만, 여기서처럼 문장 처음에 Since when...으로 오면 '언제부터'라고 해석합니다.

너 언제부터 스페인어를 하게 된 거야?
Since when do you speak Spanish? The Shield 2_1

너 언제부터 학교에서 담배를 피운 거야?
Since when do you smoke at school? 13 Reasons Why 1_9

너 언제부터 개를 집 안에 들인 거야?
Since when do you allow dogs in the house?
The Ranch 1_2

네가 언제부터 내 일에 신경을 썼다고 그래?
Since when do you care about my job? The Sopranos 1_6

너 언제부터 향수를 뿌리기 시작했어?
Since when did you start wearing cologne? The O.C. 1_11

smoke 담배를 피우다　allow ~를 허락하다　care about ~에 마음을 쓰다
wear (향수 등을) 뿌리다　cologne (주로 남성) 향수

The Sopranos 1_6　09:23

Tony So how's your job?
woman Huh? **Since when do you care about my job?**
Tony Can't I be nice? All right. Forget it.
Okay, you don't want to talk about your job? Fine.

토니 지금 하는 일은 어때?
여자 엥? 당신이 언제부터 내 일에 관심이 있었다고?
토니 내가 좀 친절하면 안 되나? 알았어. 없었던 걸로 해.
그래, 당신 일에 대해서는 대화를 하고 싶지 않다는 말이지? 좋아.

© HBO

Practice 28

본문에 나온 예문을 무작위로 뽑아 연습문제를 만들었습니다. 한국어 해석을 보고 곧바로 영어로 말해 보세요. 곧장 입에서 나오는 것은 **Pass**, 오래 생각해야 하는 것은 **Repeat**, 아예 모르겠는 것은 **Fail**에 체크하고 다시 공부하세요.

Pass ___개   Repeat ___개   Fail ___개

01 우린 그것을 피하는 방법을 알게 될 거야.

02 내가 그 말을 몇 번이나 할 수 있을 지 모르겠어.

03 너 담배는 언제부터 피우기 시작했니?

04 네가 그걸 얼마나 원하느냐에 달려 있지.

05 너 언제부터 스페인어를 하게 된 거야?

06 네가 이거 하는 방법을 어떻게 알아?

07 우리가 도대체 너한테 몇 번을 얘기해야 되니?

08 그거 값이 얼마나 나가는데?

09 너 언제부터 학교에서 담배를 피운 거야?

10 난 스물 다섯 살까지 넥타이 매는 방법을 몰랐어.

11 너 언제 졸업 했니?

12 근무 중일 때는 귀찮게 하지 말라고 내가 몇 번을 얘기 했니?

13 네가 언제부터 내 일에 신경을 썼다고 그래?

14 얼마 드리면 돼요?

15 언제부터 그렇게 신경이 날카로워졌어?

16 넌 그걸 몇 번이나 봤어?

17 난 편히 휴식을 취하는 방법을 좀 배워야 되겠어.

18 그에 대한 대가로 얼마를 원하세요?

19 너 언제부터 개를 집 안에 들인 거야?

20 네가 언제 나한테 저녁 얘기를 했어?

---

01 We'll know how to avoid it. **02** I don't know how many times I can say it. **03** When did you start smoking? **04** Depends on how much you want it. **05** Since when do you speak Spanish? **06** How do you know how to do this? **07** How many times do we have to tell you? **08** How much is that worth? **09** Since when do you smoke at school? **10** I didn't know how to tie a tie till I was 25. **11** When did you graduate? **12** How many times have I told you not to bother me when I'm at work? **13** Since when do you care about my job? **14** How much do I owe you? **15** When did you get so tense? **16** How many times have you seen it? **17** I'm gonna have to learn how to relax. **18** How much do you want for it? **19** Since when do you allow dogs in the house? **20** When did you tell me about dinner?

Stupid British Snack Food! -Friends

Episode 29

141 내가 일곱 살 때 우리 엄마가 돌아가셨어.
When I was+형용사/전치사   내가 ~였을 때

142 지금 계신 곳이 어딘가요?
Where is+명사?   ~는 어디에 있어?

143 신혼여행은 어디로 가?
Where are you+현재분사/부사?   너는 어디로 ~하니?

144 너 이거 어디에서 찾았어?
Where did you+동사원형?   너는 어디에서 ~했니?

145 내가 이걸 어디에서 봤더라?
Where have+명사 +과거분사?   어디에서 ~했지?

내가 일곱 살 때 우리 엄마가 돌아가셨어.

When I was+형용사/전치사 내가 ~였을 때

과거에 내가 몇 살이었을 때, 또는 어떤 상태에 있었을 때를 나타내는 패턴입니다. when은 주로 '과거'와 밀접한 관계를 갖는 의문부사입니다.

그 나이였을 때 나는 뭔가를 하려는 시도조차 하지 않았어.
When I was that age, I didn't try things. The Grinder 1_5

내가 열한 살 때 우리 부모님이 정말 끔찍한 사고에 연루됐었어.
When I was 11, my parents were involved in a really horrible accident. Suits 2_11

나는 어렸을 때 내가 외계인이라는 생각을 종종 했었어.
When I was little, I used to think that I was an alien. Recovery Road 1_5

내가 일곱 살 때 우리 엄마가 돌아가셨어.
My mom died **when I was** seven. Scandal 2_2

내가 네 나이였을 때 우리 엄마가 실제로 내 귀를 뚫어 줬어.
My mom actually pierced my ears **when I was** about your age. The Americans 1_2

be involved in ~에 연루되다 horrible 끔찍한 little 어린
alien 외계인 pierce 뚫다

🎬 The Americans 1_2 44:22

mom I mean, you can go to the mall and you can do it with your friends. Or I could do it for you now. You know, **my mom actually pierced my ears when I was about your age.**
Paige You do it.

엄마 그러니까, 쇼핑몰에 가서 친구들하고 같이 귀를 뚫어도 되고 아니면 지금 엄마가 뚫어 줄 수도 있다는 거지. 사실은 엄마가 네 나이였을 때 할머니도 내 귀를 뚫어 주셨단다.
페이지 엄마가 해 줘요.

지금 계신 곳이 어딘가요?

Where is+명사? ~는 어디에 있어?

장소를 나타내는 의문부사 where는 일상회화에서 아주 자주 사용합니다. where is...?는 주어의 현재 위치가 어디인지, 또는 주어가 처음 생긴 곳이 어디인지를 묻는 패턴입니다.

지금 계신 곳이 어딘가요?
Where is your location? The Good Wife 1_11

이게 도대체 어디에서 나온 거야?
Where is this coming from? House M.D. 2_9

이 방 전원 스위치는 어디에 있어?
Where is the light switch for this room? Justified 1_2

네 자존심은 어디에다 둔 거야?
Where is your self-esteem? Lady Dynamite 1_2

너네 패거리들은 다 어디 갔어?
Where is your posse? limitless 1_19

location 장소 light switch 조명 전원
self-esteem 자존심, 자부심 posse 무리, 패거리

🎬 The Good Wife 1_1 21:30

policeman: Where is your location? You need to tell me your location.
Cheryl: A market. I'm in Quick Mart. My baby, she's gone!
policeman: Okay, ma'am, an officer is on the way.
I'll need you to stay on the line. on the line 통화 중인

경찰관: 지금 계신 위치가 어딘가요? 계신 위치를 저에게 말씀해 주셔야 합니다.
쉐릴: 슈퍼예요. 퀵 마트에 있어요. 우리 애가, 우리 애가 사라졌어요!
경찰관: 알겠습니다. 경찰이 지금 이동 중입니다. 전화 끊지 말아 주세요.

신혼여행은 어디로 가?

Where are you+현재분사/부사? 너는 어디로 ~하니?

Whare are you…?에 현재분사나 부사를 붙이면 상대가 어디로 가고 있는지를 묻거나, 가까운 미래에 어디로 갈지를 묻는 말이 됩니다.

너 지금 날 어디로 데려 가는 거야?
Where are you taking me? 12 Monkeys 2_13

넌 이걸 다 어디에서 구하는 거야?
Where are you getting all this from? CSI: NY 1_23

너 신혼여행은 어디로 가?
Where are you going on your honeymoon? Scandal 2_2

점심 먹으러 날 어디로 데려갈 건데?
Where are you taking me to lunch? Ghost Whisperer 1_2

너 이렇게 일찍 어딜 가는 거야?
Where are you off to so early? Arrow 1_8

take 데리고 가다
be off (공간이나 시간적으로 멀리) 떠나다, 가다

🎬 12 Monkeys 2_13 36:47

Olivia Hello, Traveler.
José You got to be kidding me. Why don't you kill me, already?
Olivia (to her subordinate) Bring him.
José Where are you taking me?
Olivia To your son.

올리비아 안녕, 여행자 양반.
호세 지금 장난합니까. 왜 나를 진작 죽이지 않았어요?
올리비아 (부하에게) 그 사람 데려와.
호세 나를 어디로 데려가는 겁니까?
올리비아 당신 아들에게로.

© syfy

너 이거 어디에서 찾았어?

Where did you+동사원형? 너는 어디에서 ~했니?

이 패턴은 Where do you...?의 과거형으로, 상대가 과거에 어디에서 어떤 행위를 했는지 묻는 패턴입니다.

너 그거 어디에서 났어?
Where did you get that? Recovery Road 1_6

너 이 정보를 어디에서 얻었어?
Where did you get this information? Queen of the South 1_12

너 이거 어디에서 찾았어?
Where did you find this? Quantico 1_1

넌 어디에서 살다가 여기로 이사 온 거야?
Where did you move here from? Pretty Little Liars 1_14

의료 학위는 어디에서 받으셨나요?
Where did you receive your medical degree?
Penny Dreadful 1_7

receive 받다 degree 학위

📺 Recovery Road 1_6 09:06

Trish   What is that?
Maddie A Xanax. My aunt gave one to my mother the night my dad died. She told her she needed to be strong for her daughter, for me. It helped her deal. Xanax 재낵스(신경 안정제)
Trish   **Where did you get that?**
Maddie It doesn't matter. matter 중요하다

트리쉬   그게 뭐야?
매디   재낵스야. 아빠가 돌아가시던 날 밤에 이모가 엄마한테 이걸 주셨어. 이모는 엄마한테 딸, 그러니까 나를 위해서 강해져야 한다고 말씀하셨어. 이게 엄마를 도와준 거지.
트리쉬   너 그거 어디에서 났어?
매디   그게 중요한 게 아니야.

내가 이걸 어디에서 봤더라?

Where have+명사+과거분사? 어디에서 ~했지?

현재완료는 현재까지 영향을 미치거나 계속되는 과거의 동작이나 상태를 말합니다. 해석은 과거시제와 유사하지만 그 안에 담긴 의미나 뉘앙스는 다릅니다.

너 그동안 어디에 있었어?
Where have you been? House of Cards 1_1

그를 그동안 어디에 숨겨 둔 거야?
Where have you been hiding him? Mad Men 2_6

넌 아티를 어디에서 만났던 거야?
Where have you seen Artie? Crashing 1_2

내가 이걸 어디에서 봤더라?
Where have I seen this before? Pretty Little Liars 1_3

내가 그 얘기를 전에 어디에서 들었더라?
Where have I heard that before? Scandal 2_6

hide 숨기다

House of Cards 1_1 44:47

Lucas: **Where have you been?** I've been calling you. Everybody's working double-time in an inauguration, and you just up and disappear. Where did you get this?
inauguration 취임식 up and disappear 갑자기 사라지다

Zoe: Wrong question.

루카스: 너 어디 갔었어? 내가 계속 전화했잖아. 다들 취임식 때문에 정신없이 일하고 있는데 넌 갑자기 사라졌어. 이건 어디에서 구한 거야?

조이: 그렇게 질문하시면 안 되죠.

© NETFLIX

Practice 29 본문에 나온 예문을 무작위로 뽑아 연습문제를 만들었습니다. 한국어 해석을 보고 곧바로 영어로 말해 보세요. 곧장 입에서 나오는 것은 **Pass**, 오래 생각해야 하는 것은 **Repeat**, 아예 모르겠는 것은 **Fail**에 체크하고 다시 공부하세요.

Pass ___ 개   Repeat ___ 개   Fail ___ 개

01 내가 이걸 어디에서 봤더라?

02 점심 먹으러 날 어디로 데려갈 건데?

03 그 나이였을 때 나는 뭔가를 하려는 시도조차 하지 않았어.

04 너 이 정보를 어디에서 얻었어?

05 너 그동안 어디에 있었어?

06 지금 계신 곳이 어딘가요?

07 너 지금 날 어디로 데려 가는 거야?

08 내가 일곱 살 때 우리 엄마가 돌아가셨어.

09 넌 아티를 어디에서 만났던 거야?

10 넌 어디에서 살다가 여기로 이사 온 거야?

11 네 자존심은 어디에다 둔 거야?

12 너 신혼여행은 어디로 가?

13 너 이거 어디에서 찾았어?

14 나는 어렸을 때 내가 외계인이라는 생각을 종종 했었어.

15 너 그거 어디에서 났어?

16 이 방 전원 스위치는 어디에 있어?

17 그를 그동안 어디에 숨겨 둔 거야?

18 이게 도대체 어디에서 나온 거야?

19 넌 이걸 다 어디에서 구하는 거야?

20 내가 열한 살 때 우리 부모님이 정말 끔찍한 사고에 연루됐었어.

---

01 Where have I seen this before? **02** Where are you taking me to lunch? **03** When I was that age, I didn't try things. **04** Where did you get this information? **05** Where have you been? **06** Where is your location? **07** Where are you taking me? **08** My mom died when I was seven. **09** Where have you seen Artie? **10** Where did you move here from? **11** Where's your self-esteem? **12** Where are you going on your honeymoon? **13** Where did you find this? **14** When I was little, I used to think that I was an alien. **15** Where did you get that? **16** Where's the light switch for this room? **17** Where have you been hiding him? **18** Where is this coming from? **19** Where are you getting all this from? **20** When I was 11, my parents were involved in a really horrible accident.

Stupid British Snack Food! -Friends

Episode 30

146 우리 이건 솔직히 얘기하자.
Let's+동사원형 우리 ~하자

147 커피 좀 마셔야겠어.
Let me+동사원형 내가 ~할게

148 매니를 집에 혼자 두면 안 돼.
Don't let+명사+동사원형 ...가 ~ 못 하게 해

149 걔가 가든지, 아니면 내가 가든지.
either A or B A든지 B든지

150 너나 나나 특별하지 않아.
neither A nor B A도 B도 아닌

특급패턴 146

우리 이건 솔직히 얘기하자.

Let's+동사원형 우리 ~하자

Let's는 Let us의 줄임말로 자신을 포함한 다른 여러 사람들에게 같이 어떤 행동을 하자고 할 때 쓰는 말입니다. Let's가 들어간 관용어구로 Let's call it a day.(오늘은 여기까지 하자.)도 같이 알아두세요.

다시 돌아가자.
Let's head back. The Walking Dead 2_2

그건 우리끼리만 알고 넘어가자고.
Let's keep that between us. The Walking Dead 2_4

> 어떤 일을 우리 둘 사이에 두자는 말은 다시 말해, 둘 사이의 비밀로 하자는 뜻이다.

그 사람도 데려갑시다.
Let's take him with us. Vikings 1_6

우리 이건 솔직히 얘기하자.
Let's speak frankly here. About a Boy 1_4

우리 지난 5년은 잊자.
Let's forget about the last five years. Arrow 1_1

head back 돌아가다 frankly 솔직하게

 Arrow 1_1 29:20

Thea My brother and my father died. I went to your funerals.
Oliver I know.
Thea No, you don't. Mom had Walter. And I had no one. Now you guys all act like it's cool, **let's forget about the last five years.** Well, I can't.

테아 오빠와 아빠가 세상을 떠났어. 난 두 사람 장례식에 갔다고.
올리버 알아.
테아 아니, 오빤 몰라. 엄마에겐 월터가 있었어. 내겐 아무도 없었지. 엄마하고 오빠는 별것 아닌 것처럼 행동하잖아. 지난 5년은 그냥 잊어버리자고 말이야. 그런데, 난 그럴 수가 없어.

커피 좀 마셔야겠어.

Let me+동사원형 내가 ~할게

Let me...는 '내가 ~하도록 허락해 줘'라는 말인데, 한국어로는 '내가 ~할게'라고 생각하면 됩니다. 사실 상대의 허락을 기다리는 것은 아니고 바로 행동에 옮기면서 하는 말입니다.

커피 좀 마셔야겠어.
Let me get coffee. 24: Legacy 1_1

내가 직접 와인 맛을 볼게.
Let me taste the wine. Vikings 2_3

무슨 일이 일어나고 있는지 나한테 알려 줘.
Let me know what happens. Twin Peaks 3_1

지금부터 내가 하는 말 잘 들어.
Let me tell you something. Cardinal 1_1

내가 너한테 뭘 좀 설명할 거야.
Let me explain something to you. Vikings 4_7

taste 맛을 보다 explain 설명하다

Vikings 2_3 27:37

king — Now who will be the first to drink in celebration? celebration 축하
queen — I will.
king — No! No, I could not bear it. Not a second time.
Let me taste the wine. bear 참다

황 — 자, 누가 축하의 의미로 가장 먼저 마실 텐가?
왕비 — 제가 할게요.
왕 — 안 돼! 안 돼, 그건 내가 못 참지. 두 번은 안 돼. 내가 와인 맛을 보겠네.

매니를 집에 혼자 두면 안 돼.

Don't let+명사+동사원형 ...가 ~ 못 하게 해

사역동사 let은 '시키다'가 아니라 '가만히 놔두다'의 의미로 이해해야 합니다. let 앞에 Don't 이 붙어 '~가 어떤 행위를 하지 못하게 하라'거나 '~의 행위에 당하지 말라'는 의미의 패턴입니다.

매니를 집에 혼자 두면 안 돼.
Don't let Manny stay home alone. Modern Family 5_5

저 사람 물 조금도 못 마시게 해.
Don't let him drink any water. Grey's Anatomy 2_10

걔한테 속지 마.
Don't let her fool you. 10 Things I Hate About You 1_2

다른 여자애들한테는 알려 주지 마.
Don't let the other girls know. 10 Things I Hate About You 1_6

엄마 때문에 긴장하지 마.
Don't let mom make you nervous. The Good Wife 1_3

fool 속이다 nervous 긴장하는

Things I Hate About You 1_2 05:15

Carla She's adorable. adorable 사랑스러운
Walter **Don't let her fool you.** She's 15. She's dangerous.
Carla Oh, I was the same way.

칼라 정말 사랑스러운 애군요.
월터 속지 마요. 지금 열 다섯 살이에요. 위험한 아이죠.
칼라 저도 옛날에 저랬어요.

© abc family

걔가 가든지, 아니면 내가 가든지.

either A or B A든지 B든지

either A or B는 두 개의 행위나 상태, 또는 상황을 놓고 둘 중에 하나를 선택하는 경우에 쓰는 표현입니다. 이 표현 앞뒤로 두 개의 내용이 나옵니다.

걔가 가든지, 아니면 내가 가든지.
Either he goes **or** I go. _{13 Reasons Why 1_11}

포기하든지, 아니면 우리는 끝까지 그들을 추적하는 거야.
Either we give up **or** we hunt them down. _{24: Legacy 1_6}

세상이 미쳐 돌아가거나 아니면 네가 미친 거겠지.
The world is **either** crazy **or** you are. _{American Gods 1_2}

그들이 IRS에 대단한 연줄이 있거나 우리가 유령을 쫓고 있거나 둘 중 하나야.
Either they've got some serious pull with the IRS, **or** we're chasing a ghost. _{Beyond 1_9}

우린 그가 지금 어디에 있는지, 아니면 어디로 갈지 반드시 알아내야 돼.
We need to **either** figure out where he is **or** where he's gonna be. _{Arrow 1_15}

give up 포기하다 hunt... down ~를 끝까지 추적하다
have a pull with ~와 연줄이 있다 chase 뒤쫓다 figure out 알아내다

 Legacy 1_6 40:57

Rebecca	I just keep thinking, if I hadn't left CTU when I did.
Eric	That wouldn't have made any difference.
Rebecca	I could've done more.
Eric	They're still out there. Okay? **Either we give up or we hunt them down.**

레베카	계속 생각이 들어. 내가 그랬을 때 CTU를 떠나지 않은 상태였다면.
에릭	그래도 달라지는 건 하나도 없었을 거야.
레베카	내가 더 많은 걸 할 수 있었을 거야.
에릭	그자들이 아직도 밖에 있다고, 알겠어? 포기하든지, 아니면 우린 그 자들을 끝까지 추적하는 거야.

© FOX

너나 나나 특별하지 않아.

neither A nor B A도 B도 아닌

neither A nor B는 either A or B의 부정형으로, A와 B 그 어느 것에도 해당되지 않는다는 뜻입니다. A와 B에는 사람, 장소, 상태 등이 올 수 있습니다.

너나 나나 특별하지 않아.
Neither you **nor** I are special. Mr. Robot 2_12

나나 내 아들 녀석들은 그런 짓을 하지 않아.
Neither me **nor** my tads would do such a thing.
Justified 2_1

걔는 키가 크지도 않고 불멸인 것도 아니잖아.
He's **neither** tall **nor** immortal. The Big Bang Theory 1_6

그건 전혀 중요하지 않아.
That's **neither** here **nor** there. In Treatment 1_2

그는 현재 왕관이나 금도 없고, 신들의 인정도 받지 못한 상태야.
He has **neither** crown **nor** gold **nor** favor with the gods. Game of Thrones 2_3

tad (구어) 사내아이, 소년 immortal 죽지 않는
neither here nor there 중요하지 않은 crown 왕관 favor with ~가 호의를 보이다

In Treatment 1_2 12:58

Alex So my secret is I'm afraid of homosexuals? homosexual 동성애자
Paul No, not necessarily. But I just wanted to clarify that.
clarify 명확하게 하다
Alex Okay. **That's neither here nor there.**
I wanna get to the point.

알렉스 그래서 동성애자들을 두려워한다는 게 내 비밀이라는 겁니까?
폴 아니요, 꼭 그런 건 아니고요. 하지만 전 그저 그걸 명확하게 하고 싶었습니다.
알렉스 좋아요. 그건 전혀 중요한 문제가 아닙니다. 핵심을 말씀 드리죠.

Practice 30

본문에 나온 예문을 무작위로 뽑아 연습문제를 만들었습니다. 한국어 해석을 보고 곧바로 영어로 말해 보세요. 곧장 입에서 나오는 것은 **Pass**, 오래 생각해야 하는 것은 **Repeat**, 아예 모르겠는 것은 **Fail**에 체크하고 다시 공부하세요.

Pass ___ 개   Repeat ___ 개   Fail ___ 개

01 그건 전혀 중요하지 않아.

02 지금부터 내가 하는 말 잘 들어.

03 매니를 집에 혼자 두면 안 돼.

04 그들이 IRS에 대단한 연줄이 있거나 우리가 유령을 쫓고 있거나 둘 중 하나야.

05 그는 왕관이나 금도 없고, 신들의 인정도 받지 못한 상태야.

06 그건 우리끼리만 알고 넘어가자고.

07 커피 좀 마셔야겠어.

08 걔가 가든지, 아니면 내가 가든지.

09 다시 돌아가자.

10 저 사람 물 조금도 못 마시게 해.

11 나나 내 아들 녀석들은 그런 짓을 하지 않아.

12 세상이 미쳐 돌아가거나 아니면 네가 미친 거겠지.

13 다른 여자애들한테는 알려 주지 마.

14 무슨 일이 일어나고 있는지 나한테 알려 줘.

15 포기하든지, 아니면 우리는 끝까지 그들을 추적하는 거야.

16 우리 이건 솔직히 얘기하자.

17 걔한테 속지 마.

18 내가 직접 와인 맛을 볼게.

19 걔는 키가 크지도 않고 불멸인 것도 아니잖아.

20 그 사람도 데려갑시다.

---

01 That's neither here nor there. **02** Let me tell you something. **03** Don't let Manny stay home alone. **04** Either they've got some serious pull with the IRS, or we're chasing a ghost. **05** He has neither crown nor gold nor favor with the gods. **06** Let's keep that between us. **07** Let me get coffee. **08** Either he goes or I go. **09** Let's head back. **10** Don't let him drink any water. **11** Neither me nor my tads would do such a thing. **12** The world is either crazy or you are. **13** Don't let the other girls know. **14** Let me know what happens. **15** Either we give up or we hunt them down. **16** Let's speak frankly here. **17** Don't let her fool you. **18** Let me taste the wine. **19** He's neither tall nor immortal. **20** Let's take him with us.

Joey doesn't share food! –Friends

Episode 31

151 시내에 들어오면 나한테 전화해.
give me+명사 나한테 ~를 줘

152 불편한 게 있으면 언제든지 신고해.
Feel free to+동사원형 마음껏 ~를 해

153 넌 몇 개월 동안 오늘만을 기다렸잖아.
look forward to+명사 ~를 기대하다

154 그 아이는 누가 돌보는 거야?
look after+명사 ~를 돌보다, 맡아서 하다

155 어디에서 그녀를 찾을 건데?
look for+명사 ~를 찾다

특급패턴 151

시내에 들어오면 나한테 전화해.

give me+명사 나한테 ~를 줘

뭔가를 달라고 할 때 가장 쉽게 떠올릴 수 있는 give 동사를 활용한 패턴으로, 이 뒤에 물건뿐 아니라 추상적인 개념도 나올 수 있습니다.

시내에 들어오면 나한테 전화해.
Give me a call when you're in town. Grey's Anatomy 2_20

나한테 좀 그만하지.
Give me a break. Big Little Lies 1_1

그가 내게 답을 주지 않으면 난 내가 해야 할 일을 할 거야.
If he doesn't **give me** an answer, I'll do what I have to do. Brothers and Sisters 1_1

쿠퍼 문제로 나 좀 도와줄 수 있어?
Could you please **give me** a hand with Cooper?
Brothers and Sisters 1_4

네가 최소한 나한테 해 줄 수 있는 건 정직하게 대답하는 거야.
The least you can do is **give me** an honest answer. Suits 2_7

call 전화 town 도시 break 휴식; 중단 hand 도움

📽 Brothers and Sisters 1_1 29:48

Sarah Did he lock you out of the files too? lock 잠그다
dad He did. It's my mistake. I let it go on too long. But he's family. Monday, I'll talk to him. **If he doesn't give me an answer I'll do what I have to do.** go on 시간이 흐르다

사라 그 사람이 아버지도 파일을 열 수 없게 막아 놓았다고요?
아빠 그래. 내 실수야. 너무 오래 방치했어. 하지만 그는 가족이잖아. 내가 그 사람한테 월요일에 얘기할게. 답을 주지 않으면 난 해야 할 조치를 취할 거야.

불편한 게 있으면 언제든지 신고해.

특급패턴 152

Feel free to+동사원형 마음껏 ~를 해

Feel free to...를 그대로 해석하면 '~하는 데 자유롭게 느껴라'입니다. 즉, 상대에게 어떤 행위를 부담 갖지 말고 마음껏 하라는 의미가 돼죠.

순서는 상관 없이 대답하면 돼.
Feel free to answer them in any order. Recovery Road 1_1

자유롭게 힐을 신어도 돼.
Feel free to wear heels. Ghost Whisperer 1_3

불편한 게 있으면 언제든지 신고해.
Feel free to register your complaints. Dear White People 1_5

난 신경 안 쓸 테니 마음껏 봐.
Feel free to look, and I won't mind. The Good Wife 2_5

어떤 질문이든 자유롭게 하세요.
Please **feel free to** ask any questions. Doctor Who 1_7

in any order 어떤 순서로든 register 신고하다; 등록하다
complaint 불평 mind 불쾌하게 느끼다

📽 Recovery Road 1_1 01:45

Maddie A few questions, and **feel free to answer them in any order.** How are you? And where's my car?
Nyla Pretty good, and I have no idea. You lost your car?
Maddie I didn't lose it. It's just currently occupying a space I'm presently unaware of. currently 현재 occupy 차지하다 space 공간 unaware of ~를 모르는

애디 몇 가지 질문이 있어. 순서에 신경 쓰지 말고 그냥 대답해. 잘 지냈어? 그리고 내 차는 어디에 있니?
나일라 잘 지냈지. 네 차에 대해서는 난 전혀 몰라. 너 차를 잃어버렸어?
애디 잃어버린 건 아냐. 그냥 내 차가 현재 내가 모르는 장소를 차지하고 있을 뿐이야.

© FREEFORM

특급패턴 153 넌 몇 개월 동안 오늘만을 기다렸잖아.
look forward to+명사 ~를 기대하다

look forward to는 시제에 따라 뉘앙스가 조금씩 다릅니다. 현재시제일 때는 '평소에 늘 기다리고 있다'는 의미이고, have been looking forward to처럼 현재완료진행일 때는 '예전부터 지금까지 (간절히) 기다렸다'는 뜻입니다. 구어체에서는 주어나 be동사를 생략하기도 합니다.

그 사람을 만나는 게 정말 기대된다.
I look forward to meeting him. Suits 2_10

난 취침 시간이 정말 기다려져.
I'm really **looking forward to** bedtime. House Husbands 1_2

몹시 기다려지네요.
Looking forward to it. Pretty Little Liars 2_2

내가 얼마나 기다렸던 밤 외출인데.
I was looking so **forward to** a night out.
Desperate Housewives 1_3

넌 몇 개월 동안 오늘만을 기다렸잖아.
You've **been looking forward to** this day for months. Modern Family 5_1

a night out 외출이 가능한 밤

📽 Pretty Little Liars 2_2 13:12

Ken　Well, I'd like to talk to you about our program, so call me. Maybe we can sit down tomorrow.
Emily　Okay.
Ken　Great. **Looking forward to it.**

켄　음, 우리 프로그램에 대해서 대화를 나누고 싶어요. 전화 주세요. 내일 만나서 얘기해도 좋고요.
에밀리　좋아요.
켄　좋습니다. 기대가 되네요.

특급패턴 154

그 아이는 누가 돌보는 거야?

look after+명사 ~를 돌보다, 맡아서 하다

뒤(after)를 쫓아다니며 어디에 문제가 있는지, 모든 게 괜찮은지를 살펴본다(look)는 말은 곧 '~를 돌보다(look after)'라는 뜻입니다. '~를 맡아서 하다'라는 의미로도 쓰니까 앞뒤 문맥에 맞게 해석하세요.

그 아이는 누가 돌보는 거야?
Who's gonna look after the kid? House of Lies 1_4

내가 우리 애들더러 당신을 돌보게 할게.
I'll have my boys look after you. Arrow 1_3

당신 어머니가 도착하실 때까지 제가 아드님을 잘 돌보고 있을게요.
I promise I will look after him until your mother arrives. Code Black 1_16

그 사람 말로는 제가 당신을 돌보도록 당신이 허락해야 한대요.
He said you should let me look after you.
Desperate Housewives 1_23

누가 이 자리를 좀 맡아 줘야 되겠는데.
Someone's got to look after this lot. Doctor Who 1_10

let ~를 하도록 허락하다 lot 지역, 부지

Code Black 1_16 31:56

Katie You know who to call if this all goes wrong. go wrong 잘못되다
Christa Nothing's gonna go wrong. But, yes.
I promise I will look after him until your mother arrives.

케이티 만약 이게 잘못되면 누구에게 전화해야 되는지 아시죠.
크리스타 아무 것도 잘못되지 않을 거예요. 하지만, 알았어요.
당신 어머니가 도착하실 때까지 제가 아드님을 잘 돌보고 있을게요.

어디에서 그녀를 찾을 건데?

look for + 명사 ~를 찾다

뭔가를 위해서(for) 눈에 불을 켜고 바라본다(look)는 건 결국 '~를 찾다'라는 뜻입니다. 전치사 for 뒤에는 찾는 대상이 되는 명사가 오지요.

노트북 컴퓨터나 무선 장치를 소지한 사람을 찾아.
Look for somebody with a laptop or a wireless device. NCIS 2_20

뭔가 비정상적인 걸 찾아.
Look for something abnormal. NCIS 2_20

어디에서 그녀를 찾을 건데?
Where are you gonna **look for** her? Lost Girl 1_4

그의 하드 드라이브에서 우리가 뭘 찾아야 되는 거야?
What should we **look for** on his hard drive? NCIS 1_4

날 찾지 마.
Don't **look for** me. Mad Men 1_8

laptop 휴대용 컴퓨터 abnormal 비정상적인

 NCIS 2_20 24:46

Kate   It's 10:45. The hacker's playing with us again.
McGee No, Kate, I'm telling you he's here.
       Look for something abnormal.
Kate   You're gonna have to be more specific, McGee. specific 구체적인

케이트 지금 10시 45분이야. 해커가 또 우리를 가지고 놀고 있어.
맥기   아니야, 케이트. 분명히 그 자는 여기에 있다니까. 뭔가 비정상적인 걸 찾아 봐.
케이트 좀 더 자세히 말해 줘야 될 것 같은데, 맥기.

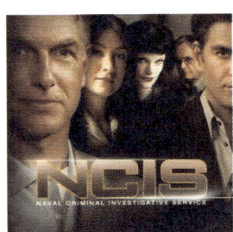

© CBS

265

Practice 31

본문에 나온 예문을 무작위로 뽑아 연습문제를 만들었습니다. 한국어 해석을 보고 곧바로 영어로 말해 보세요. 곧장 입에서 나오는 것은 **Pass**, 오래 생각해야 하는 것은 **Repeat**, 아예 모르겠는 것은 **Fail**에 체크하고 다시 공부하세요.

Pass ___개   Repeat ___개   Fail ___개

01 쿠퍼 문제로 나 좀 도와줄 수 있어?

02 난 신경 안 쓸 테니 마음껏 봐.

03 그의 하드 드라이브에서 우리가 뭘 찾아야 되는 거야?

04 넌 몇 개월 동안 오늘만을 기다렸잖아.

05 시내에 들어오면 나한테 전화해.

06 노트북 컴퓨터나 무선 장치를 소지한 사람을 찾아.

07 순서는 상관 없이 대답하면 돼.

08 그 아이는 누가 돌보는 거야?

09 난 취침 시간이 정말 기다려져.

10 어디에서 그녀를 찾을 건데?

11 그 사람 말로는 제가 당신을 돌보도록 당신이 허락해야 한다던데요.

12 그가 내게 답을 주지 않으면 난 내가 해야 할 일을 할 거야.

13 불편한 게 있으면 언제든지 신고해.

14 나한테 좀 그만하지.

15 내가 얼마나 기다렸던 밤 외출인데.

16 당신 어머니가 도착하실 때까지 제가 아드님을 잘 돌보고 있을게요.

17 자유롭게 힐을 신어도 돼.

18 뭔가 비정상적인 걸 찾아.

19 내가 우리 애들더러 당신을 돌보게 할거야.

20 몹시 기다려지네요.

---

01 Could you please give me a hand with Cooper? **02** Feel free to look, and I won't mind. **03** What should we look for on his hard drive? **04** You've been looking forward to this day for months. **05** Give me a call when you're in town. **06** Look for somebody with a laptop or a wireless device. **07** Feel free to answer them in any order. **08** Who's gonna look after the kid? **09** I'm really looking forward to bedtime. **10** Where are you gonna look for her? **11** He said you should let me look after you. **12** If he doesn't give me an answer, I'll do what I have to do. **13** Feel free to register your complaints. **14** Give me a break. **15** I was looking so forward to a night out. **16** I promise I will look after him until your mother arrives. **17** Feel free to wear heels. **18** Look for something abnormal. **19** I'll have my boys look after you. **20** Looking forward to it.

Joey doesn't share food! -Friends

Episode 32

156 이거 누구 짓인지 알아내게 나 좀 도와줘.
figure out   ~를 알아내다/이해하다

157 누가 이랬는지 우리가 알아내야 돼.
find out   ~를 알아내다

158 우리 며칠 동안 같이 시간을 보내면 어떨까?
hang out   어울려 놀다

159 너무 놀라지 마.
freak out   몹시 놀라다, 흥분하게 하다

160 다 잘될 거야.
work out   ~를 해결하다

특급패턴 156
이거 누구 짓인지 알아내게 나 좀 도와줘.

figure out ~를 알아내다/이해하다

figure out은 증거나 사실을 근거로 어떤 일을 끝까지(out) 조사하고 판단한다(figure)는 의미를 가지고 있습니다. figure은 명사로는 숫자, 인물, 도형이란 뜻이 있고, 동사로는 '계산하다', '중요하다', '판단하다'라는 뜻이 있어요.

이거 누구 짓인지 알아내게 나 좀 도와줘.
Help me **figure out** who did this. _{Quantico 1_3}

누군가는 너를 구할 방법을 강구해야 되잖아.
Someone has to **figure out** how to save you. _{12 Monkeys 1_12}

난 당신이 정말 원하는 게 무엇인지를 알아내려고 여기에 있는 겁니다.
I'm here trying to **figure out** what you really want.
_{Ally McBeal 1_15}

난 그냥 다음에 뭘 해야 되는지 생각 중이야.
I'm just trying to **figure out** what to do next. _{Quantico 1_9}

난 내 인생의 대부분을 왜 그 일이 일어났는지 알아내는 데 썼어.
I spent most of my life trying to **figure out** why it happened. _{Quantico 1_14}

save 구하다 spend 소비하다

📺 Quantico 1_3 08:52

Alex   You think I did it, Simon?
Simon The Alex Parrish I knew at Quantico wasn't a terrorist.
Alex   I'm still the same person. **Help me figure out who did this.**

알렉스 내가 그랬다고 생각해요, 사이먼?
사이먼 내가 콴티코에서 알던 그 알렉스 패리쉬는 테러리스트가 아니었어요.
알렉스 그때나 지금이나 난 똑 같은 알렉스예요.
         누가 이런 짓을 한 건지 알아낼 수 있게 도와줘요.

© usa

누가 이랬는지 우리가 알아내야 돼.

find out ~를 알아내다

단순히 물건이나 사람을 찾는 것은 find라고 하지만, 어떤 방법이나 사실, 비밀 등을 알아낼 때는 find out이라고 합니다. 어떤 추상적인 내용을 끝까지(out) 확인해서 찾아낸다(find)는 뜻이죠.

이게 네가 한 짓인걸 알아내기만 하면 내가 널 영원히 감옥에 가둘 거야.
If I find out you did this thing, I'm going to put you away for good. CSI NY 1_6

당신은 내가 찾는 걸 도와줘야 돼.
You're gonna help me find out. Pretty Little Liars 1_19

누가 이랬는지 우리가 알아내야 돼.
We have to find out who did this. Top of the Lake 1_1

알아낼 방법은 지금 바로 물어보는 것뿐이야, 안 그래?
The only way to find out is by asking, now, isn't it? Justified 1_3

이제 막 내가 직접 그것에 대해서 알아냈어.
I just found out about it myself. Big Little Lies 1_6

put... away ~를 감옥이나 병원에 집어넣다
for good 영원히 oneself 직접

📺 Top of the Lake 1_1 25:10

Robin You know, this is statutory rape. **We have to find out who did this.** We've got to think about DNA testing, questioning as many neighbors and contacts…
statutory rape 법정 강간(미성년자와의 성행위) testing 검사 questioning 심문 contact 연락이 닿는 사람

Al Hmm, and you don't think I know that?

로빈 이건 미성년자 강간 사건이에요. 누가 그랬는지 알아내야 돼요. DNA 검사도 해야 하고 심문도 해야 돼요. 최대한 많은 이웃들, 그리고 연락되는 사람들을…

알 흠, 내가 그걸 모를 거라고 생각해요?

우리 며칠 동안 같이 시간을 보내면 어떨까?

hang out 어울려 놀다

hang out은 '어울리다', '함께 놀다', '함께 시간을 보내다' 등의 뜻을 가진 표현으로 친구 사이에 일상적으로 아주 많이 씁니다.

우리 며칠 동안 같이 시간을 보내면 어떨까?
Why don't we just hang out for a couple of days? Ghost Whisperer 1_11

그레이스와 난 방과 후에 대개 여기에서 시간을 보내.
Grace and I usually hang out after school right here. The Good Wife 3_10

우리가 어울려 다녔던 때 이후로 많은 것들이 변했어.
A lot has changed since we used to hang out
Gossip Girl 1_15

친구들은 같이 어울려 다니는 거지.
Friends hang out. Gossip Girl 1_17

우선은 우리가 더 많이 어울려야겠지.
Maybe we should hang out more first. Modern Family 2_2

📺 The Good Wife 3_10 31:26

Shannon	Grace and I usually hang out after school right here.
Alicia	So you didn't see her?
Shannon	I did see her.
Alicia	Where? Shannon, where?

쉐넌   그레이스와 저는 방과후에 대개 여기서 같이 시간을 보내요.
알리샤 그럼 그레이스를 못 본 거니?
쉐넌   보기야 했죠.
알리샤 어디에서? 쉐넌, 어디에서?

271

너무 놀라지 마.

freak out 몹시 놀라다, 흥분하게 하다

freak out은 너무 놀라서 완전히(out) 정신을 못 차리고 통제할 수 없는 상태의 행동을 보인다(freak)는 뜻입니다. 또는 '~를 놀라게 하다'라는 의미도 있습니다.

우리 엄마는 지금 놀라서 넋이 나갔어요.
My mom's freaking out. The Good Wife 3_10

너 때문에 내가 정말 정신을 못 차리겠어.
You're freaking me out. Fargo 2_1

너무 놀라지 마.
Don't freak out. Lost Girl 1_1

왜 다들 기절할 듯한 표정이야?
Why do you all look so freaked out? Lost Girl 1_6

너 지금 뭔가에 놀라서 넋이 빠진 게 분명하거든.
It's clear you're freaking out about something.
Mr. Robot 2_9

clear 확실한

🎬 Lost Girl 1_1 09:53

Kenzi	**How can I not freak out?** Have you seen you?
Bo	Yes.
Kenzi	Did you kill him?
Bo	Just slow down. slow down 진정하다, 여유를 갖다

켄지	어떻게 놀라지 않을 수 있어요? 지금 당신이 한 짓을 봤어요?
보	봤어.
켄지	그 사람을 죽인 거예요?
보	그냥 좀 진정해.

다 잘될 거야.

work out ~를 해결하다

work out은 '어떤 일을 잘 해결하다' 또는 '일이 잘 해결되다'라는 뜻입니다. 예문에는 없지만 '운동하다'라는 뜻으로 쓰니까 알아 두세요.

그녀에게는 그냥 일이 잘 해결되지 않는다고 얘기했어.
I just told her it didn't work out. The Newsroom 2_1

난 그 사람 일이 잘 풀리지 않아서 안타까워.
I'm sorry things didn't work out with him. The Grinder 1_5

그 일은 우리가 해결할 수 있습니다.
We can work it out. 11.22.63 1_5

다 잘 될 거야.
It's all gonna work out. The Grinder 1_12

모든 일은 원래 의도했던 대로 잘 해결될 겁니다.
Things will work out the way they're meant to.
Westworld 1_1

mean ~를 의도하다

🎬 **11.22.63 1_5** 16:21

Johnny You got here fast. Here. Have a seat.
Jake Okay, okay. Just stop, please, all right, we can all walk away. We won't say anything. walk away 떠나 버리다
Johnny Shh, shh, shh.
Jake **Please, we can work it out.**

자니 자네 빨리도 왔군. 자, 앉아.
제이크 알았어, 알았어. 그만해, 제발, 그래, 우리 모두 떠나면 되잖아. 아무 말 안 할게.
자니 쉬, 쉬, 쉬.
제이크 제발, 이 문제는 우리가 해결할 수 있어.

Practice 32

본문에 나온 예문을 무작위로 뽑아 연습문제를 만들었습니다. 한국어 해석을 보고 곧바로 영어로 말해 보세요. 곧장 입에서 나오는 것은 **Pass**, 오래 생각해야 하는 것은 **Repeat**, 아예 모르겠는 것은 **Fail**에 체크하고 다시 공부하세요.

Pass ____개   Repeat ____개   Fail ____개

01 다 잘 될 거야.

02 이제 막 내가 직접 그것에 대해서 알아냈어.

03 친구들은 같이 어울려 다니는 거지.

04 난 그냥 다음에 뭘 해야 되는지 생각 중이야.

05 그녀에게는 그냥 일이 잘 해결되지 않는다고 얘기했어.

06 당신은 내가 찾는 걸 도와줘야 돼.

07 우리 엄마는 지금 놀라서 넋이 나갔어요.

08 이거 누구 짓인지 알아내게 나 좀 도와줘.

09 우리 며칠 동안 같이 시간을 보내면 어떨까?

10 난 그 사람 일이 잘 풀리지 않아서 안타까워.

11	난 당신이 정말 원하는 게 무엇인지를 알아내려고 여기에 있는 겁니다.

12	알아낼 방법은 지금 바로 물어보는 것뿐이야, 안 그래?

13	우리가 어울려 다녔던 때 이후로 많은 것들이 변했어.

14	왜 다들 기절할 듯한 표정이야?

15	누가 이랬는지 우리가 알아내야 돼.

16	그레이스와 난 방과 후에 대개 여기에서 시간을 보내.

17	누군가는 너를 구할 방법을 강구해야 되잖아.

18	그 일은 우리가 해결할 수 있습니다.

19	너무 놀라지 마.

20	너 때문에 내가 정말 정신을 못 차리겠어.

---

01 It's all gonna work out. **02** I just found out about it myself. **03** Friends hang out. **04** I'm just trying to figure out what to do next. **05** I just told her it didn't work out. **06** You're gonna help me find out. **07** My mom's freaking out. **08** Help me figure out who did this. **09** Why don't we just hang out for a couple of days? **10** I'm sorry things didn't work out with him. **11** I'm here trying to figure out what you really want. **12** The only way to find out is by asking, now, isn't it? **13** A lot has changed since we used to hang out. **14** Why do you all look so freaked out? **15** We have to find out who did this. **16** Grace and I usually hang out after school right here. **17** Someone has to figure out how to save you. **18** We can work it out. **19** Don't freak out. **20** You're freaking me out.

Joey doesn't share food! -Friends

Episode 33

161 엔진 상태를 좀 점검해 보자.
check out ~를 확인하다

162 살충제가 다 떨어졌다고?
run out of+명사 ~가 다 떨어지다

163 여기서부터는 내가 알아서 처리할게.
take care of+명사 ~를 처리하다

164 꼭 내가 그걸 몰랐던 것처럼 말을 하네.
as if+절 마치 ~인 것 같은

165 다음 주에 시간을 낼 수 있는지 확인해 볼게.
see if+절 ~인지 아닌지를 확인하다

엔진 상태를 좀 점검해 보자.

check out ~를 확인하다

check out은 어떤 일의 사실 여부를 끝까지(out) 알아보고 확실하게 한다(check)는 뜻으로 '확인하다', '점검하다'라고 해석하면 됩니다.

엔진 상태를 좀 점검해 보자.
Let's just check out the engine. Friday Night Lights 2_7

캐리와 내가 그녀의 알리바이를 확인해 볼 거야.
Cary and I are going to check out her alibi. The Good Wife 1_8

피터가 나더러 출근하는 길에 이 집을 확인해 보라고 했어.
Peter wanted me to check out this house on my way to work. The Good Wife 2_20

와인 리스트를 확인해 봐.
Check out the wine list. House Husbands 2_5

네가 개스램프 지역을 확인해 봐야 돼.
You got to check out the Gaslamp District. House of Lies 2_5

alibi 알리바이, 그 현장에 없었다는 걸 증명하는 일 district 지역

📽 The Good Wife 1_8 34:23

Alicia	Cary and I are going to check out her alibi.
Kalinda	What?
Alicia	I'm losing you. Call me back. lose you 통화 중에 상대의 목소리가 끊어지다

알리샤	캐리와 내가 그녀의 알리바이를 확인해 볼게.
칼린다	뭐라고요?
알리샤	안 들려. 나중에 다시 전화해.

특급패턴 162

살충제가 다 떨어졌다고?

run out of+명사 ~가 다 떨어지다

run out of는 원래 있던 것이 다 떨어진(out of) 상태가 된다(run)는 뜻입니다. 이 대상은 물건뿐 아니라 시간이나 인내심과 같은 추상적인 개념도 포함하지요.

네가 준 비타민이 거의 다 떨어졌어.
I'm about to run out of those vitamins that you gave me. Code Black 1_18

살충제가 다 떨어졌다고?
Have you run out of bug spray? CSI: NY 2_17

이런 말은 하고 싶지 않지만, 너희에게 남은 시간이 거의 없어.
I don't like saying this, but you're running out of time. Castle 1_9

선택지가 떨어지면 당신을 찾아가라고 사람들이 그러더군요.
People tell me you're the man to see when you run out of options. Lucifer 1_9

내 수중에 돈이 다 떨어지지 않았으면 좋겠어.
Hopefully I won't run out of money. Friday Night Lights 2_13

be about to 막 ~하려는 참이다 bug spray 살충제

Castle 1_9 27:37

 Castle I don't like saying this, but you're running out of time.
Kate Castle's right. He's been with me on cases before. He's good under pressure. And he's our best shot. pressure 압박

 캐슬 이 말을 하고 싶진 않지만, 지금 시간이 거의 다 됐어요.
케이트 캐슬 말이 맞아요. 캐슬은 전에 나와 함께 몇 가지 사건을 해결한 적이 있어요. 압박을 잘 견디는 사람이에요. 그리고 지금은 그가 우리에겐 최선이에요.

© abc

특급패턴 163

여기서부터는 내가 알아서 처리할게.

take care of + 명사 ~를 처리하다

take care of는 '사람이나 일, 사건, 또는 특별한 상황을 돌보고 처리한다'는 뜻입니다. 보통 '돌보다'라는 의미로 사람에게 쓴다고 알고 있는데 '처리하다'라는 뜻도 있다는 거 꼭 알아 두세요.

그 일은 내가 처리했어.
I took care of it. Suits 1_2

여기서부터는 내가 알아서 처리할게.
I'll take care of it from here. House of Lies 1_1

그건 내가 네 대신에 처리할게.
I'll take care of that for you. House M.D. 1_4

가서 가브리엘 좀 봐 줄래?
Will you go **take care of** Gabrielle? Desperate Housewives 1_7

지금 이 집을 나 혼자서 관리하라는 거예요?
You expect me to **take care of** this place all by myself? Desperate Housewives 1_6

all by oneself 혼자

 Suits 1_2 03:25

Mike   It's okay. You don't have to apologize. **I took care of it.**
       The patent claim? I negotiated a deal to get it done.
       patent claim 특허 신청   negotiate a deal 거래를 성사시키다
Rachel What are you talking about?
Mike   Gregory. He agreed to file it for me. file 소송을 제기하다

마이크   괜찮아요. 사과할 필요 없어요. 그 일은 제가 처리했어요. 특허 신청 건이죠?
        제가 그 건을 마무리 지으려고 협상했어요.
레이첼   지금 무슨 소리하는 거예요?
마이크   그레고리요. 그레고리가 제 대신 그 소송을 하기로 했어요.

© usa

꼭 내가 그걸 몰랐던 것처럼 말을 하네.

as if+절 마치 ~인 것 같은

as if는 뒤에 나오는 내용이 마치 사실인 것처럼 보인다는 걸 뜻하는 표현입니다. 진짜 말하고자 하는 내용은 as if의 앞에 나오는 경우가 많습니다.

지금 뭐 내가 너한테 빚지고 있는 것 같다.
Looks as if I am now in your debt. The Shield 1_4

그건 마치 우리가 기다릴 시간이 많은 것 같잖아.
It's as if we have a lot of time to wait. Mr. Robot 2_5

앞으로 정말 살아 있는 것처럼 내 인생을 살기로 결심했어.
I've decided to live my life as if I'm alive. The Newsroom 1_4

꼭 내가 그걸 몰랐던 것처럼 말을 하네.
You're saying this to me as if I didn't already know it. The Leftovers 1_1

난 너희들이 그녀의 지시를 내가 내린 것처럼 그대로 따르기를 바란다.
I expect you to follow her orders to the letter, as if they were mine. NCIS 2_23

debt 빚 let... down ~를 실망시키다

🎬 The Newsroom 1_4 20:53

Will I've decided to live my life as if I'm alive.
Charlie I'm all for it. But I've noticed that the women you date all have one thing in common. all for it 완벽히 찬성하다 in common 공통적으로
Will I am a leg man.

월 나도 이젠 진짜 살아 있는 것처럼 내 인생을 살아보려고요.
찰리 대찬성이야. 그런데 자네가 만나는 여자들은 모두 한 가지 공통점이 있다는 걸 내가 알아차렸어.
월 내가 다리에 관심이 많죠.

다음 주에 시간을 낼 수 있는지 확인해 볼게.

see if+절 ~인지 아닌지를 확인하다

see가 '눈으로 보다'라는 뜻의 동사인 건 아시죠? 이 뜻에서 파생되어 '직접 본 뒤 이해하고 확인하다'라는 뜻도 가지고 있습니다.

가서 그들이 집에 있는지 확인해 봐.
Go see if they're home. House of Cards 1_1

다른 누가 뭐라도 본 게 있는지 확인해 봐.
See if anybody else has seen something. NCIS 2_3

내가 다음 주에 시간을 낼 수 있는지 확인해 볼게.
I'll see if I can free up some time next week. Suits 2_4

네가 혹시 한잔하러 가고 싶은지 확인하고 싶었어.
Wanted to see if you wanted to maybe go for a drink. Quantico 1_8

그가 도움을 필요로 하는지 우리가 가서 확인해야 되나?
Should we go see if he needs some help? The Ranch 1_7

go for a drink 술을 마시러 가다   free up some time 시간을 내다

📺 Quantico 1_8 29:21

 Hey. Uh, **wanted to see if you wanted to maybe go for a drink.** Uh, unless you don't drink. unless ~이 아니라면
 You know, Raina lives down the hall, where she's always been. She's the one you should be talking to, not me. She likes you.

사이먼 안녕. 어, 혹시 한잔할 수 있을까 확인하려고 왔어. 네가 술을 안 마시는 게 아니라면.
알렉스 있잖아, 레이나는 복도 끝에 살아. 항상 그 곳에 있지. 네가 대화할 상대는 레이나야. 내가 아니라. 레이나가 너 좋아하잖아.

본문에 나온 예문을 무작위로 뽑아 연습문제를 만들었습니다. 한국어 해석을 보고 곧바로 영어로 말해 보세요. 곧장 입에서 나오는 것은 **Pass**, 오래 생각해야 하는 것은 **Repeat**, 아예 모르겠는 것은 **Fail**에 체크하고 다시 공부하세요.

Pass ___ 개   Repeat ___ 개   Fail ___ 개

01 가서 가브리엘 좀 봐 줄래?

02 네가 혹시 한잔하러 가고 싶은지 확인하고 싶었어.

03 와인 리스트를 확인해 봐.

04 지금 뭐 내가 너한테 빚지고 있는 것 같다.

05 내가 다음 주에 시간을 낼 수 있는지 확인해 볼게.

06 네가 준 비타민이 거의 다 떨어졌어.

07 엔진 상태를 좀 점검해 보자.

08 가서 그들이 집에 있는지 확인해 봐.

09 그건 마치 우리가 기다릴 시간이 많은 것 같잖아.

10 그 일은 내가 처리했어.

| 11 | 선택지가 떨어지면 당신을 찾아가라고 사람들이 그러더군요. |

| 12 | 꼭 내가 그걸 몰랐던 것처럼 말을 하네. |

| 13 | 피터가 나더러 출근하는 길에 이 집을 확인해 보라고 했어. |

| 14 | 이런 말은 하고 싶지 않지만, 너희에게 남은 시간이 거의 없어. |

| 15 | 살충제가 다 떨어졌다고? |

| 16 | 그건 내가 네 대신에 처리할게. |

| 17 | 앞으로 정말 살아 있는 것처럼 내 인생을 살기로 결심했어. |

| 18 | 캐리와 내가 그녀의 알리바이를 확인해 볼 거야. |

| 19 | 여기서부터는 내가 알아서 처리할게. |

| 20 | 다른 누가 뭐라도 본 게 있는지 확인해 봐. |

---

01 Will you go take care of Gabrielle? **02** Wanted to see if you wanted to maybe go for a drink. **03** Check out the wine list. **04** Looks as if I am now in your debt. **05** I'll see if I can free up some time next week. **06** I'm about to run out of those vitamins that you gave me. **07** Let's just check out the engine. **08** Go see if they're home. **09** It's as if we have a lot of time to wait. **10** I took care of it. **11** People tell me you're the man to see when you run out of options. **12** You're saying this to me as if I didn't already know it. **13** Peter wanted me to check out this house on my way to work. **14** I don't like saying this, but you're running out of time. **15** Have you run out of bug spray? **16** I'll take care of that for you. **17** I've decided to live my life as if I'm alive. **18** Cary and I are going to check out her alibi. **19** I'll take care of it from here. **20** See if anybody else has seen something.

That's not even a word! -Friends

Episode 34

166 너 지금 문자로 걔한테 헤어지자고 한 거야?
break up with+명사 ~와 헤어지다

167 내가 가해자 쪽을 잡을 함정을 생각해 냈어.
come up with+명사 ~를 생각해 내다

168 그 사람 지금 수두에 걸렸어.
come down with+명사 ~라는 병에 걸리다

169 너 이거 절대 그냥 못 넘어가.
get away with+명사 ~를 무사히 넘어가다

170 내 작품 몇 개는 너에게 익숙할 수도 있어.
be familiar with+명사 ~에 익숙하다

너 지금 문자로 걔한테 헤어지자고 한 거야?

break up with+명사 ~와 헤어지다

break up with은 누군가와의(with) 관계를 완전히(up) 끊어버린다(break)는 뜻입니다. 주로 연인 사이에서 이별을 통보한다는 의미로 씁니다.

너 지금 문자로 걔한테 헤어지자고 한 거야?
Did you just break up with him over text? Limitless 1_11

너 또 나하고 헤어지겠다는 거야?
Are you breaking up with me again?
A Series of Unfortunate Events 1_8

나 그녀와 헤어진 거 절대 아니야.
I didn't break up with her at all. The Newsroom 1_7

넌 내가 그녀와 헤어지면 좋겠어?
You want me to break up with her? The O.C. 1_18

그러니까 나하고 헤어질 의도가 아니었다고?
So you didn't mean to break up with me? Younger 2_1

text 문자 메시지 mean to ~할 셈이다

📺 Limitless 1_11 14:30

Rebecca I don't know how to start the conversation. And every time I try…

Brian You back down? Okay. So compose what you want to say without giving him a chance to interrupt, or redirect, and that way you won't feel like… **Did you just break up with him over text?** back down 물러나다 compose 구성하다 interrupt 방해하다 redirect 다른 방향으로 돌리다

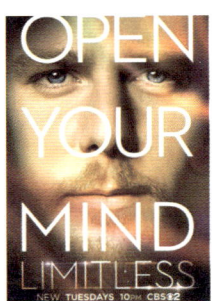

© CBS

레베카 대화를 어떻게 시작해야 될지 모르겠어요. 그리고 매번 대화를 할 때마다…

브라이언 포기한다고요? 좋아요. 그가 끼어들거나 말을 다른 방향으로 돌릴 기회를 주지 말고 당신이 하고자 하는 말을 먼저 만들어요. 그렇게 해야 당신 기분이… 지금 그분에게 문자로 헤어지고 한 거예요?

285

특급패턴 167
내가 가해자 쪽을 잡을 함정을 생각해 냈어.
come up with+명사 ~를 생각해 내다

뭔가를 들고(with) 위로 올라온다(come up)는 건 곧 '떠올리다', '생각해 내다'라고 의역할 수 있습니다. 주로 기발한 아이디어나 뭔가에 대한 답을 생각해 냈을 때 이 표현을 씁니다.

내가 가해자 쪽을 잡을 함정을 생각해 냈어.
I've come up with a trap to catch the guilty party. About a Boy 1_8

우리는 게임 계획을 잘 짜야 돼.
We need to come up with a game plan. 12 Monkeys 1_1

그건 컴퓨터 공학이 만들어 냈어.
Computer Science came up with it. 13 Reasons Why 1_6

도대체 어떤 작자가 그런 생각을 한 거야?
Who the hell came up with that? Ally McBeal 1_19

그건 내가 갑작스런 통보를 받고 생각해 낼 수 있는 최고의 거짓말이야.
It's the best lie I could come up with on short notice. Arrow 1_6

trap 함정 guilty party 가해자 측 Computer Science 컴퓨터 공학
on short notice 예고도 없이 갑자기

Ally McBeal 1_19 09:47

Ally Do you know what the most common insanity going today is? It is the idea that love will just come to you, even if you do nothing. The right one will come along. It will happen. You just wait. **Who the hell came up with that?** insanity 정신 이상
come along 나타나다, 생기다

지옥(hell)에 가면 '짜증'과 '분노'가 넘칠 것이다. 그런 의미에서 '제기랄', '도대체', '빌어먹을' 등의 뜻을 강조할 때 문장에 hell을 넣어 말한다.

앨리 오늘날 벌어지고 있는 가장 일반적인 미친 것이 뭔지 아십니까? 바로 사랑은 저절로 다가온다는 생각입니다. 아무 것도 안 해도 말이죠. 천생연분이 다가올 거다. 그럴 거다. 기다리기만 하면 된다. 도대체 어떤 작자가 그런 말을 만들어낸 겁니까?

그 사람 지금 수두에 걸렸어.

come down with+명사 ~라는 병에 걸리다

come down에는 '쓰러지다'라는 뜻이 있습니다. 쓰러질 정도로 아프다는 건 보통 어떤 병에 걸렸다는 걸 의미하니, come down with을 '~라는 병에 걸리다'라는 뜻으로도 쓰게 됐습니다.

그 사람 지금 수두에 걸렸어.
He's come down with chicken pox. Scandal 2_20

몸이 안 좋으면 트럭에서 내 옆 자리에는 앉지 마.
If you're coming down with something, don't sit next to me in the truck. NCIS 1_7

너 휴가가 끝나서 우울하구나.
You came down with the holiday blues. Arrow 1_9

나 지금 몸이 안 좋아지려는 것 같아.
I feel like I'm coming down with something. Suits 2_4

도심에 사는 한 소년이 에이즈에 걸려서 일부 부모들이 아이들을 학교에 못 가게 했어.
One boy in town came down with AIDS, and some parents pulled their children from school.
The Walking Dead 2_2

chicken pox 수두 next to ~ 바로 옆에 full... from ~로 부터 ...를 빼내다
holiday blues 긴 휴가 후의 우울증

NCIS 1_7 01:53

Tony You look like hell.
Kate A woman loves to hear that, Tony.
Tony If you're coming down with something, don't sit next to me in the truck.

토니 너 꼴이 말이 아닌데.
케이트 토니, 여자가 듣기 좋아하는 말을 참 잘하네.
토니 몸이 안 좋을 것 같으면 트럭에서 내 옆에 앉을 생각 마.

너 이거 절대 그냥 못 넘어가.

get away with+명사 ~를 무사히 넘어가다

이 표현은 get away with murder(살인을 하고도 무사히 넘어가다)에서 파생된 것으로, 주로 나쁜 짓을 저지르고도 무사히 빠져나간다는 뜻으로 씁니다. 이 표현을 보면 *How to get away with murder* 라는 미드가 떠오르죠?

이 학교에서는 누구든 그 어떤 짓을 해도 무사히 넘어갈 수 있어.
Anyone can get away with anything at this school. 13 Reasons Why 1_6

너 이거 절대 그냥 못 넘어가.
You won't get away with this. American Crime 1_7

제가 어떤 나쁜 짓이든 다 하게 해 주셨잖아요.
You let me get away with murder. Arrow 1_3

넌 그 일에서 얼마나 무사할 거라고 생각했니?
How long did you think you'd get away with it?
11.22.63 1_4

걔들은 어떻게 이런 짓을 하고도 무사할 거라고 생각하는 거야?
How do they think they can get away with this?
Breaking Bad 1_4

murder 살인

📺 Arrow 1_3 05:49

Oliver She's testing you.
mom Yes. Who'd she learn that from?
Oliver Mom. When I was her age, **you let me get away with murder.** Looking back, I could have used less space and more parenting. parenting 육아, 부모 노릇

올리버 쟤 지금 엄마를 시험하는 거예요.
엄마 알지. 그걸 누구한테 배웠겠니?
올리버 엄마. 제가 쟤 나이였을 때 엄마는 제가 어떤 나쁜 짓을 해도 다 눈감아 주셨어요. 돌아보면 자유보다는 교육이 더 필요했다는 생각이 들어요.

© CW

특급패턴 170

내 작품 몇 개는 너에게 익숙할 수도 있어.

be familiar with+명사 ~에 익숙하다

어떤 것에 친숙한 상태(familiar)가 된다는 건 곧 그 일에 익숙해지고 그 일을 잘 알게 된다는 뜻입니다.

난 그의 정치에 익숙해.
I'm familiar with his politics. _{Brothers and Sisters 1_13}

내 작품 몇 개는 너에게 익숙할 수도 있어.
You may **be familiar with** some of my work.
_{The Big Bang Theory 1_1}

내 상품을 잘 압니까?
Are you **familiar with** my product? _{The Breaking Bad 2_11}

닥터 조슈아 리즈라는 이름을 가진 성형외과 의사를 잘 알아요?
Are you **familiar with** a plastic surgeon named Dr. Joshua Leeds? _{Castle 1_10}

나는 그 용어가 익숙하지 않는데.
I'm not **familiar with** the term. _{Blindspot 1_5}

product 상품 plastic surgeon 성형외과 의사 term 용어

📺 Breaking Bad 2_11 28:50

Gustavo He's high often, isn't he? You have poor judgement. I can't work with someone with poor judgement.
_{high (술·마약에) 취한 poor 빈곤한 judgement 판단력}

Walter Are you familiar with my product?

Gustavo I've been told it's excellent.

구스타보 그 사람 자주 마약에 취해 있죠? 당신은 판단력이 부족해요.
나는 판단력이 없는 사람과는 일할 수 없어요.

월터 내 제품에 대해서는 잘 알고 있습니까?

구스타보 훌륭하다는 얘기는 들었어요.

Practice 34

본문에 나온 예문을 무작위로 뽑아 연습문제를 만들었습니다. 한국어 해석을 보고 곧바로 영어로 말해 보세요. 곧장 입에서 나오는 것은 **Pass**, 오래 생각해야 하는 것은 **Repeat**, 아예 모르겠는 것은 **Fail**에 체크하고 다시 공부하세요.

Pass ___ 개   Repeat ___ 개   Fail ___ 개

01 나 지금 몸이 안 좋아지려는 것 같아.

02 닥터 조슈아 리즈라는 이름을 가진 성형외과 의사를 잘 알아요?

03 넌 내가 그녀와 헤어지면 좋겠어?

04 도대체 어떤 작자가 그런 생각을 한 거야?

05 넌 그 일에서 얼마나 무사할 거라고 생각했니?

06 그 사람 지금 수두에 걸렸어.

07 내가 가해자 쪽을 잡을 함정을 생각해 냈어.

08 난 그의 정치에 익숙해.

09 이 학교에서는 누구든 그 어떤 짓을 해도 무사히 넘어갈 수 있어.

10 너 또 나하고 헤어지겠다는 거야?

11 너 휴가가 끝나서 우울하구나.

12 내 상품을 잘 압니까?

13 그건 컴퓨터 공학이 만들어 냈어.

14 제가 어떤 나쁜 짓이든 다 하게 해 주셨잖아요.

15 너 지금 문자로 걔한테 헤어지자고 한 거야?

16 몸이 안 좋으면 트럭에서 내 옆 자리에는 앉지 마.

17 너 이거 절대 그냥 못 넘어가.

18 우리는 게임 계획을 잘 짜야 돼.

19 내 작품 몇 개는 너에게 익숙할 수도 있어.

20 나 그녀와 헤어진 거 절대 아니야.

---

01 I feel like I'm coming down with something. **02** Are you familiar with a plastic surgeon named Dr. Joshua Leeds? **03** You want me to break up with her? **04** Who the hell came up with that? **05** How long did you think you'd get away with it? **06** He's come down with chicken pox. **07** I've come up with a trap to catch the guilty party. **08** I'm familiar with his politics. **09** Anyone can get away with anything at this school. **10** Are you breaking up with me again? **11** You came down with the holiday blues. **12** Are you familiar with my product? **13** Computer Science came up with it. **14** You let me get away with murder. **15** Did you just break up with him over text? **16** If you're coming down with something, don't sit next to me in the truck. **17** You won't get away with this. **18** We need to come up with a game plan. **19** You may be familiar with some of my work. **20** I didn't break up with her at all.

That's not even a word! -Friends

Episode 35

171 넌 결국 그 사람처럼 될 수도 있어.
end up   결국 ~한 처지가 되다

172 내가 포기하든 말든 네가 무슨 상관이야?
give up   포기하다

173 그런 행동을 참아야 할 이유가 전혀 없어.
put up with+명사   ~를 참다

174 약 한 달 후에 우리가 너한테 연락할 거야.
hear from+명사   ~로부터 연락을 받다

175 아마 저에 대해 들어 보셨겠죠?
hear of+명사   ~에 관한 얘기를 듣다

넌 결국 그 사람처럼 될 수도 있어.

end up 결국 ~한 처지가 되다

end up은 궁극적으로 어떤 행동을 하게 되거나 어떤 상태에 놓이게 되는 상황을 묘사하는 표현입니다. up에 '완전히'라는 의미가 있어서, 깨끗하게 먹어치운다고 할 때도 eat up을 쓰죠.

너 그러다 결국 엉뚱한 사람들에게 상처를 주게 될 지도 몰라.
You might end up hurting the wrong people.
Pretty Little Liars 1_8

네가 날 괴롭히려고 할 때마다 결국 네가 곤경에 빠지게 돼.
Every time you try to bring me down, you end up in trouble. Pretty Little Liars 1_21

너 감옥 가는 걸로 마무리하고 싶어?
You wanna end up in jail? Queen of the South 2_8

난 그런 식으로 끝나는 건 원치 않았어.
I didn't want to end up like that. Castle 1_4

넌 결국 그 사람처럼 될 수도 있어.
You could end up like him. Grey's Anatomy 2_9

bring... down ~를 쓰러뜨리다 in jail 수감되어

📺 **Pretty Little Liars 1_8** 17:48

detective Look, I understand you might have some issues with me, but I hope you also understand that whatever you tell Jason Dilaurentis might end up being very embarrassing for your mother. You might end up hurting the wrong people.
issue 문제 embarrassing 당혹스러운

형사 저기, 당신과 내가 문제가 있다는 거 압니다. 하지만 난 당신이 제이슨 딜로렌티스에게 무슨 말을 하든 결국 당신 어머니 입장이 아주 난처할 수 있다는 것도 함께 이해해 주길 바랍니다. 당신이 엉뚱한 사람들에게 상처를 주는 꼴이 될 수도 있다는 겁니다.

© abc family

내가 포기하든 말든 네가 무슨 상관이야?

give up 포기하다

give up은 어떤 행동이나 사람, 상황 등을 포기한다는 뜻의 표현입니다. 뒤에 on이 붙어 give up on이라고도 자주 쓰는데 '~를 포기하다'라는 뜻은 같습니다.

내가 포기하든 말든 네가 무슨 상관이야?
What do you care if I give up or not? Vikings 2_10

난 니콜을 구하기 위해서라면 모든 걸 기꺼이 포기할 생각이었어.
I was willing to give up everything to save Nicole. 24: Legacy 1_10

걔는 지금 내가 자기를 포기할 거라고 생각해.
He thinks I'd give up on him. American Crime 1_5

난 네가 포기하고 그녀를 혼자 남겨 둘 거라고 판단했어.
I figured you'd just give up and leave her alone.
13 Reasons Why 1_9

완벽한 여자 찾는 걸 포기하지 마.
Don't give up on trying to find the perfect girl.
About a Boy 1_6

be willing to 기꺼이 ~하다 give up on… ~를 포기하다

🎬 Vikings 2_10 25:31

Siggy Don't give up.
Rollo What do you care if I give up or not?
Siggy Do you want an honest answer? I don't know. But I think you might still be useful somehow. honest 정직한 useful 쓸모 있는

시기 포기하지 마요.
롤로 내가 포기하든 말든 당신이 무슨 상관이야?
시기 솔직한 대답을 원해요? 몰라요. 하지만 제 생각엔 당신은 아직 쓸모가 있는 것 같거든요.

© History

 **특급패턴 173**

그런 행동을 참아야 할 이유가 전혀 없어.

put up with+명사 ~를 참다

put up with은 마음에 들지 않는 일이나 상황, 또는 사람을 불평 없이 참고 견딘다는 의미의 표현입니다. endure나 stand 같은 동사와 뜻이 같지만, 구어체에서는 put up with 같은 구동사를 많이 쓰지요.

난 당신의 방탕한 생활은 참을 수 있지만 스파이 짓은 절대 용인하지 않을 거야.
I can put up with your debauchery, but I will not tolerate spying. Desperate Housewives 1_8

내가 견뎌야 하는 슬픔이 얼마나 큰지 당신이 알아?
Do you have any idea how much grief I've had to put up with? Castle 2_5

네가 어떻게 그를 참고 사는지 난 정말 모르겠다.
I really don't know how you put up with him. Code Black 1_5

그런 행동을 참아야 할 이유가 전혀 없어.
There's no reason to put up with that kind of behavior. Brothers and Sisters 1_11

난 그런 동화 같은 이야기들을 더 이상 참을 수가 없어.
I just can't put up with the fairy tales anymore. Younger 2_12

debauchery 방탕 tolerate 용인하다 spying 스파이
grief 슬픔 reason 이유 behavior 행동 fairy tale 동화

Code Black 1_5 09:18

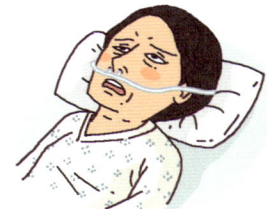

Neal I really don't know how you put up with him.
mom He just likes to feel like he's in control, even if he isn't. Especially if he isn't. (cough, cough) in control 통제하는 especially 특히

닐 어머니는 어떻게 저런 분을 견디고 사시는지 정말 모르겠어요.
엄마 자기가 뭔가 통제하고 있다는 기분을 느끼고 싶어 하는 사람이잖니. 그러지도 못하면서. 그러지 못할 때 특히 더 저러지. (콜록, 콜록)

약 한 달 후에 우리가 너한테 연락할 거야.

hear from + 명사 ~로부터 연락을 받다

누군가로부터(from) 소식을 듣는(hear) 것은 다시 말해 '~로부터 연락을 받다'를 의미합니다. from 뒤에 소식을 전하러 연락을 해 온 사람이 나옵니다.

약 한 달 후에 우리가 너한테 연락할 거야.
You should hear from us in about a month. Lost Girl 1_12

내가 연락할 때까지 이 얘기는 누구한테 입도 뻥끗하면 안 돼.
Not a word about this to anyone until you hear from me. Twin Peaks 1_1

그 사람한테서 연락을 받으면 바로 우리한테 알려 줘.
You let us know the second you hear from him.
Outsiders 1_9

다시는 내가 너한테 연락하는 일 없을 거야.
You'll never hear from me again. The Shield 1_13

그동안 그녀에게서 전혀 연락이 없었어.
Haven't heard from her. The Ranch 1_11

second (시간의) 초; 잠깐

🎬 Twin Peaks 1_1 05:21

Harry: You better get Dr. Hayward. Tell him to meet me up at the Packard Mill, the dock right below the dam. dock 부두 dam 댐
Lucy: What is it?
Harry: We got a body up there. Lucy, **not a word about this to anyone until you hear from me.** body 시체

해리: 해이워드 박사를 불러 줘. 패커드 밀에서 나랑 만나자고 해. 댐 바로 아래에 있는 부두야.
루시: 무슨 일이에요?
해리: 거기에 시체가 있어. 루시, 내가 연락할 때까지는 아무한테도 이 얘기를 하면 안 돼.

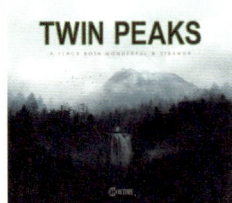

© SHOWTIME

아마 저에 대해 들어 보셨겠죠?

hear of+명사 ~에 관한 얘기를 듣다

전치사 of에는 belong to처럼 '뭔가에 속해 있는'의 의미가 있습니다. 즉, hear of는 듣는(hear) 이야기의 내용이 어디에 속해있다(of)는 것을 뜻하는 표현입니다. 그것이 때로는 소문일 수도 있죠.

아마 저에 대해 들어 보셨겠죠?
Perhaps you've heard of me? Ally McBeal 1_22

그 사람에 대해서는 들어 본 적이 없어.
Never heard of him. A Series of Unfortunate Events 1_1

현기증에 대해서 들어 본 적 있어?
You ever heard of vertigo? In Treatment 1_17

처음 유리엘의 죽음에 대해서 들었을 때 난 루시퍼를 탓하고 싶었어.
When I first heard of Uriel's death, I wanted to blame Lucifer. Lucifer 2_6

가까운 사이의 여성들끼리 생리 주기가 같아지는 현상에 대해 들어 본 적 있어.
I've heard of communal cramps. Pretty Little Liars 1_15

> communal은 '함께 살거나 늘 가까이에 있는 사람들 공동의'라는 뜻이고, menstruation은 '생리', cramps는 갑작스러운 위경련이나 통증을 말한다. 즉 communal cramps는 '가까이 지내는 여성들이 같은 시기에 겪는 생리 통증이나 생리 주기'란 뜻이다. 원래는 communal menstruation cramps인데 주로 줄여서 쓴다.

vertigo 현기증 blame ~를 탓하다

Ally McBeal 1_22 09:54

Elaine I'm Elaine Vassal. **Perhaps you've heard of me?**
Giuliani Not really.
Elaine I'm surprised. Anyway, I want you to know, I share your pangs of loneliness. And I thought, well, I've invented a husband CD. It can bring a lot of relief. pang 격렬한 육체적/정신적 고통 loneliness 외로움 invent 발명하다 relief 위안: 완화

일레인 전 일레인 배슬입니다. 저에 대해서는 들어 보셨죠?
길리아니 아니요.
일레인 놀랍군요. 어쨌든, 저도 여사님의 외로움의 고통에 공감한다는 걸 말씀드립니다. 그래서 제가 남편 CD를 제작했습니다. 많은 위안이 될 겁니다.

Practice 35

본문에 나온 예문을 무작위로 뽑아 연습문제를 만들었습니다. 한국어 해석을 보고 곧바로 영어로 말해 보세요. 곧장 입에서 나오는 것은 **Pass**, 오래 생각해야 하는 것은 **Repeat**, 아예 모르겠는 것은 **Fail**에 체크하고 다시 공부하세요.

Pass ____ 개   Repeat ____ 개   Fail ____ 개

01 너 감옥 가는 걸로 마무리하고 싶어?

02 난 네가 포기하고 그녀를 혼자 남겨 둘 거라고 판단했어.

03 처음 유리엘의 죽음에 대해서 들었을 때 난 루시퍼를 탓하고 싶었어.

04 난 당신의 방탕한 생활은 참을 수 있지만 스파이 짓은 절대 용인하지 않을 거야.

05 너 그러다 결국 엉뚱한 사람들에게 상처를 주게 될 지도 몰라.

06 약 한 달 후에 우리가 너한테 연락할 거야.

07 내가 포기하든 말든 네가 무슨 상관이야?

08 그 사람에 대해서는 들어 본 적이 없어.

09 다시는 내가 너한테 연락하는 일 없을 거야.

10 그런 행동을 참아야 할 이유가 전혀 없어.

11 그 사람한테서 연락을 받으면 바로 우리한테 알려 줘.

12 난 그런 식으로 끝나는 건 원치 않았어.

13 가까운 사이의 여성들끼리 생리 주기가 같아지는 현상에 대해 들어 본 적 있어.

14 걔는 지금 내가 자기를 포기할 거라고 생각해.

15 내가 연락할 때까지 이 얘기는 누구한테 입도 뻥끗하면 안 돼.

16 현기증에 대해서 들어 본 적 있어?

17 네가 어떻게 그를 참고 사는지 난 정말 모르겠다.

18 네가 날 괴롭히려고 할 때마다 결국 네가 곤경에 빠지게 돼.

19 난 니콜을 구하기 위해서라면 모든 걸 기꺼이 포기할 생각이었어.

20 내가 견뎌야 하는 슬픔이 얼마나 큰지 당신이 알아?

---

01 You wanna end up in jail? **02** I figured you'd just give up and leave her alone. **03** When I first heard of Uriel's death, I wanted to blame Lucifer. **04** I can put up with your debauchery, but I will not tolerate spying. **05** You might end up hurting the wrong people. **06** You should hear from us in about a month. **07** What do you care if I give up or not? **08** Never heard of him. **09** You'll never hear from me again. **10** There's no reason to put up with that kind of behavior. **11** You let us know the second you hear from him. **12** I didn't want to end up like that. **13** I've heard of communal cramps. **14** He thinks I'd give up on him. **15** Not a word about this to anyone until you hear from me. **16** You ever heard of vertigo? **17** I really don't know how you put up with him. **18** Every time you try to bring me down, you end up in trouble. **19** I was willing to give up everything to save Nicole. **20** Do you have any idea how much grief I've had to put up with?

Meet Princess conSuela banana hammock. -Friends

Episode 36

176 너한테 막 전화하려던 참이야.
be about to+동사원형 막 ~하려던 참이다

177 우리가 한때는 친구였지.
used to+동사원형 ~하고는 했다

178 넌 절대 내 말은 안 듣지.
listen to+명사/명사절 ~를 귀담아 듣다

179 이 파티 끝나려면 아직 멀었어.
be far from+명사/형용사 ~에서 멀리 떨어진

180 우리 가족에게 접근하지 마.
stay away from+명사 ~로부터 떨어져 있다

너한테 막 전화하려던 참이야.

be about to+동사원형 막 ~하려던 참이다

'미래'의 의미를 갖고 있는 to부정사에 '거의'를 뜻하는 부사 about이 붙어 만들어진 be about to는 '거의 ~를 할 것이다'라는 뜻입니다. '막 ~를 하려고 하다'로 의역하면 됩니다.

너한테 막 전화하려던 참이야.
I was about to call you. The Good Wife 5_17

갈수록 절망적인 상황으로부터 내가 스키퍼를 구하려던 참이었어.
I was about to rescue Skipper from an increasingly hopeless situation. Sex and the City 1_1

넌 이제 막 수술을 받아야 할 사람이야.
You're about to have surgery. Grey's Anatomy 2_14

우리가 지금 하려고 하는 일은 나한테는 달갑지 않을 거야.
What we're about to do isn't gonna be fun for me. Lost Girl 1_11

쟤 금방이라도 쓰러질 것 같이 보이는데.
He looks like he's about to fall in. Grey's Anatomy 1_6

rescue 구하다　increasingly 점점 더
hopeless 절망적인　surgery 수술　fall 쓰러지다

The Good Wife 5_17 11:47

Diane Kalinda? **I was just about to call you.** I need a favor. I need you to go to Will's apartment. need a favor 도움이 필요하다
Kalinda Okay. Diane? David Lee and Damian are trying to remove you as managing partner. remove 쫓아내다

다이앤　칼린다? 막 전화하려던 참이었어. 나 좀 도와줘. 윌의 아파트에 좀 가줘야겠어.
칼린다　그러죠. 다이앤? 데이빗 리와 데미안이 당신을 경영 파트너 자리에서 쫓아내려고 움직이고 있어요.

우리가 한때는 친구였지.

used to + 동사원형 ~하고는 했다

used to는 과거에 규칙적으로 있었던 일을 뜻하는 표현입니다. 또는 과거에 일정 기간 존재했던 특별한 상황을 말하기도 하지요. 두 가지 경우 모두 현재와는 전혀 무관합니다. 참고로 [유즈드 투]가 아니라 [유스터]라고 연결해서 발음합니다.

너 한때는 나한테 영향을 받았었잖아.
You **used to** be influenced by me. Boston Legal 1_8

걔가 한때는 나한테 매일 전화했었어.
He **used to** call me every day. Brothers and Sisters 1_2

우리가 한때는 친구였지.
We **used to** be friends. Boston Legal 1_2

우리 엄마는 내가 아플 때 그 노래를 불러 주셨어.
My mom **used to** sing it to me when I was sick.
The Big Bang Theory 1_11

난 전에는 당근을 별로 좋아하지 않았어요.
I **used to** not like carrots. Breaking Bad 2_4

influence 영향을 주다

Boston Legal 1_8 30:10

Lori This has nothing to do with Alan Shore. I'm not influenced by him.
Paul You used to be influenced by me.
Lori Tell me what you want me to do. I'll resign if… resign 사임하다
Just tell me what you want.

로리 이 일은 앨런 쇼어와 아무런 관계 없어요. 저는 그에게서 영향을 받지 않아요.
폴 너 예전에는 내 영향을 받았었잖아.
로리 제가 뭘 하기를 원하는지 말씀하세요. 제가 물러날 수도 있고…
아무튼 원하는 걸 말씀해 주세요.

© abc

넌 절대 내 말은 안 듣지.

listen to+명사/명사절 ~를 귀담아 듣다

listen은 의지를 가지고 '귀담아 듣다'라는 뜻의 자동사라서 뒤에 목적어가 나올 때는 늘 전치사 to 와 함께 씁니다. 그냥 들려서 듣는 hear와는 뉘앙스가 다르죠.

걔 말은 듣지 마.
Don't listen to her. House of Cards 1_3

넌 내 말을 절대 안 듣잖아.
You never listen to me. Empire 1_2

음악 듣고 싶어?
Want to listen to some music? Dear White People 1_3

그가 할 말이 있다니까 일단 들어 봐.
Just listen to what he has to say. Grey's Anatomy 1_6

샘은 내 말을 들으려고 하지 않아.
Sam won't listen to me. Dear White People 1_9

enormous 거대한 weight 무거운 것 threaten 협박하다 control 통제, 제어

🎬 Dear White People 1_9 11:38

Coco The Hancocks have a problem. If you can be the one to solve it, think of what they can do for you.
Troy I don't know.
Coco This is your chance to make your mark. make your/a mark 성공하다
You need to get Sam to cancel the protest. protest 시위
Troy **Sam won't listen to me.**

코코 핸콕스 부부에게 문제가 있어. 당신이 그 문제를 해결할 수 있다면, 그들이 당신에게 뭘 해 줄 수 있을지 생각해 봐.
트로이 난 잘 모르겠어.
코코 이게 당신이 성공할 수 있는 기회야. 샘이 그 시위를 취소하게 만들어야 돼.
트로이 샘이 내 말을 안 들을 텐데.

© NETFLIX

이 파티 끝나려면 아직 멀었어.

be far from+명사/형용사 ~에서 멀리 떨어진

far from(~로부터 멀리 떨어진)은 물리적 거리가 먼 것뿐 아니라 '~와는 관련이 없는'이라고 해석할 수도 있습니다. 예를 들어 '넌 수학하고는 거리가 멀잖아'라는 말은 You're far from math.라고 표현할 수 있습니다.

넌 절대 만족 못 하는 스타일이야.
You're far from satisfied. Big Little Lies 1_2

이 파티 끝나려면 아직 멀었어.
This party is far from over. 13 Reasons Why 1_12

거기가 시내에서 너무 떨어진 곳이 아니면 좋겠네요.
I wish it wasn't so far from the city. Mad Men 1_5

거긴 내가 자란 곳에서 별로 멀지 않은 곳이야.
That's not too far from where I grew up. The O.C. 1_8

난 늘 네 생각뿐이야.
You're never far from my thoughts. Arrow 1_19

satisfied 만족하는 over 끝이 난 thought 생각

🎬 Mad Men 1_5 36:33

Betty I talked to my father about the house in Cape May.
He said our dates are good. August won't be a problem.
Don That's good.
Betty **I wish it wasn't so far from the city.**
Then we'd see more of you.

베티 아버지와 케이프 메이에 있는 집에 대해서 얘기했어요. 날짜가 좋다고 하시네요.
8월에는 전혀 문제가 없을 거예요.
돈 잘됐네.
베티 시내에서 너무 멀지 않으면 좋겠어요. 그러면 우리가 더 자주 볼 수 있잖아요.

© AMC

우리 가족에게 접근하지 마.

stay away from+명사 ~로부터 떨어져 있다

stay away from…은 뭔가로부터(from) 멀리 떨어져서(away) 머문다(stay)는 뜻입니다.

나한테 가까이 오지 마.
Stay away from me. The Shield 1_11

우리 가족에게 접근하지 마.
Stay away from my family. The Leftovers 2_6

뭐든 위험한 것은 멀리해.
Just **stay away from** anything dangerous. The Newsroom 1_7

넌 그 사람을 멀리해야 돼.
You need to **stay away from** him. The Flash 1_3

당신은 종교를 멀리해야 돼요.
You've got to **stay away from** religion. The Newsroom 2_6

religion 종교

🖥 The Shield 1_11 42:44

| Maureen | You sent them there to rape me. rape 강간하다
| David | No, I didn't. I'm so sorry.
| Maureen | Don't touch me. You are responsible. responsible 책임이 있는
| David | Maureen, I'm so sorry.
| Maureen | **Stay away from me.**

모린   나를 강간하라고 네가 그 사람들을 거기로 보냈잖아.
데이빗 아니, 안 그랬어요. 정말 미안하지만요.
모린   나 건드리지 마. 너한테 책임이 있어.
데이빗 모린, 정말 미안해요.
모린   가까이 오지 마.

© FX

305

Practice 36

본문에 나온 예문을 무작위로 뽑아 연습문제를 만들었습니다. 한국어 해석을 보고 곧바로 영어로 말해 보세요. 곧장 입에서 나오는 것은 **Pass**, 오래 생각해야 하는 것은 **Repeat**, 아예 모르겠는 것은 **Fail**에 체크하고 다시 공부하세요.

Pass ___ 개   Repeat ___ 개   Fail ___ 개

01 거긴 내가 자란 곳에서 별로 멀지 않은 곳이야.

02 너한테 막 전화하려던 참이야.

03 너 한때는 나한테 영향을 받았었잖아.

04 나한테 가까이 오지 마.

05 넌 절대 만족 못 하는 스타일이야.

06 걔 말은 듣지 마.

07 넌 그 사람을 멀리해야 돼.

08 우리 엄마는 내가 아플 때 그 노래를 불러 주셨어.

09 뭐든 위험한 것은 멀리해.

10 우리가 지금 하려고 하는 일은 나한테는 달갑지 않을 거야.

11 음악 듣고 싶어?

12 우리가 한때는 친구였지.

13 넌 이제 막 수술을 받아야 할 사람이야.

14 거기가 시내에서 너무 떨어진 곳이 아니면 좋겠네요.

15 그가 할 말이 있다니까 일단 들어 봐.

16 걔가 한때는 나한테 매일 전화했었어.

17 이 파티 끝나려면 아직 멀었어.

18 갈수록 절망적인 상황으로부터 내가 스키퍼를 구하려던 참이었어.

19 우리 가족에게 접근하지 마.

20 넌 내 말을 절대 안 듣잖아.

---

01 That's not too far from where I grew up. **02** I was about to call you. **03** You used to be influenced by me. **04** Stay away from me. **05** You're far from satisfied. **06** Don't listen to her. **07** You need to stay away from him. **08** My mom used to sing it to me when I was sick. **09** Just stay away from anything dangerous. **10** What we're about to do isn't gonna be fun for me. **11** Want to listen to some music? **12** We used to be friends. **13** You're about to have surgery. **14** I wish it wasn't so far from the city. **15** Just listen to what he has to say. **16** He used to call me every day. **17** This party is far from over. **18** I was about to rescue Skipper from an increasingly hopeless situation. **19** Stay away from my family. **20** You never listen to me.

Meet Princess consuela banana hammock. -Friends

Episode 37

181 우린 제시간에 도착 못 해.
make it   시간에 맞게 도착하다, 해내다

182 난 너에게 보상해 줄 계획을 세웠어.
make it up to+명사   ~에게 보상하다

183 너는 영향을 줄 만한 힘이 있잖아.
make a difference   영향을 주다, 달라지게 하다

184 우린 군사 정보에 근거해서 결정을 내려.
make a decision   결정을 내리다

185 내 일생일대의 실수를 했어.
make a mistake   실수를 하다

우린 제시간에 도착 못 해.

make it 시간에 맞게 도착하다, 해내다

원어민이 일상생활에서 정말 많이 쓰는 make it은 뜻이 아주 다양합니다. '시간에 맞게 도착하다', '성공하다', '약속된 모임이나 행사에 가다' 등이니 문맥에 맞게 해석하세요.

우린 제시간에 도착 못 해.
We don't make it in time. 12 Monkeys 1_4

토요일 네 파티에 참석할 수가 없어.
Can't make it to your party Saturday. About a Boy 1_8

즐겁지는 않겠지만 넌 해낼 거야.
You won't be having a great time, but you'll make it. House M.D. 1_11

너희들이 와 줘서 정말 기쁘다.
So glad you guys could make it. Big Little Lies 1_5

여기에서 무사히 빠져 나가고 싶으면 우리가 말하는 그대로 하는 게 좋아.
If you want to make it out of here, you better do exactly what we say. A Series of Unfortunate Events 1_6

Big Little Lies 1_5 20:05

Jane Sorry I couldn't make it to the hospital.
Celeste She's little shaken up, but she's gonna be fine.
Joseph's gonna be fine, too.
Jane What about the guy in the truck?
Celeste It wasn't a guy. It was a teenage boy.

제인 병원에 못 가서 죄송해요.
셀레스트 그녀가 좀 불안한 상태이긴 하지만 괜찮을 거야. 조셉도 괜찮을 거고.
제인 트럭에 있던 남자는요?
셀레스트 어른이 아니었어. 10대 소년이었대.

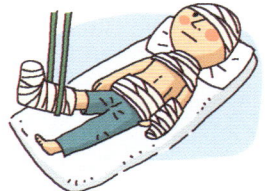

특급패턴 182

난 너에게 보상해 줄 계획을 세웠어.

make it up to+명사 ~에게 보상하다

make up에는 '보상하다'라는 뜻이 있습니다. 이를 활용한 make it up to…는 누군가에게(to) 잘못을 해서 생긴 구멍을 빈틈없이 가득(up) 메운다(make)는 뜻에서 나온 표현입니다.

너한테 보상을 해 주고 싶어.
I'd like to make it up to you. 11.22.63 1_2

난 너에게 보상해 줄 계획을 세웠어.
I got plans to make it up to you. 12 Monkeys 1_1

난 네가 그 대신에 나한테 뭘 해 줄지 이미 알고 있어.
I already know how you can make it up to me.
Brothers and Sisters 1_12

난 일찍 와서 보상으로 그에게 뭔가를 해 줄 생각이었어.
I figured I'd come in early and make it up to him. CSI: NY 2_3

너에게 보상하는 차원에서 내가 할 수 있는 게 있을까?
Is there anything I can do to make it up to you?
Desperate Housewives 1_13

figure 생각하다

 📱 12 Monkeys 1_1 02:09

Cassie When are you coming home?
Aaron Not soon enough. Senator Royce and I have got another fund-raiser tonight. I'm sorry there's been so many of these in a row, but **I got plans to make it up to you.** senator 상원 의원
fund-raiser 기금 모금 행사; 기금 모금자 in a row 잇달아

캐시 집에 언제 와요?
아론 시간 좀 걸리겠어. 로이스 의원님과 함께 오늘 밤 기금 모금 행사가 하나 더 있어. 미안. 요즘 이런 일이 연속으로 정말 많네. 하지만 난 당신에게 만회할 계획을 가지고 있어.

© syfy

너는 영향을 줄 만한 힘이 있잖아

make a difference 영향을 주다, 달라지게 하다

difference는 '차이', '변화', '영향'이라는 뜻입니다. 어떤 차이를 만들면(make) 변화가 시작되고, 주변에 영향을 주게 되겠죠. 부정형은 '아무런 영향을 주지 않다', '아무 소용없다'로 해석합니다.

너는 영향을 줄 만한 힘이 있잖아.
You have the power to make a difference. About a Boy 1_4

난 그냥 영향을 주고 싶은 거야.
I just wanna make a difference. ER 1_3

그래도 달라지는 건 없는 것 같아.
It doesn't seem to make a difference. Desperate Housewives 1_5

나는 늘 변화를 만들고 싶다는 열망뿐이었어.
It's always been my desire to make a difference.
Castle 1_4

배심원단이 상황을 바꿀 거라고 생각하는 것 또한 잘못이야.
It's also wrong to think that a jury will make a difference. Ally McBeal 1_16

desire 욕망, 바람 jury 배심원(단)

 Desperate Housewives 1_5 13:18

Carlos: I've given her everything she ever wanted, but **it doesn't seem to make a difference**, and I feel her drifting further and further away. And lately I've started thinking that maybe…
drift 떠내려가다 further 더 멀리

mom: So you think she's cheating on you? cheat on ~를 두고 바람을 피우다

Carlos: I think so.

카를로스: 아내가 원하는 건 다 해 줬어요. 그런데 달라지는 건 없는 것 같아요. 아내는 계속 더 멀리 가 버리는 느낌이에요. 최근에는 이런 생각도 들기 시작했어요. 혹시나…

엄마: 그 애가 바람을 피우고 있다고 생각하니?

카를로스: 그런 것 같아요.

© abc

우린 군사 정보에 근거해서 결정을 내려.

make a decision 결정을 내리다

make a decision은 직역하면 '결정을 만들다'지만, 한국어로는 '결정을 내리다'라고 하는 게 더 자연스럽습니다. make a reservation도 예약을 만들었다고 하지 않나요?

우린 군사 정보에 근거해서 결정을 내려.
We **make decisions** based on intel. 24: Legacy 1_4

우리는 지금 인생에서 가장 중요한 여러 결정을 해야 돼.
We have to **make** the most important **decisions** of our lives. 13 Reasons Why 1_8

우리가 너와 아주 좋은 결정을 내렸지.
We **made a** good **decision** with you. 11.22.63 1_3

난 아주 중대한 결정을 내려야 해.
I have **a** big **decision to make**. The Shield 1_11

이건 내가 이제껏 내려야 했던 결정들 중에서 가장 힘든 결정이야.
This is the hardest **decision** I've ever had to **make**. About a Boy 1_13

intel (군사) 정보

Vikings 1_1 10:12

Bjorn: Could you look after our family? look after 돌보다
brother: What do you mean? You look after us.
Bjorn: **I have a big decision to make.** It may change many things.

형: 네가 우리 가족을 돌볼 수 있겠어?
동생: 무슨 소리야? 형이 우리를 돌보잖아.
형: 형이 내려야 할 아주 중요한 결정이 있어. 그게 많은 것들을 바꿀지도 몰라.

© History

특급패턴 185

내 일생일대의 실수를 했어.

make a mistake 실수를 하다

'실수를 하다'라는 한국어를 영어로 그대로 번역해서 do a mistake라고 하면 안 됩니다. 이 경우는 make a mistake(실수를 만들다)가 영어식 표현입니다.

그 사람이 실수를 한 것 같아.
I think he made a mistake. Arrow 1_11

내 일생일대의 실수를 했어.
I made the biggest mistake of my life. 13 Reasons Why 1_10

난 오늘 해서는 안 되는 실수를 했어.
I made a mistake today that I shouldn't have. Billions 1_11

난 그가 저지른 실수에는 관심 없어.
I don't care about the mistakes that he made.
Brothers and Sisters 1_9

실험실은 실수하지 않아.
Labs don't make mistakes. American Crime 1_1

lab(s) (=laboratory) 실험실

13 Reasons Why 1_10 19:13

Sheri: He was driving drunk. drive drunk 음주운전을 하다
Clay: He wasn't drunk.
Sheri: You know that? Or you want to believe it? **I made the biggest mistake of my life.** And I'm trying to keep it from ruining my life.
keep... from ...가 ~하는 것을 막다 ruin 망치다

쉐리: 걔는 음주운전을 했어.
클레이: 걔 술 취하지 않았어.
쉐리: 네가 그걸 알아? 아니면 그렇게 믿고 싶은 거야? 나는 내 인생 최대의 실수를 했어. 난 그 실수가 내 인생을 망치지 않도록 애를 쓰고 있어.

© NETFLIX

Practice 37

본문에 나온 예문을 무작위로 뽑아 연습문제를 만들었습니다. 한국어 해석을 보고 곧바로 영어로 말해 보세요. 곧장 입에서 나오는 것은 **Pass**, 오래 생각해야 하는 것은 **Repeat**, 아예 모르겠는 것은 **Fail**에 체크하고 다시 공부하세요.

Pass ____ 개   Repeat ____ 개   Fail ____ 개

01 난 오늘 해서는 안 되는 실수를 했어.

02 너는 영향을 줄 만한 힘이 있잖아.

03 난 네가 그 대신에 나한테 뭘 해 줄지 이미 알고 있어.

04 난 일찍 와서 보상으로 그에게 뭔가를 해 줄 생각이었어.

05 난 그가 저지른 실수에는 관심 없어.

06 배심원단이 상황을 바꿀 거라고 생각하는 것 또한 잘못이야.

07 우린 군사 정보에 근거해서 결정을 내려.

08 우린 제시간에 도착 못 해.

09 그 사람이 실수를 한 것 같아.

10 난 그냥 영향을 주고 싶은 거야.

11 너한테 보상을 해 주고 싶어.

12 우리는 지금 인생에서 가장 중요한 여러 결정을 해야 돼.

13 난 너에게 보상해 줄 계획을 세웠어.

14 토요일 네 파티에 참석할 수가 없어.

15 즐겁지는 않겠지만 넌 해낼 거야.

16 실험실은 실수하지 않아.

17 난 아주 중대한 결정을 내려야 해.

18 그래도 달라지는 건 없는 것 같아.

19 내 일생일대의 실수를 했어.

20 우리가 너와 아주 좋은 결정을 내렸지.

---

01 I made a mistake today that I shouldn't have. **02** You have the power to make a difference. **03** I already know how you can make it up to me. **04** I figured I'd come in early and make it up to him. **05** I don't care about the mistakes that he made. **06** It's also wrong to think that a jury will make a difference. **07** We make decisions based on intel. **08** We don't make it in time. **09** I think he made a mistake. **10** I just wanna make a difference. **11** I'd like to make it up to you. **12** We have to make the most important decisions of our lives. **13** I got plans to make it up to you. **14** Can't make it to your party Saturday. **15** You won't be having a great time, but you'll make it. **16** Labs don't make mistakes. **17** I have a big decision to make. **18** It doesn't seem to make a difference. **19** I made the biggest mistake of my life. **20** We made a good decision with you.

Meet princess consuela banana hammock. -Friends

Episode 38

186 넌 그게 이해가 된다는 거야?
make sense   이해가 되다, 이치에 맞다, 말이 되다

187 네 뒤에서 걔들이 널 비웃고 다닌단 말이야.
make fun of+명사   ~를 놀리다/비웃다

188 네가 계속 머물러야 할 경우를 대비하는 거야.
In case+절   ~한 경우에 대비해서

189 난 네 결론에 동의하지는 않았지만
네 주장은 아주 흥미로웠어.
even though+절   비록 ~지만

190 믿기 힘들겠지만, 난 네 행운을 빌어.
believe it or not, +절   믿기 힘들겠지만, ~

넌 그게 이해가 된다는 거야?

make sense 이해가 되다, 이치에 맞다, 말이 되다

sense에 '일리', '지각'이라는 뜻이 있기 때문에 원어민은 make sense를 '이치에 맞다'라는 뜻으로 씁니다. 나아가 '말이 되고, 이해가 되다'라고 해석할 수도 있습니다.

그들은 평소에 이치에 맞는 일을 한단 말이야.
They do things that make sense. The Good Wife 2_4

이제 내 말이 이해돼?
Am I starting to make sense? Game of Thrones 1_5

그건 정말 말도 안 돼.
That doesn't make any sense. 12 Monkeys 1_1

넌 그게 이해가 된다는 거야?
Does that make any sense to you? Billions 1_4

재정적으로 우리가 서로 나눈다면 타당하겠죠.
Financially it would make sense if we shared.
House Husbands 1_5

🚇 **The Good Wife 2_4** 08:57

피터 You know why I love politics? **People make sense. They do things that make sense.** That's why this leak bothers me. It doesn't make any strategic sense. It hurts Childs because it makes his office look bad, it hurts Peter because it places his wife under suspicion. politics 정치 leak 새다 strategic 전략적인 place 놓다 under suspicion 혐의를 받고 있는

알리샤 제가 왜 정치를 좋아하는지 압니까? 사람들이 이치에 맞거든요. 말이 되는 일을 하죠. 그래서 전 이번에 누설된 게 신경 쓰입니다. 전략적으로 전혀 말이 안 되니까요. 그게 차일즈에게 타격을 주고 있어요. 그쪽 진영에 대한 인상이 나빠지니까요. 피터에게도 안 좋아요. 그로 인해 그의 아내가 혐의를 받게 되니까요.

특급패턴 187

네 뒤에서 걔들이 널 비웃고 다닌단 말이야.

make fun of+명사 ~를 놀리다/비웃다

명사 fun에는 '재미'라는 뜻 말고도 '장난'이라는 뜻이 있습니다. make fun of는 '~를 장난의 대상으로 만들다' 즉 '~를 놀리다'라는 말입니다.

사람들이 저를 놀리는 게 정말 힘들어요.
People make fun of me, and it's really hard.
Friday Night Lights 2_12

그는 그녀의 요리를 놀리곤 했어.
He would make fun of her cooking. Desperate Housewives 1_1

나 놀리지 마.
Don't make fun of me. Crashing 1_1

아무도 나를 놀리지 못할 거야.
No one's gonna make fun of me. Castle 2_24

네 뒤에서 걔들이 널 비웃고 다닌단 말이야.
Behind your back, they make fun of you.
Desperate Housewives 1_6

behind somebody's back ~ 몰래, ~의 뒤에서

📺 Desperate Housewives 1_6 13:34

Susan It hasn't really changed since girl scouts. Girls smile at you to your face, and then behind your back, **they make fun of you.**
Lynette That would have never happened in boy scouts.

수잔 그건 걸 스카우트때부터 하나도 변하지 않았어. 여자애들은 앞에서는 웃다가도 뒤에 가서는 놀린다니까.
리넷 보이 스카우트에서는 그런 일 없었을 거야.

네가 계속 머물러야 할 경우를 대비하는 거야.

In case+절 ~한 경우에 대비해서

case는 '경우'라는 뜻을 가지고 있습니다. 즉, In case는 '뒤에 나오는 경우(case) 안에서(in)'라는 말인데 한국어로는 '~한 경우를 대비해서'라고 해석하는 게 자연스럽습니다.

네가 계속 머물러야 할 경우를 대비하는 거야.
In case you have to stay. Limitless 1_22

네가 지원이 필요할 경우를 대비해서야.
In case you need backup. Justified 2_6

네가 생각을 바꿀 것에 대비해야지.
In case you change your mind. Limitless 1_4

그가 뭔가 미친 짓을 할 수도 있으니까 대비하는 거야.
In case he does something insane. House M.D. 2_10

새벽 3시에 무슨 일이 생길 걸 대비해서 말이야.
In case anything comes up at 3:00 in the morning. House M.D. 1_3

backup 지원 change one's mind 생각이 바뀌다 insane 미친 come up 발생하다

📺 **Limitless 1_4** 17:01

Rebecca You can sell the paintings. painting 그림
Beth Are you sure?
Rebecca If my father wanted me to know about his art, then he would have told me.
Beth (handing a business card) **In case you change your mind.**

레베카 그 그림들 팔아도 괜찮아요.
베스 정말이에요?
레베카 아버지가 자신의 예술에 대해서 제가 알기를 원했다면 저한테 벌써 말씀하셨겠죠.
베스 (명함을 건네 주면서) 생각이 바뀔지도 모르니까요.

특급패턴 189

난 네 결론에 동의하지는 않았지만 네 주장은 아주 흥미로웠어.

even though+절 비록 ~지만

접속사 though에는 '이미 ~일지라도'라는 뜻이 있고, 강조를 위해 even을 붙여서 씁니다.

비록 그녀가 여기 없지만 난 그녀가 여전히 나와 함께라는 걸 알아.
Even though she's not here I know she's still with me. Ally McBeal 1_23

그 당시에 내가 협박을 받긴 했지만 난 계속 그 일을 할 거야.
Even though I was under duress at the time, I will stick to it. Billions 1_7

난 네 결론에 동의하지는 않았지만 네 주장은 아주 흥미로웠어.
Even though I disagreed with your conclusions, I found your arguments very interesting. Brothers and Sisters 1_10

그녀는 자기가 곧 죽을 걸 알았지만 전혀 신경 쓰지 않았어.
Even though she knew she was about to die, she didn't care. Desperate Housewives 1_17

그는 비록 아는 노래가 한 곡뿐이었지만 늘 기타를 쳤어.
He'd play his guitar all the time, **even though** he only knew one song. House of Lies 2_2

---

duress 협박 stick to 고수하다 conclusions 결론
argument 주장 care 상관하다

House of Lies 2_2 08:29

Tamara	He wore cornrows. cornrows 여러 가닥으로 딴 머리
Clyde	What? He wore cornrows?
Tamara	He'd play his guitar all the time, even though he only knew one song. God, were you awful. awful 끔찍한

타마라: 이 사람은 여러 가닥으로 딴 머리를 하고 있었어요.
클라이드: 네? 콘로즈를 하고 있었다고요?
타마라: 이 사람은 늘 기타를 쳤죠. 노래는 딱 한 곡 밖에 몰랐지만요. 아, 당신 정말 끔찍했구나.

믿기 힘들겠지만, 난 네 행운을 빌어.

believe it or not, + 절 믿기 힘들겠지만, ~

상대방이 믿지 않을 것 같으면 나도 모르게 '넌 안 믿을지도 모르지만'이라는 단서를 붙이게 됩니다. believe it or not을 직역하면 '믿거나 말거나'지만, 문맥에 맞게 해석하면 됩니다.

믿기 힘들겠지만, 난 네 행운을 빌어.
Believe it or not, I wish you all the best. 11.22.63 1_1

믿기지 않겠지만, 난 이 건은 정말 네 편이야.
Believe it or not, I'm actually on your side here.
Big Little Lies 1_4

믿기 힘들겠지만, 사실 나 스스로 이 자리에 온 거야.
Believe it or not, I actually came here myself.
Gossip Girl 1_4

믿든지 말든지, 내가 추구하는 건 오직 조용한 삶이야.
Believe it or not, all I'm after is a quiet life. Doctor Who 1_12

믿기 힘들겠지만, 난 지금 제인만 빼고 모두 다 미워.
I hate everybody right now, except Jane, **believe it or not**. Big Little Lies 1_7

all the best 행운을 비는 인사 on… side ~의 편 after ~를 쫓는

📺 11.22.63 1_1 06:21

Christy You doing any writing these days? these days 요새는
Jake Nope.
Christy I always loved your writing.
Believe it or not, I wish you all the best.

크리스티 요새 글은 좀 써?
제이크 아니.
크리스티 난 늘 당신 글이 좋았어. 믿기지 않겠지만, 당신이 정말 잘 되기를 바라.

Practice 38

본문에 나온 예문을 무작위로 뽑아 연습문제를 만들었습니다. 한국어 해석을 보고 곧바로 영어로 말해 보세요. 곧장 입에서 나오는 것은 **Pass**, 오래 생각해야 하는 것은 **Repeat**, 아예 모르겠는 것은 **Fail**에 체크하고 다시 공부하세요.

Pass ___개   Repeat ___개   Fail ___개

01 나 놀리지 마.

02 믿든지 말든지, 내가 추구하는 건 오직 조용한 삶이야.

03 넌 그게 이해가 된다는 거야?

04 네가 계속 머물러야 할 경우를 대비하는 거야.

05 사람들이 저를 놀리는 게 정말 힘들어요.

06 비록 그녀가 여기 없지만 난 그녀가 여전히 나와 함께라는 걸 알아.

07 믿기 힘들겠지만, 난 네 행운을 빌어.

08 그가 뭔가 미친 짓을 할 수도 있으니까 대비하는 거야.

09 그들은 평소에 이치에 맞는 일을 한단 말이야.

10 그녀는 자기가 곧 죽을 걸 알았지만 전혀 신경 쓰지 않았어.

11 네 뒤에서 걔들이 널 비웃고 다닌단 말이야.

12 믿기 힘들겠지만, 사실 나 스스로 이 자리에 온 거야.

13 네가 생각을 바꿀 것에 대비해야지.

14 그건 정말 말도 안 돼.

15 난 네 결론에 동의하지는 않았지만 네 주장은 아주 흥미로웠어.

16 네가 지원이 필요할 경우를 대비해서야.

17 믿기지 않겠지만, 난 이 건은 정말 네 편이야.

18 그는 그녀의 요리를 놀리곤 했어.

19 이제 내 말이 이해돼?

20 그 당시에 내가 협박을 받긴 했지만 난 계속 그 일을 할 거야.

---

01 Don't make fun of me. **02** Believe it or not, all I'm after is a quiet life. **03** Does that make any sense to you? **04** In case you have to stay. **05** People make fun of me, and it's really hard. **06** Even though she's not here I know she's still with me. **07** Believe it or not, I wish you all the best. **08** In case he does something insane. **09** They do things that make sense. **10** Even though she knew she was about to die, she didn't care. **11** Behind your back, they make fun of you. **12** Believe it or not, I actually came here myself. **13** In case you change your mind. **14** That doesn't make any sense. **15** Even though I disagreed with your conclusions, I found your arguments very interesting. **16** In case you need backup. **17** Believe it or not, I'm actually on your side here. **18** He would make fun of her cooking. **19** Am I starting to make sense? **20** Even though I was under duress at the time, I will stick to it.

Oh,. my,. God! -Friends

Episode 39

191 넌 모험하기가 두려운 거잖아.
　　　be scared 두려운

192 뭐 때문에 속이 상한 건데?
　　　be upset about+명사 ~때문에 속이 상하다

193 난 당신의 사생활에 관심 없어요.
　　　be interested in+명사 ~에 관심이 있는

194 난 사람들의 마음을 잘 읽어.
　　　be good at+명사 ~를 잘하는

195 저는 큰 소송을 할 돈이 없어요.
　　　can't afford+명사/to부정사 ~할 여유가 없다

특급패턴 191

넌 모험하기가 두려운 거잖아.

be scared 두려운

scared는 '무서워하는', '겁먹은'이라는 뜻의 형용사입니다. 뒤에 of, about와 같은 전치사와 함께 단어가 오기도 하고, to부정사나 절이 오기도 합니다.

넌 모험하기가 두려운 거잖아.
You're scared of taking chances. House M.D. 1_17

난 사실 그녀의 기분을 상하게 하는 게 더 두려워.
I'm actually more scared about hurting her feelings. The O.C. 1_15

그녀는 사람들 많은 데서 나와 함께 있는 걸 들킬까 두려운 거야.
She's scared to be seen in public with me. The O.C. 1_20

넌 그녀가 다시 사라질까 봐 정말 두렵구나.
You're really scared she's gonna disappear again. The O.C. 1_16

네가 돌아가는 걸 두려워한다는 사실을 숨길 필요 없어.
You don't have to hide that **you're scared** of going back. Brothers and Sisters 1_10

take a chance 모험을 하다 in public 대중 앞에서 disappear 사라지다 hide 감추다

House M.D. 1_17 18:08

 Gregory
 senator

Cut the crap. You're dying. crap 헛소리
And you're clever, you're witty and you are a coward.
You're scared of taking chances.
clever 영리한 witty 재치 있는 coward 겁쟁이

Gregory I take chances all the time. It's one of my worst qualities.
quality 특성

그레고리 헛소리 집어치워요. 당신이 죽는다고요.
상원의원 당신은 똑똑하고, 재치 있고, 그리고 겁쟁이지. 모험을 두려워하니까.
그레고리 난 늘 모험을 무릅쓰는 사람이에요. 내 최악의 특성 중 하나죠.

© FOX

뭐 때문에 속이 상한 건데?

be upset about+명사 ~때문에 속이 상하다

upset은 형용사일 때 '속상한'이라는 뜻입니다. be upset about... 뒤에 속상하게 한 내용이 나옵니다. upset은 동사나 명사로도 쓰이니 문장 속에서의 역할을 잘 살펴보세요.

그가 뭔가에 속이 상했어.
He's upset about something. Boston Legal 1_1

너 아직도 그 여론 조사 때문에 기분이 상해 있는 거야?
You're still upset about that poll? Brothers and Sisters 1_15

난 우리에게 생긴 일 때문에 속상했어.
I was upset about what happened with us.
Code Black 1_15

뭐 때문에 속이 상한 건데?
Upset about what? Castle 1_2

뭔가 다른 것 때문에 속상한 거야? 아니면 그거 때문이야?
Are you **upset about** something else, or is that it? Code Black 1_17

poll 여론 조사

Boston Legal 1_1 03:42

Paul Lori, Ernidell just came in. **He's upset about something.** I sent him to your office.
Lori My office?

로리, 어니델이 방금 들어왔어. 뭔가에 몹시 속이 상해 있더군. 그를 자네 사무실로 보냈네.
제 사무실이요?

© abc

특급패턴 193 난 당신의 사생활에 관심 없어요.

be interested in + 명사 ~에 관심이 있는

뭔가에 관심이 있다는 것은 곧 그 일 '안'에 관심을 둔다는 의미인 걸 떠올리면 interested와 in의 조합을 자연스럽게 외울 수 있습니다.

저는 아동 발달에 아주 관심이 많습니다.
I'm really interested in child development.
The Good Wife 1_12

나야 늘 네 충고에 관심이 많지.
I'm always interested in your advice. House of Cards 1_4

넌 환자의 병력에는 관심이 없잖아.
You're not interested in a medical history.
House M.D. 1_22

난 해명에는 관심 없어요.
I'm not interested in explanations. Ally McBeal 1_14

난 당신의 사생활에 관심 없어요.
I'm not interested in your personal life. Suits 2_2

child development 아동 발달 medical history 병력 explanation 설명; 해명

🎬 The Good Wife 1_12 01:08

nanny I have spent the last year nannying full time, but with grad school, I can really only do part time. nannying 아이 보는 일
Alicia And you're at Northwestern?
nanny Yes. A dual master's in Business and Education Psychology.
I'm really interested in child development.
Business (administration) 경영학 Education Psychology 교육심리학

보모 작년에는 종일 유모 일을 했어요. 하지만 대학원 때문에, 지금은 파트타임만 할 수 있습니다.
알리샤 노스웨스턴에 다니는 거죠?
보모 예. 경영학과 교육심리학 복수 전공이에요. 전 아동 발달에 정말 관심이 많습니다.

난 사람들의 마음을 잘 읽어.

be good at+명사 ~를 잘하는

be good at…은 '~를 잘하는'이라는 뜻입니다. 반대로 '~를 못하는'은 be bad at이라고 합니다.
패턴 뒤에는 일반적인 명사뿐 아니라 동사를 명사로 바꾼 동명사도 올 수 있습니다.

넌 일을 잘하네.
You're good at your job. Mad Men 1_12

너 이런 일을 진짜 잘하는구나.
You're very **good at** this. Doctor Who 1_5

난 사람들의 마음을 잘 읽어.
I'm good at reading people. The Flash 1_13

난 그를 아주 잘 다루지.
I'm very **good at** handling him. Queen of the South 1_2

내가 그걸 아주 잘하는 건 아니야.
I'm not very **good at** it. The Flash 1_2

handle 다루다

🎬 The Flash 1_2 30:28

Iris So what were you going to tell me the other day?
Barry I thought I had to do something. Something I thought was important, but it turns out that **I'm not very good at it.** But what I am good at is being your friend. So if you need help coming up with a new topic for your article… turn out 밝혀지다
come up with ~를 생각해내다 topic 주제 article 기사

아이리스 지난번에 나한테 무슨 말을 하려고 했던 거야?
배리 내가 뭔가를 해야 된다고 생각했어. 내 생각에 뭔가 중요한 걸 말이지. 그런데 알고 보면 난 그런 걸 못하잖아. 내가 잘하는 건 네 친구 역할이지. 그래서 말인데 네가 기사로 쓸 새로운 주제를 생각할 때 도움이 필요하다면…

저는 큰 소송을 할 돈이 없어요.

can't afford+명사/to부정사 ~할 여유가 없다

can't afford...는 뭔가를 할 금전적인, 또는 시간적인 여유가 없다는 뜻입니다. 또한 어떤 상황을 방치하고 놔둘 때가 아니라고 말할 때에도 씁니다.

저는 큰 소송을 할 돈이 없어요.
I can't afford a big lawsuit. *The Good Wife 7_5*

난 일 안 하고 놀 여유가 없어.
I can't afford not to be working. *The Night of 1_3*

이렇게 많은 피를 흘린다면 그녀는 버티지 못 할 거야.
She **can't afford** to lose this much blood. *Grey's Anatomy 1_6*

우리 실수나 하고 있을 때가 아니야.
We **can't afford** mistakes. *Suits 2_12*

우리는 누구도 그걸 감당할 재정적인 여유가 없어.
None of us **can afford** that. *Suits 2_2*

lawsuit 소송 lose 잃다 mistake 실수

🎬 **The Night of 1_3** 18:58

taxi owner	Where is it? The cab.
Salim	I don't know.
taxi owner	Have you asked anybody? Have you called anybody?
Salim	My son is in prison.
taxi owner	I know. I still have to make a living. **I can't afford not to be working.** make a living 생계를 꾸리다

택시 주인	그거 어디에 있나요? 택시 말입니다.
살림	모르죠.
택시 주인	사람들한테 물어는 봤습니까? 전화는 걸어 봤어요?
살림	제 아들이 지금 감옥에 있습니다.
택시 주인	알아요. 그래도 난 생계를 꾸려야 한다고요. 일 안 하고 놀 여유가 없단 말입니다.

Practice 39

본문에 나온 예문을 무작위로 뽑아 연습문제를 만들었습니다. 한국어 해석을 보고 곧바로 영어로 말해 보세요. 곧장 입에서 나오는 것은 **Pass**, 오래 생각해야 하는 것은 **Repeat**, 아예 모르겠는 것은 **Fail**에 체크하고 다시 공부하세요.

Pass ____개   Repeat ____개   Fail ____개

01 난 그를 아주 잘 다루지.

02 넌 환자의 병력에는 관심이 없잖아.

03 우리 실수나 하고 있을 때가 아니야.

04 넌 그녀가 다시 사라질까 봐 정말 두렵구나.

05 난 우리에게 생긴 일 때문에 속상했어.

06 넌 일을 잘하네.

07 넌 모험하기가 두려운 거잖아.

08 저는 큰 소송을 할 돈이 없어요.

09 저는 아동 발달에 아주 관심이 많습니다.

10 뭐 때문에 속이 상한 건데?

11 그녀는 사람들 많은 데서 자기가 나와 함께 있는 걸 들킬까 두려운 거야.

12 난 사람들의 마음을 잘 읽어.

13 이렇게 많은 피를 흘린다면 그녀는 버티지 못 할 거야.

14 너 아직도 그 여론 조사 때문에 기분이 상해 있는 거야?

15 나야 늘 네 충고에 관심이 많지.

16 난 일 안 하고 놀 여유가 없어.

17 너 이런 일을 진짜 잘하는구나.

18 난 사실 그녀의 기분을 상하게 하는 게 더 두려워.

19 뭔가 다른 것 때문에 속상한 거야? 아니면 그거 때문이야?

20 난 해명에는 관심 없어요.

---

01 I'm very good at handling him. **02** You're not interested in a medical history. **03** We can't afford mistakes. **04** You're really scared she's gonna disappear again. **05** I was upset about what happened with us. **06** You're good at your job. **07** You're scared of taking chances. **08** I can't afford a big lawsuit. **09** I'm really interested in child development. **10** Upset about what? **11** She's scared to be seen in public with me. **12** I'm good at reading people. **13** She can't afford to lose this much blood. **14** You're still upset about that poll? **15** I'm always interested in your advice. **16** I can't afford not to be working. **17** You're very good at this. **18** I'm actually more scared about hurting her feelings. **19** Are you upset about something else, or is that it? **20** I'm not interested in explanations.

Oh.. my.. God! -Friends

Episode 40

196 그건 개개인에 따라 다르지.
depend on+명사/명사절 ~에 달려 있다

197 나 지금 출근하는 중인데.
on one's way 가거나 오는 중인

198 지금 막 쉬려던 참이었어.
take a break 잠깐 쉬다, 냉각기를 갖다

199 난 정말로 네가 그걸 명심했으면 좋겠어.
keep… in mind ~를 명심하다

200 넌 완전히 통제 불능이었어.
out of control 통제가 되지 않는

201 내가 널 일부러 뺀 거야.
on purpose 일부러

202 왜 우리한테 소리를 지르는 거예요?
yell at+명사 ~에게 소리를 지르다

그건 개개인에 따라 다르지.

depend on+명사/명사절 ~에 달려 있다

depend on...은 '~에 의지하다' 또는 '~에 달려 있다', '~에 좌우되다'라는 뜻입니다. 전치사 on은 '집중'의 의미를 갖고 있어서 뒤에 나오는 내용에 '집중해야 한다'라는 뉘앙스를 전합니다.

그건 네가 누구에게 부탁하느냐에 달려 있어.
It depends on who you ask. American Gods 1_2

그건 개개인에 따라 다르지.
That depends on the individual. The Night of 1_6

그건 우리가 뭘 사는가에 따라 다르지.
That depends on what we buy. Desperate Housewives 1_8

난 교통 상황에 따라 늦을지도 몰라.
I might be late, depending on traffic. The O.C. 1_25

이 회사의 미래가 거기에 달려 있어.
The future of this company depends on it.
Brothers and Sisters 1_8

individual 개인 company 회사

 The O.C. 1_25 21:31

Sandy Hey, what time is that shower today? shower 예비 신부를 위한 선물 파티
Kirsten Why?
Sandy I might be late, depending on traffic.
Kirsten We live 10 minutes from the club.

샌디 저기, 오늘 그 파티는 몇 시지?
키얼스틴 왜?
샌디 내가 늦을 것 같아서, 교통 상황에 달렸지만 말이야.
키얼스틴 우리 집에서 그 클럽까지 10분밖에 걸리지 않는데 뭘.

나 지금 출근하는 중인데.

on one's way 가거나 오는 중인

on one's way는 자신의 목적지로 향하는 길(one's way) 위에(on) 올라선 상태를 뜻합니다. 목적지로 가거나 올 때 다 쓸 수 있습니다.

난 나가던 중이었어.
I was **on my way** out. Lucifer 2_10

나 지금 출근하는 중인데.
I'm **on my way** to work. Lucifer 2_16

가는 중이라고 그녀에게 전해 줘.
Tell her I'm **on my way**. House of Cards 1_2

세계의학협회 회장이 지금 이리로 오고 있는 중이야.
The head of the WMA is **on his way** here now.
Blindspot 1_5

그녀는 발레 수업이 끝나고 집으로 오는 중이었어요.
She was **on her way** home from her ballet class. Code Black 2_2

WMA(world Medical Association) 세계의학협회

📺 Lucifer 2_16 02:24

Maze	Hey, roomie. Where are you going? roomie (구어) 룸메이트
Chloe	Maze, hey. Um, **I'm on my way to work**. I'm running late.
Maze	Oh, no, but you haven't had breakfast, come on.
Chloe	Mm! No, I'm not hungry.

메이즈	안녕, 룸메. 어디 가는 거야?
클로이	어, 메이즈. 난 회사 가는 중이지. 늦었어.
메이즈	저런, 하지만 아침도 안 먹었잖아. 자, 이거.
클로이	음! 아니야, 배 안 고파.

© FOX

지금 막 쉬려던 참이었어.

take a break 잠깐 쉬다, 냉각기를 갖다

짧은 휴식은 영어로 break이라고 하고, '휴식을 취하다'는 take a break이라고 합니다. 이 표현은 일을 하다가 잠깐 짬을 내어 쉴 때도 쓰지만, 지속되어 오던 관계에 약간의 휴식기를 갖고 서로 생각할 시간을 가질 때에도 씁니다.

우리 잠깐 쉬자.
Let's take a break. Crazy Ex-Girlfriend 1_12

난 지금 잠깐 쉬고 있어.
I'm taking a break. The O.C. 1_3

지금 막 쉬려던 참이었어.
I was just about to take a break. The OA 1_5

좀 쉬었다가 하지 그래?
Why don't you take a break? 12 Monkeys 2_8

내 생각엔 우리 좀 떨어져 지내야 될 것 같아.
I think maybe we should take a break. Crazy Ex-Girlfriend 1_1

📺 Crazy Ex-Girlfriend 1_1 01:22

Rebecca I'm sorry, you were saying?
Josh Well, with school and baseball, I just think that we're just really different, you know, um, like, you're really dramatic and, like weird. I don't know. **I think maybe we should take a break.** dramatic 극적인, 과장된 weird 기이한

레베카 미안, 무슨 말을 하려고 했어?
조쉬 그게, 학교나 야구도 있고, 그냥 내 생각에 우린 정말 다른 것 같아. 그게, 그러니까 넌 정말 감정이 격하고, 유별나다고 할까, 모르겠다. 난 우리가 냉각기를 좀 가지면 어떨까 싶어.

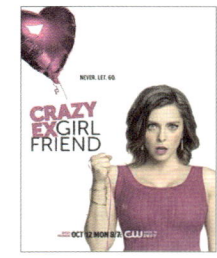

© CW

335

난 정말로 네가 그걸 명심했으면 좋겠어.

keep... in mind ~를 명심하다

뭔가를 정신(mind) 안에(in) 두고 계속 보관한다(keep)는 말은 결국 계속 생각한다는 뜻입니다. keep... in mind에서 keep 대신 bear를 써도 됩니다. bear에는 '계속'의 의미는 없지만, 어떤 생각을 '품다', '지니다'라는 뜻이기 때문에 바꿔 쓸 수 있습니다.

우리 다 같이 그걸 명심하자.
Let's keep that in mind. 13 Reasons Why 1_5

지크는 자기가 한 말을 번복하지 않았다는 걸 명심해.
Keep in mind Zeke hasn't recanted. Boston Legal 1_17

난 정말로 네가 그걸 명심했으면 좋겠어.
I actually hope you keep it in mind. Blindspot 1_4

우리는 윌리엄이 예정보다 10주 일찍 태어났다는 걸 명심해야 돼.
We've got to keep in mind William is ten weeks premature. Brothers and Sisters 1_22

그건 내가 명심할게.
I'll bear that in mind. Ackley Bridge 1_1

recant 철회하다   premature 예상보다 이른

📺 13 Reasons Why 1_5 16:15

Marcus What can we do, if he's already ratted us out? I'm on track for valedictorian. I do not need this shit. rat... out ~를 밀고/배신하다
on track 제대로 진행되는   valedictorian 졸업생 대표   shit 불쾌한 상황

Courtney Yes, Marcus, the most important thing right now is your valedictorian speech. **Let's keep that in mind.** speech 연설

마커스 걔가 이미 우릴 배신했으면 어떻게 해야 할까? 나 지금 졸업생 대표로 잘나가고 있는데 이따위 일이 있으면 안 된다고.

코트니 그래, 마커스. 지금 가장 중요한 건 너의 졸업식 고별사야. 우리 그건 다 같이 명심하자고.

넌 완전히 통제 불능이었어.

out of control 통제가 되지 않는

out of control은 사람이나 상황이 통제권(control)에서 완전히 벗어난(out of) 상태라는 뜻입니다. 통제 불능인 감정 상태가 아티스트에게는 큰 영감을 주는지, out of control을 제목으로 하는 영화나 노래가 꽤 많습니다.

넌 완전히 통제 불능이었어.
You were out of control. NCIS 1_10

우린 서로 키스하다가 완전히 걷잡을 수 없는 상태가 되어 버렸어.
We were kissing each other, completely out of control. Top of the Lake 2_3

이건 정말 걷잡을 수 없게 될 거야.
This is gonna get out of control. The Newsroom 2_5

어젯밤은 통제가 안 되는 상황이었던 것 같아.
I think things got a little out of control last night.
The Leftovers 1_8

인생은 순식간에 걷잡을 수 없는 상황이 될 수도 있어.
Life can spin out of control at the drop of a hat.
Quantico 1_16

spin 돌다 at the drop of a hat 즉각, 순식간에

NCIS 1_10 41:06

Suzanne Stephen, you'd better be careful. You don't want those agents to see you scared. agent 요원
Stephen What happened in the office was an accident, and you know that. **You were out of control.** accident 우연

수잔 스티븐, 조심해요. 당신이 겁먹은 모습을 저 요원들이 보는 건 싫잖아요.
스티븐 사무실에서 있었던 일은 우연이었어. 당신도 알잖아.
그때 당신은 통제 불능 상태였다고.

© CBS

내가 널 일부러 뺀 거야.

on purpose 일부러

어떤 행동이 특별한 목적(purpose) 위에(on) 놓여 있다면 그건 '고의'라고 볼 수 있습니다.
on purpose는 어떤 일을 분명한 목적을 가지고 일부러 했음을 뜻하는 표현입니다.

너 일부러 그랬어.
You did that on purpose. 11.22.63 1_5

너 지금 일부러 이러는 거잖아.
You're doing this on purpose. A Series of Unfortunate Events 1_8

그 사람은 사고인 것처럼 꾸몄지만, 일부러 한 짓인 걸 난 다 알아.
He made it seem like an accident, but I know it was on purpose. Ally McBeal 1_9

내가 널 일부러 뺀 거야.
I left you out on purpose. Billions 1_2

난 걔가 나한테 복수하려고 일부러 그런 짓을 한 걸 알고 있어.
I know she did it on purpose to get back at me.
Castle 2_6

leave... out ~를 빼다   get back at ~에게 복수하다

 　　　　　　　　　　　　　　📺 11.22.63 1_5 20:36

Johnny　(to Jake) You'll drink that whole glass, because if you don't, then Sadie dies.
Sadie　I'm sorry, Johnny. It was an accident!
Johnny　No. **You did that on purpose.**

자니　(제이크에게) 한 잔 끝까지 마셔. 안 마시면 새이디가 죽을 테니까.
새이디　미안해요, 자니. 그건 실수였어요!
자니　아니. 일부러 한 짓이잖아.

왜 우리한테 소리를 지르는 거예요?

yell at + 명사 ~에게 소리를 지르다

전치사 at은 흔히 '공격 목표'를 칭할 때 씁니다. 즉, yell at...은 공격하고자 하는 사람을 향해서 소리를 친다는 표현입니다. shoot at 역시 뭔가를 겨냥해서 쏜다는 뜻이죠.

왜 우리한테 소리를 지르는 거예요?
Why are you guys yelling at us? Modern Family 1_1

네가 나한테 소리라도 지르면 차라리 기분이 더 낫겠어.
I'd feel better if you'd yell at me. Pretty Little Liars 1_13

나한테 소리치지 않아 줘서 고마워.
Thanks for not yelling at me. Modern Family 1_23

출입 담당 직원에게 소리를 지르지 말았어야 했어.
You shouldn't have yelled at the gate agent. Lost 1_23

나한테 소리 지를 필요는 없는 거잖아요.
You don't need to yell at me. Quantico 1_6

 Modern Family 1_1 00:01

Claire	Kids, breakfast! Kids? Phil, would you get them?
Phil	Yeah, just a sec. Kids, get down here!
daughter	**Why are you guys yelling at us?** When we're way upstairs, just text me. upstairs 위층에 text 문자를 보내다

 클레어   얘들아, 아침 먹어라! 얘들아? 필, 애들 좀 불러 줄래요?
필   알았어, 잠깐만. 얘들아, 이리 내려와라!
딸   왜 그렇게 소리를 질러요? 우리가 위층에 있을 때는 그냥 문자를 보내요.

Practice 40

본문에 나온 예문을 무작위로 뽑아 연습문제를 만들었습니다. 한국어 해석을 보고 곧바로 영어로 말해 보세요. 곧장 입에서 나오는 것은 Pass, 오래 생각해야 하는 것은 Repeat, 아예 모르겠는 것은 Fail에 체크하고 다시 공부하세요.

Pass ____ 개   Repeat ____ 개   Fail ____ 개

01 내 생각엔 우리 좀 떨어져 지내야 될 것 같아.

02 어젯밤은 통제가 안 되는 상황이었던 것 같아.

03 난 교통 상황에 따라 늦을지도 몰라.

04 우리 다 같이 그걸 명심하자.

05 그건 네가 누구에게 부탁하느냐에 달려 있어.

06 난 지금 잠깐 쉬고 있어.

07 난 나가던 중이었어.

08 넌 완전히 통제 불능이었어.

09 우리는 윌리엄이 예정보다 10주 일찍 태어났다는 걸 명심해야 돼.

10 그건 우리가 뭘 사는가에 따라 다르지.

11 세계의학협회 회장이 지금 이리로 오고 있는 중이야.

12 좀 쉬었다가 하지 그래?

13 가는 중이라고 그녀에게 전해 줘.

14 난 정말로 네가 그걸 명심했으면 좋겠어.

15 이건 정말 걷잡을 수 없게 될 거야.

16 나 지금 출근하는 중인데.

17 지금 막 쉬려던 참이었어.

18 그건 개개인에 따라 다르지.

19 나한테 소리 지를 필요는 없는 거잖아요.

20 지크는 자기가 한 말을 번복하지 않았다는 걸 명심해.

---

01 I think maybe we should take a break. **02** I think things got a little out of control last night. **03** I might be late, depending on traffic. **04** Let's keep that in mind. **05** It depends on who you ask. **06** I'm taking a break. **07** I was on my way out. **08** You were out of control. **09** We've got to keep in mind William is ten weeks premature. **10** That depends on what we buy. **11** The head of the WMA is on his way here now. **12** Why don't you take a break? **13** Tell her I'm on my way. **14** I actually hope you keep it in mind. **15** This is gonna get out of control. **16** I'm on my way to work. **17** I was just about to take a break. **18** That depends on the individual. **19** You don't need to yell at me. **20** Keep in mind Zeke hasn't recanted.

영어 공부하기 좋은 영국 드라마 Best 5

우리에게는 미드가 조금 더 익숙하지만, 재미있는 영드(British TV shows)도 많이 있습니다. 영국 악센트가 어렵게 들려서 드라마에 대한 몰입도가 떨어진다는 평도 있지만, 영국 악센트를 좋아하는 분들은 영드를 선호하기도 합니다. 참고로 영드는 닥터 후(Dr. Who)를 제외하면 미드에 비해서 한 시리즈 당 에피소드가 적습니다. 길어야 8회 정도에서 마무리가 되죠. 일반적으로 에피소드 한 회의 러닝타임은 45분 정도입니다. 여기서는 드라마의 내용, 그리고 사용된 영어를 중심으로 볼 때, 영어 학습 소재로 도움이 될 만한 베스트 영드 다섯 편을 소개합니다.

닥터 후(Dr. Who)
1963년에 시작된 최고의 인기 드라마이자 세계 최장기 드라마입니다. 공상과학 장르라는 점이 독특하죠. 에피소드 한 회의 러닝타임이 초반에는 약 25분이었다가 현재는 약 45분으로 늘어났습니다.

브로드 처치(Broadchurch)
2013년 3월에 시작되어 2017년 4월까지 방영된 시리즈로 장르는 범죄 드라마입니다. 11살된 소년의 죽음을 둘러싼 이야기로 출발합니다.

루터(Luther)
2010년에 시작되어 4시즌까지 방영된 심리 범죄 드라마입니다. 강력반에서 일하는 경감 존 루터(John Luther)가 주인공이고, 에피소드 한 회가 약 50분이 넘어서 긴 편입니다.

미스핏츠(Misfits)
2009년부터 2013년까지 방영된 공상 과학 코미디 드라마입니다. misfits는 '사회 부적응자'라는 뜻인데 사회봉사 명령을 받은 젊은 범죄자들에게 일어나는 일을 다루고 있습니다.

셜록(Sherlock)
닥터후와 함께 한국에 가장 잘 알려진 작품입니다. 영국 BBC one에서 제작한 범죄 수사 드라마로 2010년부터 시작되어 4시즌이 방영되었습니다. 에피소드 한 회의 러닝타임이 85~90분 정도로 영화만큼 긴 편입니다.

영드에서 뽑은 표현 Best 10

영국 영어와 미국 영어는 발음이나 표현, 단어가 조금씩 다릅니다. 예를 들어 영국에서는 단독 주택이 아닌 아파트 형태의 집을 주로 플랫(flat)이라고 하고, 이 집에 함께 사는 친구를 룸메이트가 아니라 플랫메이트(flatmate)라고 합니다. 하지만 대부분의 표현은 유사하기 때문에 의사소통에는 큰 문제가 없죠. 아래는 영드에서 뽑은 알아 두면 좋은 표현 베스트 10입니다. 본문에는 담지 못했지만, 일상에서 많이 쓰는 유용한 표현들이니 함께 알아 두세요.

1 블로그는 잘 운영되고 있어?
   How's your blog going? Sherlock

2 나 열이 나.
   I've got a temperature. Broadchurch

3 대화 중에 내가 놓친 내용이 있는 거야?
   Am I missing something? Luther

4 이건 누구 아이디어였어?
   Whose idea was this? Doctor Who

5 내가 칭찬받을 일은 아닌데.
   I can't take the credit for it. Luther

6 거기에 피가 묻어 있어.
   There's blood on it. Misfits

7 저를 활용하셔도 돼요.
   Let me be of some use. Doctor Who

8 나 굶어 죽는 줄 알았어.
   I thought I'd starve to death. Misfits

9 차로 조금만 가면 되는 거리야.
   It's just a short drive away. Broadchurch

10 누가 나를 룸메이트로 원하겠어요?
   Who'd want me for a flatmate? Sherlock

남녀공용 집중학습 미니북

미드영어 특급패턴 202

PART 1 스피킹 집중훈련 – 한국어 해석만 보기
PART 2 리스닝 집중훈련 – 영어 문장만 보기

DARAKWON

PART 1
스피킹 집중훈련

한국어 해석만 보기

스피킹 집중훈련 한국어 해석만 보기

001 I'm+명사
난 ~야

전 불면증 환자입니다.
전 당신의 팬이에요.
난 예외야.
전 전업주부예요.
난 열정적이고 충동적인 여자야.

002 I'm+형용사
난 ~한 상태야

난 상냥한 사람이야.
그건 내가 미안하게 됐어.
난 감정을 잘 드러내지 않아.
네가 그게 마음에 든다니 기쁘다.
나 다시 회사에 들어가봐야 될 것 같아.

003 I'm not+명사/형용사
난 ~가 아니야/~한 상태가 아니야

난 그가 좋아할 타입이 아니야.
난 네가 생각하는 그런 사람이 아니야.
난 예전의 내가 아니야.
난 관심 없어.
난 아직 너하고의 관계를 끝내지 않았어.

004 I'm+현재분사
난 ~하는 중이야

나 지금 재미있게 놀고 있어.
전 지금 정말 맛있게 식사를 하고 있어요.
전 지금 너무 스트레스를 받고 있어.
나 영어 쪽으로 마음이 기울고 있어.
나 지금 조작하고 있는 거 아니야.

005 I'm+과거분사
난 ~한 상태야

난 이성적이고 현실적이야.
너와는 이미 볼일 끝났어.
난 아직도 헷갈려.
그건 내가 학교가 끝나면 항상 완전히 지친 상태라서야.
플로렌스 나이트가든이 판돈을 다 먹었어, 내가 잘못 알고 있는 게 아니라면 말이지.

006 I was+명사
나는 ~였어

제가 배심원 대표였습니다.
난 너의 가장 좋은 친구였잖아.
옛날에 난 정말 훌륭한 댄서였어.
술에 취한 건 나였어.
난 그런 사람들 중 하나는 아니었어.

007 I was+형용사
난 ~한 상태였어

난 개리의 아내에게 정말 잘 대해 줬어.
내가 그에게 못되게 굴었던 것 같아.
난 이성을 잃은 것처럼 갑자기 화가 났어.
난 우리 아버지 때문에 경찰을 부른 너한테 화가 났어.
난 절대 그 정도로 확신하지는 못했어.

008 I was+현재분사
난 ~를 하는 중이었어

난 그냥 도와주려던 것뿐이야.
난 즐거운 시간을 보내고 있었어.
난 그냥 세탁물을 두고 가려던 것뿐이야.
네가 날 좀 도와줬으면 좋겠어.
당신 저녁은 집에 와서 먹을 거예요?

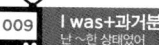
009 I was+과거분사
난 ~한 상태였어

난 누명을 썼어.
난 부모를 살해했다는 혐의를 받은 상태였어.
난 그렇게 배웠어.
나 뉴욕매거진이 뽑은 뉴욕 최고의 칼럼니스트로 선정됐어.
난 심지어 블라인드도 내릴 수 없을 정도로 움직이기가 무서웠어.

010 I think+절
내 생각엔 ~인 것 같아

내 생각에 그건 아주 효과적인 방법 같아.
난 네가 필요해.
내 생각에 그 사람들은 뭔가를 피해서 여기에 온 것 같아.
내 생각에 네가 지금 무슨 말을 하는지 알 것 같아.
우리가 좀 더 신중해야 될 것 같아.

011 I thought+절
난 ~라고 생각했어

난 그게 시도해 볼 만한 가치가 있다고 생각했어.
난 우리가 저녁을 같이 먹는 줄 알았는데.
난 너는 다를 거라고 생각했어.
전 두 분이 공통점이 많을 거라고 생각했습니다.
네가 나를 만나면 좋아할 거라고 생각했어.

012 I want to+동사원형
난 ~를 하고 싶어

난 너한테 보여 주고 싶어.
난 네 친구가 되고 싶어.
이게 제가 얘기하고 싶은 전부입니다.
그냥 그녀의 얼굴을 주먹으로 한 대 치고 싶어.
난 네가 다음에 무슨 행동을 할지 보고 싶어.

013 I don't want to+동사
난 ~를 하고 싶지 않아

그 얘기는 하고 싶지 않아.
알고 싶지 않아.
난 뭐든 방해하고 싶지 않아.
난 너를 걱정시키고 싶지 않아.
난 비난을 받고 싶지 않단 말이야.

014 I want you to+동사원형
난 네가 ~를 해 주면 좋겠어

그건 네가 가져.
우리 정정당당하게 하자.
네가 찍은 사진을 삭제해 주면 좋겠어.
네가 그 놈 찾아서 감옥에 처넣어 버려.
난 당신이 돌아오면 좋겠어.

015 I need+명사
난 ~가 필요해

전 지금 도움이 좀 필요해요.
내가 살 집이 필요해.
날 집에 태워다 주면 좋겠어.
저는 매운 치킨 포장해 주세요.
난 에스코트가 필요하지 않아.

016 I need to+동사원형
난 ~를 할 필요가 있어

너한테 몇 가지 질문할 게 있어.
내가 먼저 확인을 좀 더 해 봐야겠어.
간단한 검사를 하나 해야겠어요.
나부터 진정해야겠네.
제가 같은 말을 반복해야 되는 겁니까?

스피킹 집중훈련 한국어 해석만 보기

017 I need you to+동사원형
네가 꼭 ~해 줘야 해

네가 그것들을 좀 분석해 줘야겠어.
난 네가 더 열심히 일했으면 좋겠어.
제 대신에 해 주셨으면 하는 게 있어요.
난 네가 좀 진정해 줬으면 좋겠어.
당신이 사인을 해야 할 서류가 있어요.

018 I have+명사
나는 ~를 가지고 있어

저한테 개인적인 문제가 좀 있어요.
난 벌이 이성이 날아갈 정도로 무서워해.
전 그냥 이게 뭔가 끔찍한 느낌이 들어요.
저한테서 이상한 냄새가 나요?
그게 바로 친구를 사귀는 이유죠.

019 I have to+동사원형
난 ~를 해야 돼

나 일해야 돼.
나 지금 당장 가 봐야 돼.
나 너한테 해야 할 말이 있어.
이건 내가 혼자 해야 되는 일이야.
내가 너한테 그걸 꼭 말해야 할 이유는 없을 것 같은데.

020 I have+과거분사
난 ~를 해 왔어/~한 적이 있어

내가 조사를 좀 해 봤는데 말이야.
나 깜짝 놀랄 정도로 나이에 비해 젊어 보이지 않아?
내가 그동안 너한테 심하게 대했던 거 알아.
내가 살면서 이렇게까지 모욕을 당한 적이 없어.
난 이제껏 그런 건 본 적이 없어.

021 I'm going to+동사원형
난 ~를 할 거야

나 뭘 좀 간단하게 먹어야겠어.
난 내 방으로 올라갈게.
난 그가 돌아올 때까지 그냥 여기에 앉아 있을 거야.
난 그저 너에게 또 상처만 줄 거야.
내가 영원히 살아 있을 수는 없는 거잖아.

022 I'll be+부사
난 ~일 거야

가능한 한 빨리 돌아올게.
내가 10분 후에 그리로 갈게.
금방 돌아올게.
어두워지기 전에 집에 갈 거야.
제가 연락 드리겠습니다.

023 I'll+동사원형
난 ~할 거야

내가 너한테 이메일 하나 보낼게.
그 제안 받아들일게.
내 생각을 너한테 말해 줄게.
네가 말하는 건 뭐든 다 할게.
계속 정보를 알려 드리겠습니다.

024 I would+동사원형
난 ~를 하면 좋겠어

나 너한테 뭔가 보여 주고 싶어.
전 지금 가 볼게요.
당신은 저하고 같이 가는 게 좋겠어요.
너한테는 정말 그러고 싶지 않아.
난 가서 이 녀석을 좀 만나 보고 싶어.

025 I can+동사원형
난 ~를 할 수 있어

네가 부탁한다면 내가 널 도와줄 수 있어.
그건 내가 처리할게.
그 일은 제가 감당할 수 있어요.
네가 기억할 수 있도록 내가 도움을 줄 수도 있을 거야.
네가 원하면 가는 길에 너희 집에 내려줄 수 있어.

026 I can't+동사원형
난 ~를 할 수 없어

난 더 이상 참을 수 없어.
지금은 내가 말할 수가 없어.
무슨 일이 있었는지 설명할 수가 없어.
난 우리가 뭘 하고 있었는지도 기억이 안 나.
솔직히 말하자면, 난 더 이상 확신할 수가 없어.

027 I can't wait to+동사원형
난 ~를 빨리 하고 싶어

그를 빨리 만났으면 좋겠어.
모두에게 빨리 말하고 싶어.
빨리 다시 그걸 해 보고 싶어.
얼른 새해를 너와 함께 축하하고 싶어서 못 견디겠어.
세부 사항을 빨리 듣고 싶어.

028 Can I+동사원형?
내가 ~를 해도 될까?

내가 테이프 틀어 줄까?
네 사진 좀 찍어도 돼?
내가 뭐 좀 도와줄까?
신분증을 좀 보여 주시겠습니까?
이거 내가 가져도 되는 거야?

029 I could+동사원형
난 ~하고 싶어

내 말이 그 말이야.
네가 원하면 내가 택시 불러줄 수 있어.
너를 정말 빨리 만나고 싶어.
너하고 얘기 좀 했으면 좋겠어.
내가 레지를 실망시킬 수는 없지.

030 I mean+절
내 말은 ~

제 말은 그녀가 저를 고려조차 하지 않았다는 겁니다.
내 말은 8년은 긴 시간이라는 거야.
내 말은 그건 정말 훌륭한 운동이라는 거지.
난 아직도 임시직으로 일하고 있다는 말이야.
그러니까 제가 당신을 제 변호사와 연결시켜 드릴 수 있다는 거죠.

031 I don't mean to+동사원형
일부러 ~한 건 아니야

방해할 생각은 아니야.
당신의 외모에 초점을 맞추려는 의도는 아니에요.
내가 일부러 소리를 지르려고 했던 건 아니었어.
너를 성가시게 하려던 건 아니었어.
네가 얘기하고 있을 때 일부러 잠이 든 건 아니었어.

032 I know what+절
난 무엇이 ~하는지 잘 알고 있어

내가 뭘 잃게 되는지 잘 알아.
내가 지금 무슨 짓을 하고 있는지 나도 잘 알아.
네가 뭘 원하는지는 내가 잘 알지.
난 그게 어떤지 잘 알아.
다음에 무슨 일이 일어날지는 내가 잘 알아.

스피킹 집중훈련 한국어 해석만 보기

033 I don't know+절
난 ~는 잘 모르겠어

내가 맞는 건지 정말 모르겠네.
우리 지금 도대체 뭘 하고 있는 거야?
네가 나한테 원하는 게 뭔지 모르겠어!
나는 네가 나를 이렇게 열심히 쫓아오는 이유를 모르겠어.
누가 그랬는지는 모르겠지만, 난 그것 때문에 행복해.

034 I don't care+절
난 ~에 관심 없어

그게 어떻게 보이든 난 관심 없어.
어떻게 그런 일이 생겼는지 난 관심 없어.
난 그가 얼마나 아픈지에 관심 없어.
그가 당신한테 무슨 이야기를 했든 난 관심 없어.
난 그녀가 왜 그랬는지 관심 없어.

035 I'm afraid of+명사
난 ~가 무서워

난 그녀가 떠날까 봐 두려운 거 같아.
난 이런 게 두려운 거야.
아마 난 이런 걸 두려워했던 건가 봐.
난 그런 거 전혀 무섭지 않아.
난 너 하나도 안 무서워.

036 I'm afraid+절
안타깝게도 ~인 것 같아

안타깝게도 그건 기밀이야.
내가 그에게 너무 큰 상처를 줄까 봐 걱정돼.
아주 심각한 실수가 있었던 것 같아.
그가 깨어날지 어떨지는 우리가 두고 봐야겠는걸.
나 등에 부상을 입은 것 같아.

037 I'm sorry, but+절
미안하지만, ~

미안하지만, 난 지금 가 봐야 돼.
미안하지만, 더 이상은 말 못해.
미안하지만, 난 너한테 말하려고 했어.
미안한데, 그녀의 말이 맞을 리가 없잖아.
죄송한데요, 이건 그녀의 결정 아닌가요?

038 I'm trying to+동사원형
난 ~하려고 애쓰고 있어

난 지금 당신을 보호하려고 애쓰고 있는 거예요.
혹시라도 이 일이 옆길로 샐 경우에 대비해서 너를 보호하려는 거야.
난 지금 이 상황을 이해하려고 애쓰고 있어.
그걸 진지하게 받아들이려고 노력하는 중이야.
제가 말씀드리려는 건, 제 걱정은 그만하셔도 된다는 거예요.

039 I've been trying to+동사원형
난 그동안 ~하려고 애썼어

그동안 올바른 행동만 하려고 내가 얼마나 애를 써 왔는데.
그동안 너한테 계속 전화했었어.
성질 죽이려고 계속 노력하고 있어요.
그게 내가 지금까지 하려고 했던 거야.
이게 정확히 그동안 내가 하려고 했던 말이야.

040 I've never+과거분사
난 그동안 한 번도 ~를 해 본 적이 없어

난 단 한 번도 증거를 조작한 적 없어.
난 살면서 이런 짓을 해 본 적이 없어.
난 그 생각을 한 번도 해 본 적이 없어.
이제껏 당신 같은 사람은 만나 본 적이 없어.
난 당신을 한 번도 본 적이 없는데요.

041 I've heard+명사/절
난 전에 ~에 대해 들은 적 있어

그 얘기들은 이미 전에 다 들었습니다.
네 갤러리에 대해서 얘기 많이 들었어.
오늘만 해도 이미 여러 번 들었어.
그의 도박 문제에 대한 소문을 들었어요.
도박은 중독이라고 들었어요.

042 I guess+절
내 생각에는 ~인 것 같아

제가 충분히 빠르지 않았나 보네요.
난 무서웠던 것 같아.
그렇게 하는 게 가장 안전한 것 같아.
내가 오해했던 것 같네.
그건 내가 이미 말한 거 같은데.

043 I feel like+절
난 ~인 것 같은 기분이 들어

어디선가 뵌 분 같은데요.
십 년 묵은 체증이 내려간 기분이야.
내 생각에는 그는 그것보다 훨씬 더한 짓도 했을 것 같아.
네가 나를 협박하기 시작하는 듯한 느낌이 드는데.
내가 통제력을 좀 잃고 있는 듯한 느낌이야.

044 I hope+절
~면 정말 좋겠어

난 네가 안전하게 그를 떠나기를 바라.
그게 그럴 만한 가치가 있는 거였으면 좋겠다.
그게 좋은 뜻이길 바랍니다.
내가 깨운 건 아닌지 모르겠네.
어머니께 쾌차하시라고 안부 전해 줘요.

045 I forgot to+동사원형
나 ~하는 걸 잊어버렸어

내가 당신보다 서열이 높다고 말하는 걸 까먹었네.
너한테 뭔가 말한다는 걸 깜빡했네.
걔한테 그거 준다는 걸 깜빡했어.
다시 나가서 그녀를 데려온다는 걸 까먹었지 뭐야.
내가 미처 생각 못 했던 게 있다는 걸 알았어.

046 I remember+동명사
난 ~했던 게 기억나

그것 때문에 내가 속상했던 게 기억나.
내가 덩그러니 혼자 있던 때가 기억나.
내가 혼수상태에서 깨어났을 때가 기억나네.
데어리 퀸에서 드라이브 스루를 이용했던 거 기억 나.
나는 일어나서 다른 테이블로 옮겼던 기억이 나.

047 I should+동사원형
난 ~ 하는 게 좋겠어

전 낮에 다시 오는 게 좋겠어요.
어쩌면 제가 그냥 가는 게 좋겠네요.
네 검사 결과가 나오면 그걸 가지고 시작하면 되겠네.
내가 걔한테 전화를 해야 돼?
난 너한테 이 얘기를 하면 안 돼.

048 I should have+과거분사
진작에 ~했어야 하는 건데

네 말을 들었어야 했는데.
내가 진작에 너한테 주의를 줬어야 했네.
진작에 그만뒀어야 했어.
난 아무 말도 하지 말았어야 했어.
난 이미 오래 전에 그랬어야 했는데 말이야.

스피킹 집중훈련 한국어 해석만 보기

049 I shouldn't have+과거분사
난 ~하지 말았어야 했어

난 물어보지 말았어야 했어.
내가 너한테 이러면 안 되는 거였어.
너한테 거짓말을 하지 말았어야 했어.
내가 떠나는 게 아니었어.
난 여기에 절대 동의하지 말았어야 했어.

050 I decided to+동사원형
난 ~하기로 결정했어

난 너와 함께 머물기로 결정했어.
난 머리를 맑게 하려고 좀 걷기로 했어.
나 상원 의원에 출마하기로 결정했어.
너에게 기회를 한 번 더 주기로 결정했어.
전 모든 고소를 취하하기로 결정했어요.

051 I wonder+절
나는 ~가 궁금해

당신의 도움을 좀 받을 수 있을지 궁금합니다.
그가 누구하고 통화 중인지 궁금해.
나는 너의 페티시가 뭔지 궁금해.
그런 삶은 어떨까 참 궁금해.
난 그게 닐이 생각하고 있었던 것인지 궁금해.

052 I was wondering if+절
제가 ~해도 될까요?

당신과 대화를 좀 할 수 있을까요?
제가 안으로 들어가도 되겠습니까?
몇 시간 동안 아이들을 보러 네가 와 줄 수 있을까?
오늘 밤 저와 한잔할 수 있으신지 궁금해요.
네가 내 읽기 과제물을 훑어봐 줄 수 있을지 궁금해.

053 I told you to+동사원형
내가 너한테 ~하라고 말했잖아

내가 차 안에서 기다리라고 했잖아.
내가 독감 예방 주사 맞으라고 했지.
내가 문은 다 열어 놓으라고 했잖아.
나한테 그런 질문하지 말라고 했잖아.
내가 너 도망가서 절대 돌아오지 말라고 했잖아.

054 You told me to+동사원형
네가 나한테 ~를 하라고 말했잖아

네가 당장 오라고 했잖아.
제 직감을 믿으라고 말씀하셨잖아요.
나더러 진실을 말하라며.
네 가족에게 접근하지 말라고 네가 그랬잖아.
난 당신이 하라는 대로 다 했어, 언제나.

055 I'm sure+절
분명히 ~일 거야

프로이드라면 분명 이걸 인정하지 않을 거야.
넌 분명히 아주 좋아질 거야.
그건 별것 아니었을 거야.
확신하는데, 이미 소문이 사방팔방 돌아다니고 있어.
아이들은 아주 즐거운 시간을 보낼 거야.

056 Are you sure+절?
너 정말 ~해?

너 정말 이 일을 해낼 수 있겠어?
너 정말 파이 안 먹을 거야?
정말 여기 아무도 없는 거 맞아?
당신 정말 게이 아닌 거 맞죠?
그 사람이 너한테 전화를 안 해서 그런 건 확실히 아니라는 거지?

057 make sure+절
실수 없이 분명히 ~해

난 그저 어떤 사실도 간과해서는 안 된다는 걸 확실히 하고 싶어.
내가 모든 사람들에게 다 알리고 말 거야.
난 그저 네가 괜찮은지 확인하고 싶었던 거야.
내 아들을 꼭 잘 돌봐 주게.
너희 아버지가 내 커피 다 드시지 못하게 해, 꼭.

058 You're+명사
넌 ~야

정말 이해가 빠르시군요.
너는 그냥 잘난 척 하는 사람일 뿐이야.
넌 정말 거짓말을 잘해.
당신은 설득력 있는 여성이야.
너는 그가 가장 신뢰했던 사람이었어.

059 You're+형용사
넌 ~한 상태야

너 정말 인상적이다.
너 학교 지각이야.
넌 여전히 무모하구나.
너 거기 혼자 있는 것 같지 않은데.
너 정말 섹시하고 매력적이었어.

060 You're+현재분사
넌 지금 ~를 하고 있어

너 그거 점점 잘하네.
난 네가 지금 얼마나 힘든지 잘 알아.
넌 지금 이게 내 잘못이라는 거야?
너 나를 따라오고 있었던 거야?
난 네가 나한테 데이트 신청하는 줄 알았어.

061 You're+과거분사
넌 이미 ~한 상태야

너 준비 다 했구나.
넌 지금 미행을 당하고 있어.
넌 분명 만족한 상태겠지.
넌 부상당했었잖아.
넌 초대받지도 않았잖아.

062 You're+전치사구
넌 ~한 상태야

시간에 맞게 왔네.
너 혼자 온 거야?
그거 하는 김에 부엌도 청소해 줘.
사랑하는 사람을 두고 바람을 피우면 안 되지.
너 혼자 이 일에 관여하게 된 건 아니잖아.

063 You're gonna+동사원형
넌 앞으로 ~를 하게 될 거야

당신은 이 일로 인해서 많은 친구들을 잃게 될 겁니다.
당신은 이 소송을 취하하고 사과하게 될 거야.
넌 이 일로 나한테 고마워하게 될 거야.
너 때문에 걔는 기절초풍할 거야.
너 정말 괜찮겠어?

064 You're supposed to+동사원형
네가 ~하기로 했잖아

네가 책임지기로 한 거잖아.
너는 집에서 쉬고 있어야지.
너 휴가 중인 거 아니었어?
그건 네가 해야 되는 일이야.
넌 여기에 있으면 안 되는 거잖아.

스피킹 집중훈련 한국어 해석만 보기

065 Are you+명사?
너 ~야?

너 남녀평등주의자야?
새로 이사 온 분들인가요?
당신은 아직 기독교인입니까?
월의 친척이에요?
너 남자를 싫어하는 여자니?

066 Are you+형용사
너 ~한 상태야?

질투 나요?
너 진심이야?
너 미쳤어?
너 정말 여기에 머물고 싶은 거야?
몸이 아주 건강한가요?

067 Are you+현재분사?
너 ~하고 있어?

너 지금 걔한테 전화하는 거야?
너 누구 만나는 사람 있니?
숨 쉬기 힘들어요?
지금 이런 얘기로 날 놀리는 거야?
너 지금 날 피해서 숨은 거야?

068 Are you+과거분사?
너 이미 ~해?

안에 들어가기 무서워서 그래?
너 취한 거야?
너 다 끝났어?
너 놀랐어?
당신에게 그렇게 할 수 있는 권한이 있는 거야?

069 You look+형용사
너 ~해 보여

너 좀 피곤해 보여.
굉장히 쾌활해 보이시네요.
정말 멋있으시군요.
너 뭔가 감당하기 힘든 표정인데.
그거 나보다 네가 더 잘 어울리네.

070 You need+명사
넌 ~가 필요해

너한테 더 나은 롤 모델이 필요해.
넌 칭찬이 필요해.
너는 누군가 새로운 사람이 필요해.
넌 네가 얻을 수 있는 모든 도움이 필요한 상태야.
도움이 필요하면 우리가 있으니 언제든 요청해.

071 You need to+동사원형
넌 ~해야 돼

넌 반드시 진실을 말해야 돼.
넌 빨리 그렇게 해야 돼.
넌 나하고 같이 가야 돼.
산길이 추워지기 전에 네가 서둘러야겠다.
너희 몇 명은 교육을 좀 받아야겠다.

072 You should+동사원형
너 ~해

너 이거 끝까지 밀어붙여.
넌 지금 가서 그녀를 만나야 돼.
뭔가 다른 방법을 시도해 봐.
그에게 적어도 기회를 한번은 줘야 해요.
앞으로 어떤 일이 발생할 수 있는지 분명히 알아 두셔야 됩니다.

073 You'd better+동사원형
너 ~하는 게 좋을 거야

뒷문을 이용하는 게 좋을 거야.
지금 사무실로 내려오셔야겠어요.
넌 입을 열고 말을 하는 게 좋을 거야.
잘 생각해 봐.
넌 카메오가 나타나지 않기를 바라는 게 좋을 듯 해.

074 tell me+절/명사
나한테 ~를 말해 줘

그가 정확히 어떤 단어를 썼는지 말해 봐.
네 살아온 이야기를 해 봐.
뭐가 잘못된 건지 나한테 얘기하면, 고치는 방법을 말해 줄게.
난 네가 나한테는 진실을 말했으면 좋겠어.
나한테 달리 하고 싶은 말 있어?

075 Do you want+명사?
너 ~를 원하니?

아침 먹을래?
탄산음료 같은 거 마실래?
빵 더 먹을래?
커피 한잔할래?
한 잔 더 할래?

076 You want to+동사원형?
너 ~할래?

너도 같이 갈래?
나한테 뭐 하고 싶은 말 있어?
네가 알고 싶은 건 그게 전부야?
안으로 들어오시겠어요?
너 혼자 있고 싶니?

077 Do you want me to+동사원형?
내가 ~할까?

내가 그걸 대답하길 바라?
너 내가 너랑 같이 갔으면 해?
제가 받아 적을까요?
너 커피 한 잔 줄까?
너 병원에 입원시켜 줄까?

078 Do you mind if+절?
~를 해도 괜찮을까요?

뭐 때문인지 여쭤봐도 될까요?
이 얘기는 안에 들어가서 해도 괜찮을까요?
제가 눈을 좀 붙여도 될까요?
불만 사항 몇 가지를 제가 좀 읽어 봐도 될까요?
제가 아주 사적인 질문을 해도 괜찮을까요?

079 You don't+동사원형
너 ~하지 않잖아

넌 그 여자를 전혀 모르잖아.
넌 선택의 여지가 없어.
넌 그들을 존중하며 대하지 않아.
당신은 협상을 좋아하지 않는군.
내 생각에 당신은 아마 그 사실이 기억나지 않을 것 같아요.

080 You have+명사
넌 ~를 가지고 있어

너 그 여자 좋아하잖아.
넌 놀라운 후각을 가지고 있구나.
흠잡을 데 없는 경력을 가지고 계시네요.
네가 속상한 건 아주 당연한 거야.
넌 밑져야 본전이잖아.

스피킹 집중훈련 한국어 해석만 보기

081 You have to+동사원형
넌 ~해야 돼

너 내 말 잘 들어야 돼.
넌 우리를 믿어야 돼.
그녀에게 중요한 게 뭔지 네가 알아내야 돼.
물건을 내 가방 안에 넣을 때 네가 정말 조심해야 돼.
넌 네가 해야 할 일을 해.

082 You don't have to+동사원형
넌 ~하지 않아도 돼

네가 직접 할 필요는 없어.
나한테 아무 것도 말할 필요 없어.
네가 이렇게 살 필요는 없는 거잖아.
그 가방은 쓰지 않아도 돼.
너는 손가락 하나 까딱하지 않아도 돼.

083 Have you+과거분사?
너 ~했어?

너 지금 충분히 생각해 보고 이러는 거야?
너 폭력 범죄를 직접 목격한 적이 있는 거야?
심지어 잠까지 잤다는 거야?
배부르게 먹었어?
너 그거 입어 봤어?

084 You can+동사원형
너 ~해도 돼

넌 당장이라도 그 모든 걸 다 바꿀 수 있어.
나 요리하는 것 좀 도와줘.
그것에 대해서는 그녀에게 물어보면 돼.
그거야 네가 부르고 싶은 대로 부르면 되지.
네가 원하면 나한테 다 말해도 돼.

085 You can't+동사원형
너 ~하면 안 돼

그건 항상 네 뜻대로 할 수 있는 게 아니야.
당신이 이러면 안 되지.
네가 그 사람한테 화내면 안 되지.
당신이 돈을 지불하지 않으면 전 더 이상 이 일을 할 수 없습니다.
넌 이 일에서 벗어날 수 없어.

086 Can you+동사원형?
네가 ~해 줄래?

내 말 잘 들려?
조금만 더 숨어 있을 수 있겠어?
와서 이것 좀 도와줄래요?
뒤에서 소스를 좀 가져다줄래요?
제가 이걸 테이프로 붙일 동안 이것 좀 들어 줄래요?

087 You'll+동사원형
넌 ~할 거야

당신이 더 많은 것을 원한다면 집에 더 서둘러 와야 될 거예요.
넌 체포될 거야.
나한테 진실을 말하겠다고 약속하는 거야?
내가 말하는 대로 하지 않으면 당신은 죽게 될 거예요.
저 여자가 방금 나한테 뭐라고 했는지 알아?

088 Will you+동사원형?
너 ~할래?

한 수 부탁 드려도 될까요?
저 잠깐 실례해도 될까요?
나하고 한잔할래?
이 서류 한 장만 복사해서 가져다줄래요?
부탁인데 그녀를 찾으면 바로 나한테 전화하라고 해 줄래?

089 Would you+동사원형?
~하시겠어요?

저 사람들과 같이 가시겠어요?
커피 한 잔 하시겠어요?
다시 안으로 좀 들어오시겠어요?
당신이 지금 뭘 찾고 있는지 말씀해 주실 수 있나요?
그만 입 닥치고 나 좀 도와줄래?

090 He's/She's+명사
그/그녀는 ~야

그 사람 정말 좋은 사람이야.
그는 낙오자에 위선자야.
걔는 그냥 골칫덩어리일 뿐이야.
그녀는 살아 있는 전설이야.
그녀는 내가 반한 여자가 아니야.

091 He's/She's+형용사
그/그녀는 ~해

그 사람 이상해.
그는 자존심이 아주 강해.
그는 그럴 만한 가치가 없어.
그녀는 내게 중요한 존재야.
그녀는 지금 몹시 마음이 상했어.

092 He's/She's+현재분사
그/그녀는 ~하는 중이야

걔는 그냥 농담하는 거야.
그가 너와는 대화하지 말라고 하는데.
그는 지금 인생을 처음부터 다시 살고자 노력하고 있어.
그녀가 예방책을 강구할 겁니다.
그녀는 지금 커피 마시고 있어.

093 We're+명사/형용사
우리는 ~야/~한 상태야

우리는 교양 있는 성인들이야.
아마도 우리가 문제인 듯.
우리가 그에게 위협적인 존재야?
네가 집에 와서 우린 정말 행복해.
도와주셔서 정말 고맙습니다.

094 We're+현재분사/과거분사
우리는 ~하고 있어/~했어

지금 전화가 빗발치고 있어.
우린 이제 시간이 없어.
우리는 너무 무리하게 일하고 있어.
우린 지금 포위된 거야.
난 우리 관계가 끝난 걸로 알고 있는데.

095 They're+명사/형용사
그들은 ~야/~한 상태야

걔들은 그냥 애들이잖아.
그들은 문제를 일으키는 집단이야.
그것들이 그 쇼에서 가장 인기 있는 부분이야.
그게 좀 미묘한 문제라서요.
그게 항상 옳기만 한 건 아니란 말이야.

096 They're+형용사/분사
그들은 ~하고 있어/~했어

그들은 늘 거짓말을 해.
난 그들이 네가 경제 전문가가 되기를 기대하지 않을 거라고 확신해.
걔들 결혼할 거야.
그들은 피해를 입었어.
그 사람들은 이혼했어.

스피킹 집중훈련 한국어 해석만 보기

097 This is+명사/형용사
이건 ~야/~한 상태야

이건 정말 엄청난 영광이에요.
내가 먹어 본 샌드위치 중에 이게 최고야.
이건 정말 우연의 일치야.
이건 아주 일시적인 거야.
이건 역사적인 일이야.

098 That's+명사/형용사
저건 ~야/~한 상태야

그건 상황을 이해하는 한 가지 방법이야.
그건 범법 행위야.
그건 겉치레에 불과해.
그건 최저 임금보다도 더 적은 액수야.
참 다정하시네요.

099 Don't+동사원형
~ 하지 마

후회할 수도 있는 일은 하지 마.
너무 오래 시간을 끌지 마.
나한테 소리 지르지 마.
이 문제로 호들갑 떨지 마.
걔 걱정은 하지 마.

100 It's+명사
그건 ~야

그건 버려진 집이에요.
지금은 타이밍이 별로라는 거 나도 알아요.
그건 음식물 쓰레기 처리기야.
그건 우연이야, 알았어?
그건 그냥 시간 문제야.

101 It's+형용사
그건 ~해

그거 정말 끝내준다.
그건 적절치 않아요.
투표는 중요한 일입니다.
골치 아픈 일이야.
그게 무슨 전염되는 일도 아니잖아.

102 It seems like+명사/절
그건 ~인 것 같아

그는 도와주려고 애쓰는 것 같아.
그렇게 하는 게 옳은 일인 것 같아.
그건 아무 것도 아닌 것 같아.
그는 아주 훌륭한 젊은이였던 것 같은데.
그녀가 일을 수습하려면 시간이 좀 필요할 것 같아.

103 It seems to me that+절
난 ~인 것 같아

제가 보기엔 당신은 분노 조절 문제가 있는 것 같아요.
제 생각엔 아버지에 대한 당신의 여러 감정이 꽤 충돌하는 것 같아요.
네가 너무 심하게 대해서 걔가 지금 자신감을 잃고 있는 것 같아.
내가 볼 땐 그가 누군가에게 모욕감을 준 것 같아.
내 생각엔 그들을 연행해서 뭐라고 말하는지 확인해야 될 것 같아.

104 I won't+동사원형
난 ~를 하지 않을 거야

난 그런 짓 절대 안 해.
그거 절대 잊어버리지 않을게.
난 널 절대 용서하지 않을 거야.
절대 늦지 않을게.
난 아무 말도 하지 않을래.

105. It won't+동사원형
그건 ~는 아닐 거야

그게 시간이 오래 걸리지는 않을 거야.
금방 돼.
다시는 그런 일 없을 거야.
쉽지는 않겠지만 꼭 필요한 일이야.
그런다고 변하는 건 없어.

106. It reminds me of+명사
그건 ~를 생각나게 해

이걸 보니 우리가 예전에 종종 탔던 회전목마가 생각나네.
그걸 들으니 내가 어디 사람인지 다시 생각하게 되는군.
그건 내가 정말 좋아하는 이 화가를 생각나게 했어.
그냥 내가 싫어하는 누군가를 생각나게 하네.
네 긴 머리를 보니까 예수님 생각이 나네.

107. It's good to+동사원형
~해서 좋다

당신이 집에 오니 정말 좋아요.
당신과 같이 일하게 되어서 좋습니다.
다른 사람이 그 말을 하니 기분이 좋네.
모두들 이렇게 만나니 반갑다.
네가 일하는 모습을 보니 좋다.

108. Is it okay if+절?
~해도 괜찮을까요?

제가 들어가도 괜찮을까요?
제가 가져가도 괜찮아요?
그 얘기는 하지 않아도 괜찮을까요?
우리 그건 다음에 해도 괜찮을까요?
우리가 너에게 몇 가지 질문을 좀 해도 될까?

109. That sounds+형용사
그건 ~하게 들려

그거 진짜 복잡하구나.
나 그게 정말 애처롭게 들린다는 걸 갑자기 깨달았어.
미친 소리처럼 들린다는 거 나도 알아.
들어 보니 그거 위험하겠는.
이게 진실보다 훨씬 더 나은 것처럼 들리는데.

110. That sounds like+명사
그건 ~인 것처럼 들려

그거 내가 듣기에는 질투 같은데.
그건 내 귀에는 '맞아'라고 한 것으로 들려.
무슨 선거 연설처럼 들리네.
그게 골칫거리 같네.
내 귀에는 당신이 그를 보호하려는 의도가 더 큰 것처럼 들리는데.

111. There's+명사
~가 있어

그냥 아주 작은 문제가 하나 있을 뿐이야.
길 바로 건너에 모텔이 있어.
겁먹을 이유가 전혀 없어.
우리가 할 수 있는 게 하나도 없어.
고기가 좀 이상했어.

112. There's nothing+to부정사/절
~는 하나도 없어

무서울 거 하나도 없어.
걱정할 건 하나도 없어.
여기에서 네가 할 수 있는 일은 하나도 없어.
그 문제는 우리가 어떻게 할 도리가 없어.
난 너한테 할 말이 전혀 없어.

스피킹 집중훈련 한국어 해석만 보기

113 That's why+절
그건 ~해서 그래

그래서 내가 여기에 왔잖아.
그래서 내가 너를 미치도록 좋아한단 말이야.
너는 그가 여기를 마음에 들어 하는 이유가 그거라고 생각해?
이래서 넌 내가 필요한 거야.
이래서 내가 TV가 없는 거야.

114 That's what+절
그건 ~야

그게 나를 신경 쓰이게 한단 말이야.
그게 정말 사람 짜증나게 한단 말이야.
그게 바로 그가 추구하는 바야.
그게 내 생각이야.
그게 앞으로 우리가 해야 할 일이야.

115 That's how+절
그건 ~한 거야

저런 소리가 나야 되는 거야.
숙녀에게는 그렇게 얘기해야 되는 거야.
우리 둘은 그렇게 만났습니다.
그렇게 해서 그게 효과가 있었던 거야?
네 기분이 그렇다면, 대체 왜 가겠다는 거야?

116 What's+명사?
~는 뭐야?

네 계획이 뭔데?
이게 다 뭐야?
네가 하고 싶은 말이 뭐야?
내가 선택할 수 있는 게 뭔데?
가능성이 얼마나 돼?

117 What does+절?
~하는 건 뭐야?

그가 하는 일이 뭐야?
보답으로 그가 원하는 게 뭐야?
거기에 뭐라고 적혀 있어?
그게 무슨 뜻이야?
그게 이 일과 무슨 상관인데?

118 What are you+현재분사?
너 ~하고 있어?

너 지금 무슨 소리를 하는 거야?
너희 둘 무슨 책략을 꾸미고 있는 거야?
너 여기서 뭐하고 있어?
너 지금 뭘 입고 있어?
뭐 때문에 그 소파를 팔려는 거야?

119 What do you+동사원형?
넌 뭘 ~하니?

날 뭐로 보고 이래?
네 생각은 어때?
넌 뭘 의논하고 싶은데?
그걸 뭐라고 불러요?
넌 그 정장 어떻게 생각해?

120 What did you+동사원형?
넌 뭘 ~했어?

자네는 뭘 발견했나?
네가 나한테 뭐라고 했더라?
네 이름이 뭐라고 했지?
넌 뭘 예상했어?
너 뭐 때문에 그런 거야?

121. What have you+과거분사?
넌 뭘 ~했었어?

넌 뭘 샀어?
그래서 결국 네가 얻은 건 뭐야?
너 지난 24시간 동안 뭐 먹었어?
넌 계속 뭘 하고 있었어?
넌 무슨 얘기를 하려고 온 거야?

122. Why are you+형용사/분사?
넌 왜 ~해?/~하고 있어?

왜 갑자기 그렇게 관심이 생긴 거야?
왜 그렇게 속이 상해 있니?
나를 쫓아오는 이유가 뭐야?
그건 왜 입고 있는 거야?
나를 벌주는 이유가 뭐야?

123. What makes you+형용사/동사원형?
네가 ~한 원인이 뭐야?

그 애가 내 딸이라고 그렇게 확신하는 이유가 뭐야?
넌 뭐 때문에 행복하니?
왜 그런 걸 물어보는 거야?
우리가 같이 살 수 있다고 생각하는 이유가 뭐야?
그가 실종된 거라고 생각하는 이유가 뭐야?

124. Why do you+동사원형?
넌 왜 ~해?

넌 왜 이사를 가고 싶니?
넌 왜 그녀에게 그렇게까지 신경을 쓰는 거야?
나한테 그걸 묻는 이유가 뭐야?
너는 왜 걔를 참고 봐주는 건데?
넌 왜 항상 내가 실패하기를 바라는 거야?

125. Why don't you+동사원형?
~해 보지 그래?

한번 알아맞혀 봐.
이쪽으로 좀 건너와.
지금 당장 해 보지 그래?
오늘은 그냥 거기에서 머무는 게 어떨까?
그게 뭔지 네가 알아보면 어때?

126. Why did you+동사원형?
넌 왜 ~했니?

넌 왜 그를 막으려고 했던 거야?
넌 왜 나한테 이런 짓을 했던 거야?
너 왜 거짓말을 했니?
넌 왜 학교를 무단결석한 거니?
넌 왜 그것들을 지금 빌리기로 결정한 거야?

127. Why didn't you+동사원형?
넌 왜 ~하지 않았어?

넌 왜 아무 말도 하지 않았어?
왜 나한테 말하지 않았어?
넌 왜 그를 떠나지 않았어?
왜 그냥 그 사람하고 같이 가지 않았어?
그들이 물었을 때 넌 왜 아니라고 말하지 않았어?

128. Why should I+동사원형?
내가 왜 ~해야 돼?

내가 집을 옮겨야 되는 이유가 뭐야?
내가 왜 너를 믿어야 하지?
내가 왜 당신을 고용해야 됩니까?
내가 왜 너한테 이 말을 해야 돼?
왜 내가 당신 말이 맞다고 믿어야 되는 건데?

스피킹 집중훈련 한국어 해석만 보기

129 Who do you+동사원형?
넌 누구를 ~해?

당신은 누구 밑에서 일하나요?
누구를 거기에 데려가고 싶은 거야?
넌 평소에 누구하고 어울려 다니니?
누구를 떠올리고 있니?
너는 그녀가 누구에게 진실을 말하기를 원하는데?

130 Who do you think...?
넌 누가 ~라고 생각해?

넌 누구 말이 맞다고 생각해?
넌 누가 케네디를 죽였다고 생각해?
당신은 도대체 뭐 하는 사람입니까?
넌 지금 네가 누구한테 말하고 있는지 알고 있는 거야?
걔가 누구한테 화풀이를 할 거라고 생각해?

131 How can I+동사원형?
내가 어떻게 ~할 수 있겠어?

내가 어떻게 확신을 갖고 이 말을 할 수 있겠어?
내가 어떻게 너랑 같이 일을 할 수 있겠어?
어떻게 내가 네 얼굴을 똑바로 볼 수 있겠니?
내가 그걸 어떻게 확신할 수 있겠어?
내가 그걸 어떻게 도울 수 있을까?

132 How do you+동사원형?
넌 어떻게 ~해?

넌 어떻게 그게 가능하다고 생각해?
네 기분은 어때?
너 이걸 어떻게 설명할래?
넌 이거 하는 방법을 어떻게 알아?
그게 당신 건지 어떻게 알아?

133 How did you+동사원형?
넌 어떻게 ~했어?

그를 어떻게 설득했어?
그 직업은 어떻게 갖게 된 거예요?
이런 사실에 대해서 어떻게 알아낸 거예요?
도대체 걔를 어떻게 찾은 거야?
제가 스탠포드에 다닌 건 또 어떻게 아셨어요?

134 How could you+동사원형?
네가 어떻게 ~할 수가 있어?

네가 어떻게 나를 그런 식으로 배신할 수 있어?
넌 어쩜 그렇게 차갑고 냉정할 수가 있는 거니?
그게 무슨 뜻인지 어떻게 모를 수가 있어요?
어떻게 우리한테 그걸 말하지 않을 수가 있어?
네가 어떻게 나한테 이럴 수 있는지 말 좀 해 볼래?

135 How long+일반동사?
~는 얼마나 됐어?

너 거기 얼마나 서 있었어?
아이를 갖기 위해서 얼마나 노력해 봤어?
두 사람 결혼한 지는 얼마나 됐어?
그 사람은 이 상태로 얼마나 있었던 거야?
넌 네가 얼마 동안이나 그들을 무시할 수 있을 것 같아?

136 How much...?
~는 얼마야?

그거 값이 얼마나 나가는데?
얼마 드리면 돼요?
그에 대한 대가로 얼마를 원하세요?
네가 그걸 얼마나 원하느냐에 달려 있지.
네가 나를 과소평가하는 것 때문에 난 아주 불쾌해.

137 How many times...?
몇 번이나 ~?

우리가 도대체 너한테 몇 번을 얘기해야 되니?
넌 그걸 몇 번이나 봤어?
근무 중일 때는 귀찮게 하지 말라고 내가 몇 번을 얘기 했니?
내가 그 말을 몇 번이나 할 수 있을 지 모르겠어.
그가 너에게 얼마나 많은 거짓말을 했는지 넌 모르잖아.

138 how to+동사원형
~하는 방법

난 스물 다섯 살까지 넥타이 매는 방법을 몰랐어.
난 편히 휴식을 취하는 방법을 좀 배워야 되겠어.
우린 그것을 피하는 방법을 알게 될 거야.
네가 이거 하는 방법을 어떻게 알아?
제가 찾아뵙고 곤경에서 다시 일어서는 방법에 대한 조언을 청하도록 하겠습니다.

139 When did you+동사원형?
넌 언제 ~했어?

너 언제 졸업 했니?
너 담배는 언제부터 피우기 시작했니?
언제부터 그렇게 신경이 날카로워졌어?
네가 언제 나한테 저녁 얘기를 했어?
넌 언제 그녀를 마지막으로 봤니?

140 Since when do you+동사원형?
넌 언제부터 ~한 거야?

너 언제부터 스페인어를 하게 된 거야?
너 언제부터 학교에서 담배를 피운 거야?
너 언제부터 개를 집 안에 들인 거야?
네가 언제부터 내 일에 신경을 썼다고 그래?
너 언제부터 향수를 뿌리기 시작했어?

141 When I was+형용사/전치사
내가 ~였을 때

그 나이였을 때 나는 뭔가를 하려는 시도조차 하지 않았어.
내가 열한 살 때 우리 부모님이 정말 끔찍한 사고에 연루됐었어.
나는 어렸을 때 내가 외계인이라는 생각을 종종 했었어.
내가 일곱 살 때 우리 엄마가 돌아가셨어.
내가 네 나이였을 때 우리 엄마가 실제로 내 귀를 뚫어 줬어.

142 Where is+명사?
~는 어디에 있어?

지금 계신 곳이 어딘가요?
이게 도대체 어디에서 나온 거야?
이 방 전원 스위치는 어디에 있어?
네 자존심은 어디에다 둔 거야?
너네 패거리들은 다 어디 갔어?

143 Where are you+현재분사/부사?
너는 어디로 ~하니?

너 지금 날 어디로 데려 가는 거야?
넌 이걸 다 어디에서 구하는 거야?
너 신혼여행은 어디로 가?
점심 먹으러 날 어디로 데려갈 건데?
너 이렇게 일찍 어딜 가는 거야?

144 Where did you+동사원형?
너는 어디에서 ~했니?

너 그거 어디에서 났어?
너 이 정보를 어디에서 얻었어?
너 이거 어디에서 찾았어?
넌 어디에서 살다가 여기로 이사 온 거야?
의료 학위는 어디에서 받으셨나요?

스피킹 집중훈련 한국어 해석만 보기

145 Where have+명사+과거분사?
어디에서 ~했지?

너 그동안 어디에 있었어?
그를 그동안 어디에 숨겨 둔 거야?
넌 아티를 어디에서 만났던 거야?
내가 이걸 어디에서 봤더라?
내가 그 얘기를 전에 어디에서 들었더라?

146 Let's+동사원형
우리 ~하자

다시 돌아가자.
그건 우리끼리만 알고 넘어가자고.
그 사람을 데려갑시다.
우리 이건 솔직히 얘기하자.
우리 지난 5년은 잊자.

147 Let me+동사원형
내가 ~할게

커피 좀 마셔야겠어.
내가 직접 와인 맛을 볼게.
무슨 일이 일어나고 있는지 나한테 알려 줘.
지금부터 내가 하는 말 잘 들어.
내가 너한테 뭘 좀 설명할 거야.

148 Don't let+명사+동사원형
...가 ~ 못 하게 해

매니를 집에 혼자 두면 안 돼.
저 사람 물 조금도 못 마시게 해.
걔한테 속지 마.
다른 여자애들한테는 알려 주지 마.
엄마 때문에 긴장하지 마.

149 either A or B
A든지 B든지

걔가 가든지, 아니면 내가 가든지.
포기하든지, 아니면 우리는 끝까지 그들을 추적하는 거야.
세상이 미쳐 돌아가거나 아니면 네가 미친 거겠지.
그들이 IRS에 대단한 연줄이 있거나 우리가 유령을 쫓고 있거나 둘 중 하나야.
우린 그가 지금 어디에 있는지, 아니면 어디로 갈지 반드시 알아내야 돼.

150 neither A nor B
A도 B도 아닌

너나 나나 특별하지 않아.
나나 내 아들 녀석들은 그런 짓을 하지 않아.
걔는 키가 크지도 않고 불멸인 것도 아니잖아.
그건 전혀 중요하지 않아.
그는 현재 왕관이나 금도 없고, 신들의 인정도 받지 못한 상태야.

151 give me+명사
나한테 ~를 줘

시내에 들어오면 나한테 전화해.
나한테 좀 그만하지.
그가 내게 답을 주지 않으면 난 내가 해야 할 일을 할 거야.
쿠퍼 문제로 나 좀 도와줄 수 있어?
네가 최소한 나한테 해 줄 수 있는 건 정직하게 대답하는 거야.

152 Feel free to+동사원형
마음껏 ~를 해

순서는 상관 없이 대답하면 돼.
자유롭게 힘을 실어도 돼.
불편한 게 있으면 언제든지 신고해.
난 신경 안 쓸 테니 마음껏 봐.
어떤 질문이든 자유롭게 하세요.

153   look forward to+명사
~를 기대하다

그 사람을 만나는 게 정말 기대된다.
난 취침 시간이 정말 기다려져.
몹시 기다려지네요.
내가 얼마나 기다렸던 밤 외출인데.
넌 몇 개월 동안 오늘만을 기다렸잖아.

154   look after+명사
~를 돌보다, 맡아서 하다

그 아이는 누가 돌보는 거야?
내가 우리 애들더러 당신을 돌보게 할게.
당신 어머니가 도착하실 때까지 제가 아드님을 잘 돌보고 있을게요.
그 사람 말로는 제가 당신을 돌보도록 당신이 허락해야 한대요.
누가 이 자리를 좀 맡아 줘야 되겠는데.

155   look for+명사
~를 찾다

노트북 컴퓨터나 무선 장치를 소지한 사람을 찾아.
뭔가 비정상적인 걸 찾아.
어디에서 그녀를 찾을 건데?
그의 하드 드라이브에서 우리가 뭘 찾아야 되는 거야?
날 찾지 마.

156   figure out
~를 알아내다/이해하다

이거 누구 짓인지 알아내게 나 좀 도와줘.
누군가는 너를 구할 방법을 강구해야 되잖아.
난 당신이 정말 원하는 게 무엇인지를 알아내려고 여기에 있는 겁니다.
난 그냥 다음에 뭘 해야 되는지 생각 중이야.
난 내 인생의 대부분을 왜 그 일이 일어났는지 알아내는 데 썼어.

157   find out
~를 알아내다

이게 네가 한 짓인걸 알아내기만 하면 내가 널 영원히 감옥에 가둘 거야.
당신은 내가 찾는 걸 도와줘야 돼.
누가 이랬는지 우리가 알아내야 돼.
알아낼 방법은 지금 바로 물어보는 것뿐이야. 안 그래?
이제 막 내가 직접 그것에 대해서 알아냈어.

158   hang out
어울려 놀다

우리 며칠 동안 같이 시간을 보내면 어떨까?
그레이스와 난 방과 후에 대개 여기에서 시간을 보내.
우리가 어울려 다녔던 때 이후로 많은 것들이 변했어.
친구들이 같이 어울려 다니는 거지.
우선은 우리가 더 많이 어울려야겠지.

159   freak out
몹시 놀라다, 흥분하게 하다

우리 엄마는 지금 놀라서 넋이 나갔어요.
너 때문에 내가 정말 정신을 못 차리겠어.
너무 놀라지 마.
왜 다들 기절할 듯한 표정이야?
너 지금 뭔가에 놀라서 넋이 빠진 게 분명하거든.

스피킹 집중훈련 한국어 해석만 보기

160 work out
~를 해결하다

그녀에게는 그냥 일이 잘 해결되지 않는다고 얘기했어.
난 그 사람 일이 잘 풀리지 않아서 안타까워.
그 일은 우리가 해결할 수 있습니다.
다 잘 될 거야.
모든 일은 원래 의도했던 대로 잘 해결될 겁니다.

161 check out
~를 확인하다

엔진 상태를 좀 점검해 보자.
캐리와 내가 그녀의 알리바이를 확인해 볼 거야.
피터가 나더러 출근하는 길에 이 집을 확인해 보라고 했어.
와인 리스트를 확인해 봐.
네가 개스램프 지역을 확인해 봐야 돼.

162 run out of+명사
~가 다 떨어지다

네가 준 비타민이 거의 다 떨어졌어.
살충제가 다 떨어졌다고?
이런 말은 하고 싶지 않지만, 너희에게 남은 시간이 거의 없어.
선택지가 떨어지면 당신을 찾아가라고 사람들이 그러더군요.
내 수중에 돈이 다 떨어지지 않았으면 좋겠어.

163 take care of+명사
~를 처리하다

그 일은 내가 처리했어.
여기서부터는 내가 알아서 처리할게.
그건 내가 네 대신에 처리할게.
가서 가브리엘 좀 봐 줄래?
지금 이 집을 나 혼자서 관리하라는 거예요?

164 as if+절
마치 ~인 것 같은

지금 뭐 내가 너한테 빚지고 있는 것 같다.
그건 마치 우리가 기다릴 시간이 많은 것 같잖아.
앞으로 정말 살아 있는 것처럼 내 인생을 살기로 결심했어.
꼭 내가 그걸 몰랐던 것처럼 말을 하네.
난 너희들이 그녀의 지시를 내가 내린 것처럼 그대로 따르기를 바란다.

165 see if+절
~인지 아닌지를 확인하다

가서 그들이 집에 있는지 확인해 봐.
다른 누가 뭐라도 본 게 있는지 확인해 봐.
내가 다음 주에 시간을 낼 수 있는지 확인해 볼게.
네가 혹시 한잔하러 가고 싶은지 확인하고 싶었어.
그가 도움을 필요로 하는지 우리가 가서 확인해야 되나?

166 break up with+명사
~와 헤어지다

너 지금 문자로 걔한테 헤어지자고 한 거야?
너 또 나하고 헤어지겠다는 거야?
나 그녀와 헤어진 거 절대 아니야.
넌 내가 그녀와 헤어지면 좋겠어?
그러니까 나하고 헤어질 의도가 아니었다고?

167 come up with+명사
~를 생각해 내다

내가 가해자 쪽을 잡을 함정을 생각해 냈어.
우리는 게임 계획을 잘 짜야 돼.
그건 컴퓨터 공학이 만들어 냈어.
도대체 어떤 작자가 그런 생각을 한 거야?
그건 내가 갑작스런 통보를 받고 생각해 낼 수 있는 최고의 거짓말이야.

168. come down with+명사
~라는 병에 걸리다

그 사람 지금 수두에 걸렸어.
몸이 안 좋으면 트럭에서 내 옆 자리에는 앉지 마.
너 휴가가 끝나서 우울하구나.
나 지금 몸이 안 좋아지려는 것 같아.
도심에 사는 한 소년이 에이즈에 걸려서 일부 부모들이 아이들을 학교에 못 가게 했어.

169. get away with+명사
~를 무사히 넘어가다

이 학교에서는 누구든 그 어떤 짓을 해도 무사히 넘어갈 수 있어.
너 이거 절대 그냥 못 넘어가.
제가 어떤 나쁜 짓이든 다 하게 해 주셨잖아요.
넌 그 일에서 얼마나 무사할 거라고 생각했니?
걔들은 어떻게 이런 짓을 하고도 무사할 거라고 생각하는 거야?

170. be familiar with+명사
~에 익숙하다

난 그의 정치에 익숙해.
내 작품 몇 개는 너에게 익숙할 수도 있어.
내 상품을 잘 압니까?
닥터 조슈아 리즈라는 이름을 가진 성형외과 의사를 알아요?
나는 그 용어가 익숙하지 않은데.

171. end up
결국 ~한 처지가 되다

너 그러다 결국 엉뚱한 사람들에게 상처를 주게 될 지도 몰라.
네가 날 괴롭히려고 할 때마다 결국 네가 곤경에 빠지게 돼.
너 감옥 가는 걸로 마무리하고 싶어?
난 그런 식으로 끝나는 건 원치 않았어.
넌 결국 그 사람처럼 될 수도 있어.

172. give up
포기하다

내가 포기하든 말든 네가 무슨 상관이야?
난 니콜을 구하기 위해서라면 모든 걸 기꺼이 포기할 생각이었어.
걔는 지금 내가 자기를 포기할 거라고 생각해.
난 네가 포기하고 그녀를 혼자 남겨 둘 거라고 판단했어.
완벽한 여자 찾는 걸 포기하지 마.

173. put up with+명사
~를 참다

난 당신의 방탕한 생활은 참을 수 있지만 스파이 짓은 절대 용인하지 않을 거야.
내가 견뎌야 하는 슬픔이 얼마나 큰지 당신이 알아?
네가 어떻게 그를 참고 사는지 난 정말 모르겠다.
그런 행동을 참아야 할 이유가 전혀 없어.
난 그런 동화 같은 이야기들을 더 이상 참을 수가 없어.

스피킹 집중훈련 한국어 해석만 보기

174 hear from+명사
~로부터 연락을 받다

약 한 달 후에 우리가 너한테 연락할 거야.
내가 연락할 때까지 이 얘기는 누구한테 입도 뻥끗하면 안 돼.
그 사람한테서 연락을 받으면 바로 우리한테 알려 줘.
다시는 내가 너한테 연락하는 일 없을 거야.
그동안 그녀에게서 전혀 연락이 없었어.

175 hear of+명사
~에 관한 얘기를 듣다

아마 저에 대해 들어 보셨겠죠?
그 사람에 대해서는 들어 본 적이 없어.
현기증에 대해서 들어 본 적 있어?
처음 유리엘의 죽음에 대해서 들었을 때 난 루시퍼를 탓하고 싶었어.
가까운 사이의 여성들끼리 생리 주기가 같아지는 현상에 대해 들어 본 적 있어.

176 be about to+동사원형
막 ~하려던 참이다

너한테 막 전화하려던 참이야.
갈수록 절망적인 상황으로부터 내가 스키퍼를 구하려던 참이었어.
넌 이제 막 수술을 받아야 할 사람이야.
우리가 지금 하려고 하는 일은 나한테는 달갑지 않을 거야.
쟤 금방이라도 쓰러질 것 같이 보이는데.

177 used to+동사원형
~하고는 했다

너 한때는 나한테 영향을 받았었잖아.
걔가 한때는 나한테 매일 전화했었어.
우리가 한때는 친구였지.
우리 엄마는 내가 아플 때 그 노래를 불러 주셨어.
난 전에는 당근을 별로 좋아하지 않았어요.

178 listen to+명사/명사절
~를 귀담아 듣다

걔 말은 듣지 마.
넌 내 말을 절대 안 듣잖아.
음악 듣고 싶어?
그가 할 말이 있다니까 일단 들어 봐.
샘은 내 말을 들으려고 하지 않아.

179 be far from+명사/형용사
~에서 멀리 떨어진

넌 절대 만족 못 하는 스타일이야.
이 파티 끝나려면 아직 멀었어.
거기가 시내에서 너무 떨어진 곳이 아니면 좋겠네요.
거긴 내가 자란 곳에서 별로 멀지 않은 곳이야.
난 늘 네 생각뿐이야.

180 stay away from+명사
~로부터 떨어져 있다

나한테 가까이 오지 마.
우리 가족에게 접근하지 마.
뭐든 위험한 것은 멀리해.
넌 그 사람을 멀리해야 돼.
당신은 종교를 멀리해야 돼요.

181 make it
시간에 맞게 도착하다, 해내다

우리 제시간에 도착 못 해.
토요일 네 파티에 참석할 수가 없어.
즐겁지는 않겠지만 해낼 거야.
너희들이 와 줘서 정말 기쁘다.
여기에서 무사히 빠져 나가고 싶으면 우리가 말하는 그대로 하는 게 좋아.

182 make it up to+명사
~에게 보상하다

너한테 보상을 해 주고 싶어.
난 너에게 보상해 줄 계획을 세웠어.
난 네가 그 대신에 나한테 뭘 해 줄지 이미 알고 있어.
난 일찍 와서 보상으로 그에게 뭔가를 해 줄 생각이었어.
너에게 보상하는 차원에서 내가 할 수 있는 게 있을까?

183 make a difference
영향을 주다, 달라지게 하다

너는 영향을 줄 만한 힘이 있잖아.
난 그냥 영향을 주고 싶은 거야.
그래도 달라지는 건 없는 것 같아.
나는 늘 변화를 만들고 싶다는 열망뿐이었어.
배심원단이 상황을 바꿀 거라고 생각하는 것 또한 잘못이야.

184 make a decision
결정을 내리다

우리 군사 정보에 근거해서 결정을 내려.
우리는 지금 인생에서 가장 중요한 여러 결정을 해야 돼.
우리가 너 아주 좋은 결정을 내렸지.
난 아주 중대한 결정을 내려야 해.
이건 내가 이제야 내려야 했던 결정들 중에서 가장 힘든 결정이야.

185 make a mistake
실수를 하다

그 사람이 실수를 한 것 같아.
내 일생일대의 실수를 했어.
난 오늘 해서는 안 되는 실수를 했어.
난 그가 저지른 실수에는 관심 없어.
실험실은 실수하지 않아.

186 make sense
이해가 되다, 이치에 맞다, 말이 되다

그들은 평소에 이치에 맞는 일을 한단 말이야.
이제 내 말이 이해돼?
그건 정말 말도 안 돼.
넌 그게 이해가 된다는 거야?
재정적으로 우리가 서로 나눈다면 타당하겠죠.

187 make fun of+명사
~를 놀리다/비웃다

사람들이 저를 놀리는 게 정말 힘들어요.
그는 그녀의 요리를 놀리곤 했어.
나 놀리지 마.
아무도 나를 놀리지 못할 거야.
네 뒤에서 걔들이 널 비웃고 다닌단 말이야.

188 In case+절
~한 경우에 대비해서

네가 계속 머물러야 할 경우를 대비하는 거야.
네가 지원이 필요할 경우에 대비해서야.
네가 생각을 바꿀 것에 대비해야지.
그가 뭔가 미친 짓을 할 수도 있으니까 대비하는 거야.
새벽 3시에 무슨 일이 생길 걸 대비해서 말이야.

스피킹 집중훈련 한국어 해석만 보기

189 even though+절
비록 ~지만

비록 그녀가 여기 없지만 난 그녀가 여전히 나와 함께라는 걸 알아.
그 당시에 내가 협박을 받긴 했지만 난 계속 그 일을 할 거야.
난 네 결론에 동의하지는 않았지만 네 주장은 아주 흥미로웠어.
그녀는 자기가 곧 죽을 걸 알았지만 전혀 신경 쓰지 않았어.
그는 비록 아는 노래가 한 곡뿐이었지만 늘 기타를 쳤어.

190 believe it or not, +절
믿기 힘들겠지만, ~

믿기 힘들겠지만, 난 네 행운을 빌어.
믿기지 않겠지만, 난 이 건은 정말 네 편이야.
믿기 힘들겠지만, 사실 나 스스로 이 자리에 온 거야.
믿든지 말든지, 내가 추구하는 건 오직 조용한 삶이야.
믿기 힘들겠지만, 난 지금 제인만 빼고 모두 다 미워.

191 be scared
두려운

넌 모험하기가 두려운 거잖아.
난 사실 그녀의 기분을 상하게 하는 게 더 두려워.
그녀는 사람들 많은 데서 나와 함께 있는 걸 들킬까 두려운 거야.
넌 그녀가 다시 사라질까 봐 정말 두렵구나.
네가 돌아가는 걸 두려워한다는 사실을 숨길 필요 없어.

192 be upset about+명사
~때문에 속이 상하다

그가 뭔가에 속이 상했어.
너 아직도 그 여론 조사 때문에 기분이 상해 있는 거야?
난 우리에게 생긴 일 때문에 속상했어.
뭐 때문에 속이 상한 건데?
뭔가 다른 것 때문에 속상한 거야? 아니면 그거 때문이야?

193 be interested in+명사
~에 관심이 있는

저는 아동 발달에 아주 관심이 많습니다.
나야 늘 네 충고에 관심이 많지.
넌 환자의 병력에는 관심이 없잖아.
난 해명에는 관심 없어요.
난 당신의 사생활에 관심 없어요.

194 be good at+명사
~를 잘하는

넌 일을 잘하네.
너 이런 일을 진짜 잘하는구나.
난 사람들의 마음을 잘 읽어.
난 그를 아주 잘 다루지.
내가 그걸 아주 잘하는 건 아니야.

195 can't afford+명사/to부정사
~할 여유가 없다

저는 큰 소송을 할 돈이 없어요.
난 일 안 하고 놀 여유가 없어.
이렇게 많은 피를 흘린다면 그녀는 버티지 못 할 거야.
우리 실수나 하고 있을 때가 아니야.
우리는 누구도 그걸 감당할 재정적인 여유가 없어.

196 depend on+명사/명사절
~에 달려 있다

그건 네가 누구에게 부탁하느냐에 달려 있어.
그건 개개인에 따라 다르지.
그건 우리가 뭘 사는가에 따라 다르지.
난 교통 상황에 따라 늦을지도 몰라.
이 회사의 미래가 거기에 달려 있어.

197 on one's way
가거나 오는 중인

난 나가던 중이었어.
나 지금 출근하는 중인데.
가는 중이라고 그녀에게 전해 줘.
세계의학협회 회장이 지금 이리로 오고 있는 중이야.
그녀는 발레 수업이 끝나고 집으로 오는 중이었어요.

198 take a break
잠깐 쉬다, 냉각기를 갖다

우리 잠깐 쉬자.
난 지금 잠깐 쉬고 있어.
지금 막 쉬려던 참이었어.
좀 쉬었다가 하지 그래?
내 생각엔 우리 좀 떨어져 지내야 될 것 같아.

199 keep... in mind
~을 명심하다

우리 다 같이 그걸 명심하자.
지크는 자기가 한 말을 번복하지 않았다는 걸 명심해.
난 정말로 네가 그걸 명심했으면 좋겠어.
우리는 윌리엄이 예정보다 10주 일찍 태어났다는 걸
명심해야 돼.
그건 내가 명심할게.

200 out of control
통제가 되지 않는

넌 완전히 통제 불능이었어.
우린 서로 키스하다가 완전히 걷잡을 수 없는 상태가 되어
버렸어.
이건 정말 걷잡을 수 없게 될 거야.
어젯밤은 통제가 안 되는 상황이었던 것 같아.
인생은 순식간에 걷잡을 수 없는 상황이 될 수도 있어.

201 on purpose
일부러

너 일부러 그랬어.
너 지금 일부러 이러는 거잖아.
그 사람은 사고인 것처럼 꾸몄지만, 일부러 한 짓인 걸
난 다 알아.
내가 널 일부러 뺀 거야.
난 걔가 나한테 복수하려고 일부러 그런 짓을 한 걸
알고 있어.

202 yell at+명사
~에게 소리를 지르다

왜 우리한테 소리를 지르는 거예요?
네가 나한테 소리라도 지르면 차라리 기분이 더 낫겠어.
나한테 소리치지 않아 줘서 고마워.
출입 담당 직원에게 소리를 지르지 말았어야 했어.
나한테 소리 지를 필요는 없는 거잖아요.

PART 2
리스닝 집중훈련

영어 문장만 보기

리스닝 집중훈련 영어 문장만 보기

001 I'm+명사
난 ~야

I'm an insomniac.
I'm a fan of yours.
I'm an exception.
I'm a stay-at-home mom myself.
I'm a passionate and impulsive woman.

002 I'm+형용사
난 ~한 상태야

I'm affable.
I'm sorry about that.
I'm good at keeping my emotions in check.
I'm glad you like it.
I'm afraid I've got to get back to work.

003 I'm not+명사/형용사
난 ~가 아니야/~한 상태가 아니야

I'm not his type.
I'm not the man you think I am.
I'm not what I once was.
I'm not interested.
I'm not through with you yet.

004 I'm+현재분사
난 ~하는 중이야

I'm having some fun.
I'm really enjoying this meal.
I'm feeling stressed out.
I'm leaning toward English.
I'm not manipulating.

005 I'm+과거분사
난 ~한 상태야

I'm grounded.
I'm done with you.
I'm still confused.
That's because I'm exhausted all the time from school.
Florence Nightgarden won the entire pot,
if I'm not mistaken.

006 I was+명사
나는 ~였어

I was the jury foreman.
I was your coolest friend.
Back in the day, I was quite the dancer.
I was the one who was drunk.
I wasn't one of those guys.

007 I was+형용사
난 ~한 상태였어

I was very nice to Gary's wife.
I think I was mean to him.
Suddenly, I was irrationally angry.
I was mad at you for calling the cops
on my father.
I was never that sure.

008 I was+현재분사
난 ~를 하는 중이었어

I was just trying to help.
I was having a good time.
I was just dropping off some laundry.
I was hoping you could help me.
I was wondering if you were coming home for dinner.

009 I was+과거분사
난 ~한 상태였어

I was set up.
I was suspected of killing my parents.
That's the way I was taught.
I was chosen as New York Magazine's best pick for city columnist.
I was too scared to move even to shut the blinds.

010 I think+절
내 생각엔 ~인 것 같아

I think it's very effective.
I think I could use you.
I think they came here to get away from something.
I think I see what you're getting at.
I think that we should be a little bit more careful.

011 I thought+절
난 ~라고 생각했었어

I thought it was worth a try.
I thought we were having dinner.
I thought you'd be different.
I thought you two would have a lot in common.
I thought you'd be happy to see me.

012 I want to+동사원형
난 ~를 하고 싶어

I want to show you.
I want to be your friend.
This is all I want to say.
I just want to punch her in the face.
I want to see what you're gonna do next.

013 I don't want to+동사원형
난 ~를 하고 싶지 않아

I don't want to talk about it.
I don't want to know.
I don't want to interrupt anything.
I don't want to worry you.
I just don't want to be blamed.

014 I want you to+동사원형
난 네가 ~를 해 주면 좋겠어

I want you to have it.
I want you to play fair.
I want you to delete the photos you took.
I want you to find him and put him away.
I want you to come back.

015 I need+명사
난 ~가 필요해

I need some help here.
I need a place to live.
I need a ride home.
I need a spicy chicken to go.
I don't need an escort.

리스닝 집중훈련 영어 문장만 보기

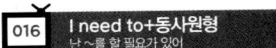
016　I need to+동사원형
난 ~를 할 필요가 있어

I need to ask you a few questions.
I need to do a little more checking first.
I just need to do a brief exam.
I know I need to just calm down.
Do I need to repeat myself?

017　I need you to+동사원형
네가 꼭 ~해 줘야 해

I need you to analyze them.
I need you to work a little bit harder.
I need you to do something for me.
I need you to calm down.
I got some papers I need you to sign.

018　I have+명사
나는 ~를 가지고 있어

I have some personal issues.
I have an irrational fear of bees.
I just have a terrible feeling about this.
Do I have a strange odor about me?
That's what I have friends for.

019　I have to+동사원형
난 ~를 해야 돼

I have to work.
I have to go right now.
I have to tell you something.
This is something I have to do alone.
I don't think I have to tell you that.

020　I have+과거분사
난 ~를 해 왔어/~한 적이 있어

I have done some research.
I have aged shockingly well, haven't I?
I know I have been hard on you.
I've never been so humiliated in my life.
I've never seen anything like it.

021　I'm going to+동사원형
난 ~를 할 거야

I'm gonna grab some food.
I'm going to head up to my room.
I'm just gonna sit here till he gets back.
I'm just gonna hurt you again.
I'm not going to be around forever.

022　I'll be+부사
난 ~일 거야

I'll be back as soon as possible.
I'll be there in ten minutes.
I'll be right back.
I'll be home before dark.
I'll be in touch.

023　I'll+동사원형
난 ~를 할 거야

I'll send you an email.
I'll take it.
I'll tell you what I think.
I'll do whatever you say.
I'll keep you posted.

024 I would+동사원형
난 ~를 하면 좋겠어

I'd like to show you something.
I'd like to be on my way now.
I would like you to go with me.
I would hate to do that to you.
This is the guy I'd want to go visit.

025 I can+동사원형
난 ~를 할 수 있어

I can help you if you ask me to.
I can take care of that.
I can handle that.
Maybe I can help you remember.
I can drop you by your place on the way if you want.

026 I can't+동사원형
난 ~를 할 수 없어

I can't take it anymore.
I can't talk right now.
I can't explain what happened.
I can't even remember what we were doing.
To tell you the truth, I can't be sure anymore.

027 I can't wait to+동사원형
난 ~를 빨리 하고 싶어

I can't wait to meet him.
I can't wait to tell everybody.
I can't wait to do that again.
I can't wait to celebrate the new year with you.
I can't wait to hear the details.

028 Can I+동사원형?
내가 ~를 해도 될까?

Can I play you a tape?
Can I take your picture?
Can I help you with something?
Can I see your IDs?
Can I keep this?

029 I could+동사원형
난 ~하고 싶어

I could say the same thing.
I could call you a cab if you want.
I could hardly wait to meet you.
I could use your company.
I couldn't let Reggie down.

030 I mean+절
내 말은 ~

I mean she didn't even consider me.
I mean eight years is a long time.
I mean it's such great exercise.
I mean I'm still working temp jobs.
I mean I can just put you in touch with my lawyer.

031 I don't mean to+동사원형
일부러 ~한 건 아니야

I don't mean to intrude.
I don't mean to focus on your looks.
I didn't mean to scream.
I didn't mean to bother you.
I didn't mean to fall asleep when you were talking.

리스닝 집중훈련 영어 문장만 보기

032　I know what+절
난 무엇이 ~하는지 잘 알고 있어

I know what I'm losing.
I know what I'm doing.
I know what you want.
I know what that's like.
I know what's going to happen next.

033　I don't know+절
난 ~는 잘 모르겠어

I don't know if I'm right.
I don't know what we're doing.
I don't know what you want from me!
I don't know why you're coming after me so hard.
I don't know who did it, but it makes me happy.

034　I don't care+절
난 ~에 관심 없어

I don't care how it looks.
I don't care how it happened.
I don't care how sick he is.
I don't care what he said to you.
I don't care what her reasons were.

035　I'm afraid of+명사
난 ~가 무서워

I think I'm afraid of losing her.
This is what I'm afraid of.
Maybe I was afraid of something like this.
I'm afraid of nothing of the sort.
I'm not afraid of you.

036　I'm afraid+절
안타깝게도 ~인 것 같아

I'm afraid that's classified.
I'm afraid I will hurt him so bad.
I'm afraid there's been a terrible mistake.
I'm afraid we're just gonna have to wait and see if he wakes up.
I'm afraid I've injured my back.

037　I'm sorry, but+절
미안하지만, ~

I'm sorry, but I have to go.
I'm sorry, but I can't say much more.
I'm sorry, but I tried to tell you.
I'm sorry, but she cannot be right.
I'm sorry, but isn't this her decision?

038　I'm trying to+동사원형
난 ~하려고 애쓰고 있어

I'm trying to protect you.
I'm trying to insulate you in case this goes sideways.
I'm trying to make sense of this.
I'm trying to take it seriously.
What I'm trying to say is, stop worrying about me.

039　I've been trying to+동사원형
난 그동안 ~하려고 애썼어

I've been trying to do the right thing.
I've been trying to reach you.
I've been trying to control my temper.
That's what I've been trying to do.
This is exactly what I've been trying to say.

040 I've never+과거분사
난 그동안 한 번도 ~를 해 본 적이 없어

I've never tampered with evidence.
I've never done this before in my life.
I've never given it any thought.
I've never met anybody like you.
I've never seen you before.

041 I've heard+명사/절
난 전에 ~에 대해 들은 적이 있어

I've heard them all before.
I've heard a lot about your gallery.
I've heard several times today.
I've heard the rumors about his gambling problem.
I've heard gambling's an addiction.

042 I guess+절
내 생각에는 ~인 것 같아

I guess I wasn't fast enough.
I guess I was scared.
I guess that's the safest thing to do.
I guess I must have misunderstood.
I guess I already said that.

043 I feel like+절
난 ~인 것 같은 기분이 들어

I feel like I know you from somewhere.
I feel like an enormous weight has been lifted.
I feel like he's done more than that.
I feel like you're starting to threaten me.
I feel like I'm losing control a little bit.

044 I hope+절
~면 정말 좋겠어

I hope you leave him in one piece.
I hope it was worth it.
I hope that's a good thing.
I hope I didn't wake you up.
Tell your mom I hope she feels better.

045 I forgot to+동사원형
나 ~하는 걸 잊어버렸어

I forgot to mention I outrank you.
I forgot to tell you something.
I forgot to give it to him.
I forgot to go back out and get her.
I knew there was something I forgot to consider.

046 I remember+동명사
난 ~했던 게 기억나

I remember being upset about that.
I remember being alone by myself.
I remember waking up from a coma.
I remember going through a Dairy Queen drive-through.
I remember getting up moving away from the table.

047 I should+동사원형
난 ~하는 게 좋겠어

I should come back during daytime.
I should probably get going.
I should start with your test results.
Should I give him a ring?
I shouldn't be telling you this.

리스닝 집중훈련 영어 문장만 보기

 I should have+과거분사
진작에 ~했어야 하는 건데

I should have listened to you.
I should have warned you.
I should have stopped it.
I should have never said anything.
I should've been that way a long time ago.

 **I shouldn't have+과거분사**
난 ~하지 말았어야 했어

I shouldn't have asked.
I shouldn't have done this to you.
I shouldn't have lied to you.
I shouldn't have left.
I should have never agreed to this.

 **I decided to+동사원형**
난 ~하기로 결정했어

I decided to stay with you.
I decided to walk to clear my head.
I decided to run for senator.
I decided to give you one more chance.
I have decided to withdraw all charges.

 **I wonder+절**
나는 ~가 궁금해

I wonder if I could get your help with something.
I wonder who he's on the phone with?
I wonder what your fetish is.
I wonder what that life is like.
I wonder if that's what Neil had in mind.

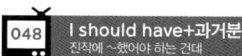 **I was wondering if+절**
제가 ~해도 될까요?

I was wondering if I could talk to you.
I was wondering if I could come inside.
I was wondering if you could come watch the kids for a few hours.
I was wondering if you wanted to grab a drink with me tonight.
I was wondering if you could look over my reading assignment.

 I told you to+동사원형
내가 너한테 ~하라고 말했잖아

I told you to wait in the car.
I told you to get a flu shot.
I told you to keep the doors open.
I told you to stop asking me that.
I told you to get away and never come back.

 You told me to+동사원형
네가 나한테 ~를 하라고 말했잖아

You told me to come right away.
You told me to trust my instincts.
You told me to tell the truth.
You told me to stay away from your family.
I did everything you told me to, always.

 I'm sure+절
분명히 ~일 거야

I'm sure Freud would not approve of this.
I'm sure you'll be just great.
I'm sure it was nothing.
I'm sure the rumors are already flying.
I'm sure that the kids will have a wonderful time.

056. Are you sure+절?
너 정말 ~해?

Are you sure you're up to this?
Are you sure you don't want pie?
Are you sure there isn't anybody here?
Are you sure you're not gay?
Are you sure that isn't just 'cause he didn't call you?

057. make sure+절
실수 없이 분명히 ~해

I just need to make sure nothing's overlooked.
I'll make sure everybody knows.
I just wanted to make sure you were all right.
You make sure you look after my son.
Make sure your father doesn't drink all my coffee, please.

058. You're+명사
넌 ~야

You're a quick study.
You're just a know-it-all.
You're such a liar.
You're a persuasive woman.
You were the person he trusted most.

059. You're+형용사
넌 ~한 상태야

You're so impressive.
You're late for school.
You're still reckless.
I don't think you're alone there.
You were really hot.

060. You're+현재분사
넌 지금 ~를 하고 있어

You're getting good at that.
I know what you're going through.
You're saying this is my fault?
You were following me?
I thought you were asking me out.

061. You're+과거분사
넌 이미 ~한 상태야

You're all set.
You're being followed.
I trust you're satisfied.
You were wounded.
You weren't invited.

리스닝 집중훈련 영어 문장만 보기

062 You're+전치사구
넌 ~한 상태야

You're on time.
You're on your own?
Clean the kitchen while you're at it.
You don't cheat on the person you're in love with.
You're not in this by yourself.

063 You're gonna+ 동사원형
넌 앞으로 ~를 하게 될 거야

You're gonna lose a lot of friends over this one.
You're gonna drop this suit and apologize.
You're gonna thank me for this.
You're gonna freak her out.
Are you sure you're gonna be okay?

064 You're supposed to+동사원형
네가 ~하기로 했잖아

You're supposed to be in charge.
You're supposed to be home resting.
You're supposed to be on vacation.
That is what you are supposed to do.
You're not supposed to be here.

065 Are you+명사?
너 ~야?

Are you a feminist?
Are you the new neighbors?
Are you still a Christian?
Are you a relative of Will's?
Are you a woman who hates men?

066 Are you+형용사?
너 ~한 상태야?

Are you jealous?
Are you serious?
Are you insane?
Are you sure you wanna stay here?
Are you quite well?

067 Are you+현재분사?
너 ~하고 있어?

Are you calling him?
Are you seeing anyone?
Are you having trouble breathing?
Are you kidding me with this story?
Are you hiding from me?

068 Are you+과거분사?
너 이미 ~해?

Are you just scared to go in?
Are you drunk?
Are you done?
Are you surprised?
Are you authorized to do that?

069 You look+형용사
너 ~해 보여

You look a little tired.
You look cheery.
You look awesome.
You look overwhelmed.
You look better in it than I do.

070 You need+명사
넌 ~가 필요해

You need a better role model.
You need a compliment.
You need someone fresh.
You need all the help you can get.
If you need help, we'll be there.

071 You need to+동사원형
넌 ~해야 돼

You need to tell the truth.
You need to do so quickly.
You need to come with me.
You need to hurry before the trail gets cold.
Some of you need to be schooled.

072 You should+동사원형
너 ~해

You should hold on to this.
You should go see her.
You should try something else.
You should at least give him a shot.
You should know what could happen.

073 You'd better+동사원형
너 ~하는 게 좋을 거야

You'd better use the back door.
You'd better come down to the office.
You had better open your mouth and talk.
You better figure it out.
You better hope that Cameo doesn't show up.

074 tell me+절/명사
나한테 ~를 말해 줘

Tell me exactly how he worded it.
Tell me your life story.
You tell me what's wrong, I'll tell you how to fix it.
I want you to tell me the truth.
Is there anything else you want to tell me?

075 Do you want+명사?
너 ~를 원하니?

Do you want some breakfast?
Do you want a soda or something?
Do you want some more bread?
Do you want a coffee?
Do you want another drink?

076 You want to+동사원형?
너 ~할래?

You want to join?
You want to say something to me?
That's all you want to know?
Would you want to come inside?
Do you want to be alone?

077 Do you want me to+동사원형?
내가 ~할까?

Do you want me to answer that?
Do you want me to come with you?
Do you want me to write it down?
Do you want me to get you a cup of coffee?
Do you want me to admit you to the hospital?

리스닝 집중훈련 영어 문장만 보기

078 Do you mind if+절?
~를 해도 괜찮을까요?

Do you mind if I ask with what?
Do you mind if we discuss this inside?
Do you mind if I crash?
Would you mind if I read some of the complaints?
Would you mind if I ask you some incredibly personal questions?

079 You don't+동사원형
너 ~하지 않잖아

You don't know her at all.
You don't have a choice.
You don't treat them with respect.
You don't like negotiating.
I'm guessing you don't remember that.

080 You have+명사
넌 ~를 가지고 있어

You have feelings for her.
You have a remarkable sense of smell.
You have a clean slate.
You have every right to be upset.
You have nothing to lose.

081 You have to+동사원형
넌 ~해야 돼

You have to listen to me.
You have to trust us.
You have to figure out what's a big deal to her.
You have to be careful about just putting things in my bag.
You do what you have to do.

082 You don't have to+동사원형
넌 ~하지 않아도 돼

You don't have to do it yourself.
You don't have to tell me anything.
You don't have to live like this.
You don't have to wear that wig.
You don't have to lift a finger.

083 Have you+과거분사?
너 ~했어?

Have you thought this through?
Have you ever witnessed a violent crime?
Have you even slept?
Have you had enough?
Have you tried it on?

084 You can+동사원형
너 ~해도 돼

You can change all of that in an instant.
You can help me cook.
You can ask her about it.
You can call it what you want.
You can tell me if you want.

085 You can't+동사원형
너 ~하면 안 돼

You can't always control it.
You can't do this.
You can't be mad at him.
If you can't pay me, I can't do this anymore.
You cannot get out of this.

Can you+동사원형?
너가 ~해 줄래?

Can you hear me distinctly?
Can you stay hidden a little longer?
Can you come help me with this, please?
Can you get me sauce from the back?
Can you hold this up for me while I tape this?

You'll+동사원형
넌 ~할 거야

You'll have to come home sooner
if you want more.
You'll be arrested.
You promise you'll tell me the truth?
Do exactly as I say or you'll die.
You will never believe what she just said to me.

Will you+동사원형?
너 ~할래?

Will you teach me?
Will you please excuse me?
Will you drink with me?
Will you get me a copy of this document?
Will you please have her call me as soon as you find her?

Would you+동사원형?
~하시겠어요?

Would you go with them?
Would you wanna get a coffee?
Would you mind coming back inside?
Would you mind telling me what you're looking for?
Would you shut up and help me?

He's/She's+명사
그/그녀는 ~야

He's a good guy.
He's a deadbeat and a hypocrite.
He's nothing but trouble.
She's a living legend.
She's not the one I'm attracted to.

He's/She's+형용사
그/그녀는 ~해

He's weird.
He's very proud.
He's not worth it.
She's important to me.
She's pretty upset.

He's/She's+현재분사
그/그녀는 ~하는 중이야

He's only kidding.
He's advising me not to talk to you.
He's just trying to start his life over.
She's taking precautionary measures.
She's getting coffee.

리스닝 집중훈련 영어 문장만 보기

093. We're+명사/형용사
우리는 ~야/~한 상태야

We're civilized adults.
Maybe we're the problem.
We're a threat to him?
We're so happy you're home.
We're grateful for your assistance.

094. We're+현재분사/과거분사
우리는 ~하고 있어/~했어

We're being inundated with calls.
We're running out of time.
We're stretched pretty thin.
We're surrounded here.
I think we're done.

095. They're+명사/형용사
그들은 ~야/~한 상태야

They're just kids.
They're a bunch of troublemakers.
They're the most popular segments on the show.
They're delicate.
They're not always true.

096. They're+형용사/분사
그들은 ~하고 있어/~했어

They're usually lying.
I'm sure they're not expecting you to be an economist.
They're getting married.
They're damaged.
They're divorced.

097. This is+명사/형용사
이건 ~야/~한 상태야

This is such an honor.
This is the best sandwich I ever ate.
This is a coincidence.
This is all temporary.
This is historic.

098. That's+명사/형용사
저건 ~야/~한 상태야

That's one way of looking at it.
That's an offence.
That's cosmetic.
That's less than minimum wage.
That's very sweet of you.

099. Don't+동사원형
~ 하지 마

Don't do anything you might regret.
Don't take too long.
Don't yell at me.
Don't make a big deal about this.
Don't worry about him.

100. It's+명사
그건 ~야

It's an abandoned house.
I know it's not a good time.
It's the garbage disposal.
It's an accident, okay?
It's just a matter of time.

101 It's+형용사
그건 ~해

It's totally cool.
It's inappropriate.
It's important to vote.
It's thorny.
It's not contagious.

102 It seems like+명사/절
그건 ~인 것 같아

It seems like he's trying to help.
It seems like the right thing to do.
It seems like nothing.
It seems like he was a really good young man.
It seems like she needs a little time to work some stuff out.

103 It seems to me that+절
난 ~인 것 같아

It seems to me that you have some
anger management issues.
It seems to me that your feelings about
your father are pretty conflicted.
It seems to me you're so hard on him
that he's losing his confidence.
Seems to me he was humiliating someone.
Seems to me that we should bring them in and
see what they say.

104 I won't+동사원형
난 ~를 하지 않을 거야

I won't do that.
I won't forget it.
I won't forgive you.
I won't be late.
I won't say a word.

105 It won't+동사원형
그건 ~는 아닐 거야

It won't be long now.
It won't take a minute.
It won't happen again.
It won't be easy, but it's necessary.
It won't change anything.

106 It reminds me of+명사
그건 ~를 생각나게 해

It reminds me of that merry-go-round we used to ride.
It reminds me of where I come from.
It kind of reminded me of this painter that I really like.
Just reminds me of someone I don't like.
Your long hair kind of reminds me of Jesus.

107 It's good to+동사원형
~해서 좋다

It's good to have you home.
It's good to be working with you.
It's good to hear somebody else say that.
It's good to see you all.
It's good to see you working.

리스닝 집중훈련 영어 문장만 보기

Is it okay if+절?
~해도 괜찮을까요?

Is it okay if I come in?
Is it okay if I just grab it?
Is it okay if we don't talk about it?
Is it okay if we do that next?
Is it okay if we ask you a few questions?

That sounds+형용사
그건 ~하게 들려

That sounds complicated.
I'm suddenly realizing how pathetic that sounds.
I know that sounds crazy.
Sounds kind of dangerous.
It does sound a lot better than the truth.

That sounds like+명사
그건 ~인 것처럼 들려

That sounds like jealousy to me.
That sounds like a "Yes" to me.
That sounds like a stump speech.
It sounds like trouble.
Sounds more like you're trying to protect him.

There's+명사
~가 있어

There's just one tiny problem.
There's a motel just across the street.
There's no reason to panic.
There's nothing we can do.
There was something wrong with the meat.

There's nothing+to부정사/절
~는 하나도 없어

There's nothing to be afraid of.
There's nothing to worry about.
There's nothing you can do here.
There's nothing we can do about it.
There's nothing I can say to you.

That's why+절
그건 ~해서 그래

That's why I came here.
That's why I'm crazy about you.
You think that's why he likes it here?
This is why you need me.
This is why I don't have a TV.

That's what+절
그건 ~야

That's what bothers me.
That's what really gets me.
That's what he's after.
That's what I think.
That's what we're gonna do.

That's how+절
그건 ~한 거야

That's how it should sound.
That's how you talk to a lady.
That's how the two of us met.
That's how it worked?
If that's how you feel, then why are you even going?

116　What's+명사?
~는 뭐야?

What's your plan?
What's all this?
What is your point?
What are my options?
What are the odds?

117　What does+절?
~하는 건 뭐야?

What does he do?
What does he want in return?
What does it say?
What does that mean?
What does that have to do with this?

118　What are you+현재분사?
너 ~하고 있어?

What are you talking about?
What are you two scheming up?
What are you doing here?
What are you wearing?
What are you selling the couch for?

119　What do you+동사원형?
넌 뭘 ~하니?

What do you take me for?
What do you say?
What do you wish to discuss?
What do you call it?
What do you think of the suit?

120　What did you+동사원형?
넌 뭘 ~했어?

What did you find?
What did you say to me?
What did you say your name was?
What did you expect?
What did you do that for?

121　What have you+과거분사?
넌 뭘 ~했었어?

What have you bought?
What have you gained?
What have you eaten in the last 24 hours?
What have you been doing?
What have you come to talk about?

122　Why are you+형용사/분사?
넌 왜 ~해?/~하고 있어?

Why are you suddenly so interested?
Why are you so upset?
Why are you following me?
Why are you wearing them?
Why are you punishing me?

123　What makes you+형용사/동사원형?
네가 ~한 원인이 뭐야?

What makes you so sure she's my daughter?
What makes you happy?
What makes you ask that?
What makes you think we can live together?
What makes you think he's gone missing?

리스닝 집중훈련 영어 문장만 보기

124 Why do you+동사원형?
넌 왜 ~해?

Why do you wanna move?
Why do you care about her so much?
Why do you ask me that?
Why do you put up with him?
Why do you always want me to fail?

125 Why don't you+동사원형?
~해 보지 그래?

Why don't you guess?
Why don't you come over?
Why don't you do it now?
Why don't you just stay there tonight?
Why don't you find out what it is?

126 Why did you+동사원형?
넌 왜 ~했니?

Why did you try to stop him?
Why did you do this to me?
Why did you say a fib?
Why did you go AWOL from school?
Why did you decide to loan them out now?

127 Why didn't you+동사원형?
넌 왜 ~하지 않았어?

Why didn't you say anything?
Why didn't you tell me?
Why didn't you leave him?
Why didn't you just go with him?
Why didn't you say no when they asked?

128 Why should I+동사원형?
내가 왜 ~해야 돼?

Why should I move?
Why should I trust you?
Why should I hire you?
Why should I have to tell you this?
Why should I believe you're right?

129 Who do you+동사원형?
넌 누구를 ~해?

Who do you work for?
Who do you want to take there?
Who do you hang out with?
Who do you have in mind?
Who do you want her to tell the truth to?

130 Who do you think+절?
넌 누가 ~라고 생각해?

Who do you think is right?
Who do you think killed Kennedy?
Who do you think you are?
Who do you think you're talking to?
Who do you think he's going to take it out on?

131 How can I+동사원형?
내가 어떻게 ~할 수 있겠어?

How can I say this with confidence?
How can I work with you?
How can I look you in the face?
How can I be sure of that?
How can I help with that?

How do you+동사원형?
넌 어떻게 ~해?

How do you think that's possible?
How do you feel?
How do you explain this?
How do you know how to do this?
How do you know it's yours?

How did you+동사원형?
넌 어떻게 ~했어?

How did you convince him?
How did you get the job?
How did you find out about this?
How did you find him?
How did you even know I went to Stanford?

How could you+동사원형?
네가 어떻게 ~할 수가 있어?

How could you betray me like that?
How could you be so cold and frigid?
How could you not know what that means?
How could you not tell us that?
Tell me how could you do this to me?

How long+일반동사?
~는 얼마나 됐어?

How long have you been standing there?
How long have you been trying to conceive?
How long have you two been married?
How long has he been like this?
How long do you think you can ignore them?

How much...?
~는 얼마야?

How much is that worth?
How much do I owe you?
How much do you want for it?
Depends on how much you want it.
I'm almost offended by how much you underestimate me.

How many times...?
몇 번이나 ~?

How many times do we have to tell you?
How many times have you seen it?
How many times have I told you not to bother me when I'm at work?
I don't know how many times I can say it.
You have no idea how many times he's lied to you.

how to+동사원형
~하는 방법

I didn't know how to tie a tie till I was 25.
I'm gonna have to learn how to relax.
We'll know how to avoid it.
How do you know how to do this?
I think I'll be turning to you for advice on how to bounce back.

When did you+동사원형?
넌 언제 ~했어?

When did you graduate?
When did you start smoking?
When did you get so tense?
When did you tell me about dinner?
When did you see her last?

리스닝 집중훈련 영어 문장만 보기

140 Since when do you+동사원형?
넌 언제부터 ~한 거야?

Since when do you speak Spanish?
Since when do you smoke at school?
Since when do you allow dogs in the house?
Since when do you care about my job?
Since when did you start wearing cologne?

141 When I was+형용사/전치사
내가 ~었을 때

When I was that age, I didn't try things.
When I was 11, my parents were involved in a really horrible accident.
When I was little, I used to think that I was an alien.
My mom died when I was seven.
My mom actually pierced my ears when I was about your age.

142 Where is+명사?
~는 어디에 있어?

Where is your location?
Where is this coming from?
Where is the light switch for this room?
Where is your self-esteem?
Where is your posse?

143 Where are you+현재분사/부사?
너는 어디로 ~하니?

Where are you taking me?
Where are you getting all this from?
Where are you going on your honeymoon?
Where are you taking me to lunch?
Where are you off to so early?

144 Where did you+동사원형?
너는 어디에서 ~했니?

Where did you get that?
Where did you get this information?
Where did you find this?
Where did you move here from?
Where did you receive your medical degree?

145 Where have+명사+과거분사?
어디에서 ~했지?

Where have you been?
Where have you been hiding him?
Where have you seen Artie?
Where have I seen this before?
Where have I heard that before?

146 Let's+동사원형
우리 ~하자

Let's head back.
Let's keep that between us.
Let's take him with us.
Let's speak frankly here.
Let's forget about the last five years.

147. Let me+동사원형
내가 ~할게

Let me get coffee.
Let me taste the wine.
Let me know what happens.
Let me tell you something.
Let me explain something to you.

148. Don't let+명사+동사원형
…가 ~ 못 하게 해

Don't let Manny stay home alone.
Don't let him drink any water.
Don't let her fool you.
Don't let the other girls know.
Don't let mom make you nervous.

149. either A or B
A 든지 B든지

Either he goes or I go.
Either we give up or we hunt them down.
The world is either crazy or you are.
Either they've got some serious pull with the IRS, or we're chasing a ghost.
We need to either figure out where he is or where he's gonna be.

150. neither A nor B
A도 B도 아닌

Neither you nor I are special.
Neither me nor my tads would do such a thing.
He's neither tall nor immortal.
That's neither here nor there.
He has neither crown nor gold nor favor with the gods.

151. give me+명사
나한테 ~를 줘

Give me a call when you're in town.
Give me a break.
If he doesn't give me an answer, I'll do what I have to do.
Could you please give me a hand with Cooper?
The least you can do is give me an honest answer.

152. Feel free to+동사원형
마음껏 ~를 해

Feel free to answer them in any order.
Feel free to wear heels.
Feel free to register your complaints.
Feel free to look, and I won't mind.
Please feel free to ask any questions.

153. look forward to+명사
~를 기대하다

I look forward to meeting him.
I'm really looking forward to bedtime.
Looking forward to it.
I was looking so forward to a night out.
You've been looking forward to this day for months.

리스닝 집중훈련 영어 문장만 보기

Who's gonna look after the kid?
I'll have my boys look after you.
I promise I will look after him until your mother arrives.
He said you should let me look after you.
Someone's got to look after this lot.

Look for somebody with a laptop or a wireless device.
Look for something abnormal.
Where are you gonna look for her?
What should we look for on his hard drive?
Don't look for me.

156 figure out
~를 알아내다/이해하다

Help me figure out who did this.
Someone has to figure out how to save you.
I'm here trying to figure out what you really want.
I'm just trying to figure out what to do next.
I spent most of my life trying to figure out why it happened.

If I find out you did this thing, I'm going to put you away for good.
You're gonna help me find out.
We have to find out who did this.
The only way to find out is by asking, now, isn't it?
I just found out about it myself.

Why don't we just hang out for a couple of days?
Grace and I usually hang out after school right here.
A lot has changed since we used to hang out.
Friends hang out.
Maybe we should hang out more first.

My mom's freaking out.
You're freaking me out.
Don't freak out.
Why do you all look so freaked out?
It's clear you're freaking out about something.

I just told her it didn't work out.
I'm sorry things didn't work out with him.
We can work it out.
It's all gonna work out.
Things will work out the way they're meant to.

check out
~를 확인하다

Let's just check out the engine.
Cary and I are going to check out her alibi.
Peter wanted me to check out this house on my way to work.
Check out the wine list.
You got to check out the Gaslamp District.

run out of+명사
~가 다 떨어지다

I'm about to run out of those vitamins that you gave me.
Have you run out of bug spray?
I don't like saying this, but you're running out of time.
People tell me you're the man to see when you run out of options.
Hopefully I won't run out of money.

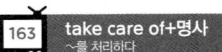
take care of+명사
~를 처리하다

I took care of it.
I'll take care of it from here.
I'll take care of that for you.
Will you go take care of Gabrielle?
You expect me to take care of this place all by myself?

as if+절
마치 ~인 것 같은

Looks as if I am now in your debt.
It's as if we have a lot of time to wait.
I've decided to live my life as if I'm alive.
You're saying this to me as if I didn't already know it.
I expect you to follow her orders to the letter, as if they were mine.

see if+절
~인지 아닌지를 확인하다

Go see if they're home.
See if anybody else has seen something.
I'll see if I can free up some time next week.
Wanted to see if you wanted to maybe go for a drink.
Should we go see if he needs some help?

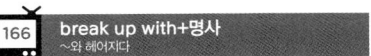
break up with+명사
~와 헤어지다

Did you just break up with him over text?
Are you breaking up with me again?
I didn't break up with her at all.
You want me to break up with her?
So you didn't mean to break up with me?

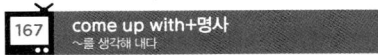
come up with+명사
~를 생각해 내다

I've come up with a trap to catch the guilty party.
We need to come up with a game plan.
Computer Science came up with it.
Who the hell came up with that?
It's the best lie I could come up with on short notice.

리스닝 집중훈련 영어 문장만 보기

168. come down with+명사
~라는 병에 걸리다

He's come down with chicken pox.
If you're coming down with something, don't sit next to me in the truck.
You came down with the holiday blues.
I feel like I'm coming down with something.
One boy in town came down with AIDS, and some parents pulled their children from school.

169. get away with+명사
~를 무사히 넘어가다

Anyone can get away with anything at this school.
You won't get away with this.
You let me get away with murder.
How long did you think you'd get away with it?
How do they think they can get away with this?

170. be familiar with+명사
~에 익숙하다

I'm familiar with his politics.
You may be familiar with some of my work.
Are you familiar with my product?
Are you familiar with a plastic surgeon named Dr. Joshua Leeds?
I'm not familiar with the term.

171. end up
결국 ~한 처지가 되다

You might end up hurting the wrong people.
Every time you try to bring me down, you end up in trouble.
You wanna end up in jail?
I didn't want to end up like that.
You could end up like him.

172. give up
포기하다

What do you care if I give up or not?
I was willing to give up everything to save Nicole.
He thinks I'd give up on him.
I figured you'd just give up and leave her alone.
Don't give up on trying to find the perfect girl.

173. put up with+명사
~를 참다

I can put up with your debauchery, but I will not tolerate spying.
Do you have any idea how much grief I've had to put up with?
I really don't know how you put up with him.
There's no reason to put up with that kind of behavior.
I just can't put up with the fairy tales anymore.

174. hear from+명사
~로부터 연락을 받다

You should hear from us in about a month.
Not a word about this to anyone until you hear from me.
You let us know the second you hear from him.
You'll never hear from me again.
Haven't heard from her.

175. hear of+명사
~에 관한 얘기를 듣다

Perhaps you've heard of me?
Never heard of him.
You ever heard of vertigo?
When I first heard of Uriel's death, I wanted to blame Lucifer.
I've heard of communal cramps.

176. be about to+동사원형
막 ~하려던 참이다

I was about to call you.
I was about to rescue Skipper
from an increasingly hopeless situation.
You're about to have surgery.
What we're about to do isn't gonna be fun for me.
He looks like he's about to fall in.

177. used to+동사원형
~하고는 했다

You used to be influenced by me.
He used to call me every day.
We used to be friends.
My mom used to sing it to me when I was sick.
I used to not like carrots.

178. listen to+명사/명사절
~를 귀담아 듣다

Don't listen to her.
You never listen to me.
Want to listen to some music?
Just listen to what he has to say.
Sam won't listen to me.

179. be far from+명사/형용사
~에서 멀리 떨어진

You're far from satisfied.
This party is far from over.
I wish it wasn't so far from the city.
That's not too far from where I grew up.
You're never far from my thoughts.

180. stay away from+명사
~로부터 떨어져 있다

Stay away from me.
Stay away from my family.
Just stay away from anything dangerous.
You need to stay away from him.
You've got to stay away from religion.

181. make it
시간에 맞게 도착하다, 해내다

We don't make it in time.
Can't make it to your party Saturday.
You won't be having a great time, but you'll make it.
So glad you guys could make it.
If you want to make it out of here, you better do exactly what we say.

리스닝 집중훈련 영어 문장만 보기

182. make it up to+명사
~에게 보상하다

I'd like to make it up to you.
I got plans to make it up to you.
I already know how you can make it up to me.
I figured I'd come in early and make it up to him.
Is there anything I can do to make it up to you?

183. make a difference
영향을 주다, 달라지게 하다

You have the power to make a difference.
I just wanna make a difference.
It doesn't seem to make a difference.
It's always been my desire to make a difference.
It's also wrong to think that a jury will make a difference.

184. make a decision
결정을 내리다

We make decisions based on intel.
We have to make the most important decisions of our lives.
We made a good decision with you.
I have a big decision to make.
This is the hardest decision I've ever had to make.

185. make a mistake
실수를 하다

I think he made a mistake.
I made the biggest mistake of my life.
I made a mistake today that I shouldn't have.
I don't care about the mistakes that he made.
Labs don't make mistakes.

186. make sense
이해가 되다, 이치에 맞다, 말이 되다

They do things that make sense.
Am I starting to make sense?
That doesn't make any sense.
Does that make any sense to you?
Financially it would make sense if we shared.

187. make fun of+명사
~을 놀리다/비웃다

People make fun of me, and it's really hard.
He would make fun of her cooking.
Don't make fun of me.
No one's gonna make fun of me.
Behind your back, they make fun of you.

188. In case+절
~한 경우에 대비해서

In case you have to stay.
In case you need backup.
In case you change your mind.
In case he does something insane.
In case anything comes up at 3:00 in the morning.

189. even though+절
비록 ~지만

Even though she's not here I know she's still with me.
Even though I was under duress at the time, I will stick to it.
Even though I disagreed with your conclusions, I found your arguments very interesting.
Even though she knew she was about to die, she didn't care.
He'd play his guitar all the time, even though he only knew one song.

190. believe it or not, +절
믿기 힘들겠지만, ~

Believe it or not, I wish you all the best.
Believe it or not, I'm actually on your side here.
Believe it or not, I actually came here myself.
Believe it or not, all I'm after is a quiet life.
I hate everybody right now, except Jane, believe it or not.

191. be scared
~ 두려운

You're scared of taking chances.
I'm actually more scared about hurting her feelings.
She's scared to be seen in public with me.
You're really scared she's gonna disappear again.
You don't have to hide that you're scared of going back.

192. be upset about+명사
~때문에 속이 상하다

He's upset about something.
You're still upset about that poll?
I was upset about what happened with us.
Upset about what?
Are you upset about something else, or is that it?

193. be interested in+명사
~에 관심이 있는

I'm really interested in child development.
I'm always interested in your advice.
You're not interested in a medical history.
I'm not interested in explanations.
I'm not interested in your personal life.

194. be good at+명사
~를 잘하는

You're good at your job.
You're very good at this.
I'm good at reading people.
I'm very good at handling him.
I'm not very good at it.

195. can't afford+명사/to부정사
~할 여유가 없다

I can't afford a big lawsuit.
I can't afford not to be working.
She can't afford to lose this much blood.
We can't afford mistakes.
None of us can afford that.

리스닝 집중훈련 영어 문장만 보기

196. depend on+명사/명사절
~에 달려 있다

It depends on who you ask.
That depends on the individual.
That depends on what we buy.
I might be late, depending on traffic.
The future of this company depends on it.

197. on one's way
가거나 오는 중인

I was on my way out.
I'm on my way to work.
Tell her I'm on my way.
The head of the WMA is on his way here now.
She was on her way home from her ballet class.

198. take a break
잠깐 쉬다, 냉각기를 갖다

Let's take a break.
I'm taking a break.
I was just about to take a break.
Why don't you take a break?
I think maybe we should take a break.

199. keep... in mind
~를 명심하다

Let's keep that in mind.
Keep in mind Zeke hasn't recanted.
I actually hope you keep it in mind.
We've got to keep in mind William is ten weeks premature.
I'll bear that in mind.

200. out of control
통제가 되지 않는

You were out of control.
We were kissing each other, completely out of control.
This is gonna get out of control.
I think things got a little out of control last night.
Life can spin out of control at the drop of a hat.

201. on purpose
일부러

You did that on purpose.
You're doing this on purpose.
He made it seem like an accident, but I know it was on purpose.
I left you out on purpose.
I know she did it on purpose to get back at me.

202. yell at+명사
~에게 소리를 지르다

Why are you guys yelling at us?
I'd feel better if you'd yell at me.
Thanks for not yelling at me.
You shouldn't have yelled at the gate agent.
You don't need to yell at me.

미드보다 좋은
스피킹 교재는 없다!